Andreas Kieling / Irena Bischoff
Ussuri-Tiger

**Erlesene Abenteuer
bei Oesch und im Schweizer Verlagshaus:**

Andreas Kieling / Irena Bischoff
Yukon-River-Saga
3200 Kilometer im Kanu.
5. Auflage!

Richard Leo
Jenseits aller Grenzen
Ein Mann, eine Frau, ein Kind in der Weite Alaskas.
5. Auflage!

James Scott/Joanne Robertson
Solange ich atme, hoffe ich
Verschollen im Himalaja. Eine Geschichte vom Überleben.

Ernest Thompson Seton
Das Manifest des Roten Mannes
Ein unvergängliches Gemälde der indianischen Zivilisation –
eine Vision für die Welt der Weißen.

Joe Simpson
Sturz ins Leere
Mit einem Vorwort von Chris Bonington.
Eines der stärksten und spannendsten Bücher der Alpinliteratur.
Ausgezeichnet mit dem Literaturpreis des
Deutschen Alpenvereins.
5. Auflage!

Joe Simpson
Spiel der Geister
Die Sucht nach dem Berg.
2. Auflage!

In Ihrer Buchhandlung!

Andreas Kieling
Irena Bischoff

Ussuri-Tiger

Oesch Verlag
Zürich

Meinem Sohn Thore gewidmet

Die Deutsche Bibliothek – CIP-Einheitsaufnahme

Kieling, Andreas:
Ussuri-Tiger / Andreas Kieling ; Irena Bischoff. –
Zürich : Oesch, 1999
ISBN 3-85833-257-7

Alle Rechte vorbehalten
Nachdruck in jeder Form sowie die Wiedergabe
durch Fernsehen, Rundfunk, Film, Bild- und Tonträger
oder Benutzung für Vorträge, auch auszugsweise,
nur mit Genehmigung des Verlags

© 1999 by Andreas Kieling / Irena Bischoff
© der Fotos 1999 by Andreas Kieling
© 1999 by Oesch Verlag AG, Zürich

Bilder: Andreas Kieling
Satz: Markus Ernst, Zürich
Druck und Bindung: Freiburger Graphische Betriebe,
Freiburg i. Br.

ISBN 3-85833-257-7
2 4 6 5 3 1

Gern schicken wir Ihnen unser Verlagsverzeichnis:
Oesch Verlag, Jungholzstraße 28, CH-8050 Zürich
E-Mail: info@oeschverlag.ch

Inhalt

1 Das Bankett *7*
2 Aufbruch *29*
3 Das Waldhaus *55*
4 Am Ussuri *77*
5 Der Maral *97*
6 Verrat *115*
7 Im Bann der Bärin *141*
8 Der Taigajäger *163*
9 Feuerprobe *187*
10 Die letzten Tage *215*
   Und dann… *221*

I

Das Bankett

Aufkreischend kamen die Räder zum Stillstand, der Zug ruckte noch einmal kurz, und aus dem Gepäcknetz plumpste die Kiste nun endgültig zu Boden. Eingekeilt zwischen Menschen, Hühnern und Kartons, peilte ich zum Ausgang. Auf dem Gang ein Rückstau zappelnder Ankömmlinge; er reichte wahrscheinlich bis zum Ende des Waggons. Das schienen sich auch meine Mitreisenden zu sagen, und wie auf ein heimliches Kommando rissen sie die Fenster herunter; kleine Kinder und sogar alte Leute kletterten aus den schmalen Öffnungen hinaus auf den Bahnsteig; Bündel und Kasten wurden nachgereicht. Johlen, Kreischen, chinesisches Allerlei, von dem ich keine einzige Silbe verstand. Wie ein Fremdkörper in einem Ameisenhaufen fühlte ich mich, der störte, wo immer er auch hintrat.

Wie ich dem Gewimmel, mitsamt Seesack und sperrigem Rucksack auf dem Rücken, entkommen bin – keine Ahnung. Doch irgendwann landete ich draußen, versuchte, in einer Art Rundblick so etwas wie ein Empfangskomitee zu erspähen. Schubsen, Drängeln – ich schwamm im Strom der Fortstrebenden mit, ob ich wollte oder nicht. Unüberschaubar viele Reisende hatten irgendwie Platz gefunden in dem endlos langen Zug, der zweimal die Woche in den abgelegenen Nordosten Chinas hinaufstampfte. Die Menge schob sich am Billettschalter vorbei, wo sich eine zweite Menschenschlange mit der unseren paarte. Die finden mich nie, durchzuckte es mich, obschon die Aufmerksamkeit, die ich als »weiße Langnase« mit dunkelblondem Haar erregte, mir wiederum Hoffnung machte, heraussortiert zu werden ...

»MR. KIELING«. Unter den handgemalten Mao-Parolen in kräftigem Rot tauchte das Pappschild auf, und durch das Stimmengewirr schwirrte aus der Entfernung ein dünnes: »Hallo, here!«

Wie auf einer Insel standen vier Offizielle beieinander, genossen den Vorzug freien Raums in einem Meter Umkreis – das mußten sie sein. Ich riß den Arm hoch und winkte, denn noch trennten uns Familien, die sich lautstark begrüßten, umlagert von gackernden Hühnern in Körben.

Da ich gut einen Kopf größer war als meine Umgebung, konnte ich von oben auf das graublaue »Kleeblatt« herabsehen. Auf den ersten Blick ragte nur einer heraus: Fast meine Größe, steckte der Mann beängstigend hager in einem glänzend grauen Anzug, der schon bessere Tage gesehen hatte. Den knochigen Kopf bedeckte eine Art Schlägerkappe, die tief in die Stirn gezogen war. Die anderen sahen genau so aus, wie man sich landläufig kommunistische Parteibonzen vorstellt. Nur dem Jüngeren, der das Schild hielt und mich mit wachem Blick anzusaugen schien, strömte meine Sympathie entgegen. Die Menschenschlange kam ins Stocken, und die Gesichter der vier Männer drückten Unmut aus. Entschuldigend hob ich die Schultern, obwohl es wirklich nicht an mir lag, daß ich nicht ans Ziel kam. Die Leute um mich nutzten die Gelegenheit, mich zu begaffen, und amüsierten sich auf meine Kosten. Mir wurde es allmählich zu eng, und der Schweiß stach auf meiner Haut. Eine Lokomotive ließ pfeifend Dampf ab, vom Nachbargleis her klang rhythmischer Singsang, und neugierig geworden, reckte ich den Hals – eine Angewohnheit, die ich mir hier im Land der kleinen Menschen ruhig abgewöhnen konnte. Ein Heer von Arbeitern kämpfte mit wippenden Laubholzstämmen, schleppte sie über ein primitives Podest hinauf in den offenen Güterwaggon. Bei dieser Schwüle und Hitze eine mörderische Arbeit. Der Gedanke, daß ein Kran sinnvoll wäre, streifte mich nur im Vorübergehen.

»Mr. Kieling, welcome!«

Verwirrt schüttelte ich Hände, ließ geschehen, daß man mir auf Wink das Gepäck von den Schultern nahm, und konzentrierte mich auf die lächelnden Münder, die anscheinend Namen nannten, vielleicht sogar die Funktion, die jeder der Männer innehatte. Ich verstand überhaupt nichts.

»Yang-go-Dung, Dolmetscher!« Sein offenes Gesicht strahlte, als er sich vorstellte.

»Vielen Dank, daß Sie mich hier abholen«, brachte ich im ungewohnten Schulenglisch heraus. Mr. Yang, wie ich ihn der Einfachheit halber nannte, wußte, was gemeint war, denn er lächelte und nickte dabei. Der formelle Teil der Begrüßung war damit abgeschlossen, und unsere kleine Gruppe kämpfte sich zum Ausgang. Die Vielfalt der Gerüche, intensiviert von der tropischen Schwüle, erschlug mich fast, als wir endlich die Halle passiert hatten und bis auf den Bahnhofsvorplatz vorgedrungen waren. Jahrmarktstimmung herrschte hier: unzählige kleine Stände, Händler, die ihre Ware auf dem Boden ausgebreitet hatten – dazwischen wimmelte die Menge.

»Dort hinten steht unser Auto; wir fahren direkt zum Parteihauptquartier!« Mein neuer Dolmetscher übersetzte die kehligen Laute des Hageren. Durch eine Traube Radfahrer hindurch sah ich eine russische Bonzenlimousine, einen alten, schwarzen Wolga. Doch noch stand uns die Überquerung des Platzes bevor. Im Schlängelgang führten sie mich vorbei an einem Eisverkäufer, der äußerst farbenfrohe Sorten in schmuddeligen Plastikeimern anpries. Ein paar Meter weiter stockte ich, warf einen neugierigen Blick in einen waschtopfgroßen Kessel, unter dem Flammen hervorschlugen. Seelenruhig rührte die Frau in der Brühe, in der ein paar hundert Kaulquappen um ihr Leben schwammen. Fischig warme Dämpfe stiegen mir in die Nase. Als sie jedoch in mir einen potentiellen Kunden sah, mich auffordernd anstarrte, machte ich einen Schritt zurück, suchte den Blick des Dolmetschers. Mr. Yang grinste breit und rieb sich den Bauch. Mit einem sehr höflichen Lächeln drehte ich ab, schlenderte weiter, um an einem »Frisiersalon« stehenzubleiben. Zwei weißhaarige Chinesen hatten auf Holzstühlen Platz genommen, ließen sich in aller Öffentlichkeit Haare und Bart schneiden. Daß die Schnipsel auf halbierte Hunde fielen, die gleich nebenan zum Kauf angeboten wurden, schien niemanden zu stören. Die Hunde, gehäutet bis auf den Schwanz, zum Braten oder Kochen vorbereitet, verströmten einen penetrant süßlichen Geruch – Gänsehaut überlief meinen Körper. China, das Land des ewigen Lächelns, in dem man sein Gesicht wahrt ... ich bemühte mich, diese Regeln einzuhalten und meinen Ekel nicht zu zeigen. Die erwartungsvollen Blicke von Mr. Yang veranlaßten mich, etwas zu äußern.

»Unglaublich, was es hier alles zu sehen und vor allem zu riechen gibt!«

Meine Miene drückte echte Begeisterung aus, und er antwortete beflissen: »Das hier ist der freie Markt von Hantong! Ein gutes Angebot, aber es kostet das Vierfache von dem, was man in Staatsläden dafür bezahlt. Allerdings«, räumte er ein, »kriegt man dort nicht alles.«

Wie überall in den kommunistischen Ländern, dachte ich und wich einer Portion Spucke aus, die knapp neben meinen Füßen landete. Das war er, der Grund für mein Unwohlsein: Die meisten Leute waren nämlich damit beschäftigt, in eine Scheibe grüner Wassermelonen zu beißen, die Kerne spuckten sie aus, wo immer sie gingen und standen. Wer nichts zu essen hatte, spuckte einfach so. Der Hagere vor mir scherte plötzlich aus und ging schnurstracks auf einen Händler zu. Augenblicklich erhob sich der Mann aus seiner Hockstellung, und binnen Sekunden entwickelte sich ein heftiger Wortwechsel. Gegenstand der Debatte waren auf Blättern dekorierte Geweihstangen eines Hirsches. Der Händler hielt dem Offiziellen das stumpfe Ende der Hirschhornstange hin, nötigte ihn, genauer hinzusehen und zu fühlen.

»Will der das kaufen?«

»Nein, er muß prüfen, ob die Stangen auch wirklich von einem Hirsch abgeworfen wurden oder ob sie jemand abgesägt hat«, erklärte Mr. Yang.

»In welcher Funktion prüft er das?« fragte ich und zeigte auf den Bonzen mit der Schlägerkappe.

»Als Forstamtsleiter.«

»Aha. Und wie war noch sein Name?«

»Chang, Mr. Chang!«

»Also, Mr. Chang ist immer auf der Jagd nach Wilderern, was?«

Während Mr. Yang noch nach passenden Worten suchte, händigte der Forstamtsleiter bereits dem Mann die Stangen aus, nickte ihm kurz zu und sah dann ernst in unsere Richtung – die Ordnung war wiederhergestellt. Beeindruckend wurde nun Macht demonstriert. Mit einer militärisch knappen Handbewegung stoppte der – wie mir schien – ranghöchste Parteifunktionär ein Fuhrwerk. Die kleinen Mongolenpferde bäumten sich in den Zügeln auf, die so unvermutet angezogen wurden. Ihr Lenker, ein Bauer, dessen ausgemergeltes Gesicht Gleichmut verströmte, hockte abwartend auf dem Bock, gekleidet in den allgegenwärtigen Blaumann. Erhobenen Hauptes überquerte unsere Delegation die Straße, meine Gepäckstücke verschwanden im Kofferraum des Wolgas. Einer unserer Begleiter machte Anstalten, den hinteren Wagenschlag für mich aufzureißen, als Bewegung in die Menge kam. Ein Mann, in dessen Armen leblos ein kleines Kind hing, kam auf das Auto zugerannt, die Frau an seiner Seite weinte und lamentierte. Im Nu bildeten die Umstehenden eine Gasse. Durch die Parteifunktionäre ging ein Ruck, und sie strafften die Körper, machten sichtbar Front gegen die Hilfesuchenden. Die Eltern bestürmten verzeifelt die hohen Herren, deuteten immer wieder auf das Kind, das die Augen geschlossen hielt in seinem wachsbleichen Gesichtchen.

»Was ist los?« fragte ich erschrocken.

»Das Kind ... es ist sehr krank, sie brauchen ein Auto, um ins Krankenhaus zu fahren«, antwortete Mr. Yang hastig, ohne die Augen vom Geschehen abzuwenden.

»Und?« Ich verstand nicht, wo das Problem lag.

»Wir ... wir haben wohl das einzige Auto, und Mr. Chang besteht darauf, dich zuerst ins Hauptquartier zu fahren!«

Schluchzend krampfte sich der schmächtige Frauenkörper zusammen, Hände legten sich auf die Stirn des Kindes, das keinen Mucks von sich gab, in sich zusammenzufallen schien.

»Sag ihnen bitte, ich kann warten! Sie sollen zuerst ins Krankenhaus, das Kind geht doch vor!« Empörung und Unverständnis sprachen aus meinen Augen. Dem Dolmetscher war mein Vorschlag peinlich, und unsicher drückte er sich an den Leibern vorbei hin zum Parteivorsitzenden. Doch dieser war in Rage, gestikulierte wild und schrie. Mr. Yang gab es auf, sich Gehör zu verschaffen, verfolgte, ans Auto gelehnt, die Szene. Die Situation drohte zu eskalieren, als die Frau sich erdreistete, am Ärmel des Funktionärs zu ziehen. Er hob den Arm, als wolle er zuschlagen. Das Wehklagen hörte augenblicklich auf, und eine unwirkliche Ruhe entstand in der aufgebrachten Menschenmenge. Mit Blick auf mich verbeugten sich die Eltern beinahe unterwürfig.

»Wir können fahren!« Mr. Yang schob mich in den Wagen; anscheinend wollte er diese leidige Sache so schnell wie möglich hinter sich lassen.

Einer der Gepäckträger fungierte als Fahrer, ließ den Motor aufheulen und scherte, ohne erkennbares Warnzeichen, in den Strom der Radfahrer ein.

»Was wird nun aus dem Kind?«

Mr. Yang räusperte sich, ehe er antwortete: »Selbstverständlich haben die Eltern eingesehen, daß ein Staatsgast Vorrang hat. Das Auto fährt nachher zurück.«

»Dem Kind scheint es aber wirklich schlecht zu gehen, hoffentlich ist es nicht zu spät?«

Mr. Yang schürzte die Lippen: »Sie wollten warten... sagten selbst: ›Es ist ja bloß ein Mädchen.‹«

»Bloß ein Mädchen...?«

»Ja!«

Die Selbstverständlichkeit dieses »Ja« machte mich mundtot. Es gab ja auch Wichtigeres: Die Männer, einschließlich Mr. Yang, kommentierten das Hupkonzert des Fahrers. Immer noch im ersten Gang und mit röhrendem Motor, sah es aus, als schiebe der Wolga die Menschen vor sich her. Entdeckten erschreckte Fußgänger endlich die Standarten, die den Kühlergrill zierten, drückten sie sich, so gut es eben ging, in die Menge hinein. Schrittweise kamen wir vorwärts, die Luft im Wagen wurde allmählich zum Schneiden dick, trotz der heruntergekurbelten Fenster. Ich hatte mich in die Polster fallen lassen, fühlte mich erschöpft von Lärm, Staub und Hitze. Doch mit der Zeit dünnten sich die Menschenmassen aus, der Fahrer schaltete in den nächsthöheren Gang und gab Gas. Verrückt war es schon, sinnierte ich, auf dem Roten Platz in Moskau hatte mich so ein Bonzenauto beinahe überfahren. Ich erinnerte mich noch gut, der Abend dämmerte, der angestrahlte Kreml wirkte wie eine Festung, als sich wie von Geisterhand die großen Türen des Portals öffneten und ein schwarzer Wagen über den Platz in meine Richtung schoß. Ohne zu bremsen, zu hupen oder auszuweichen, raste die Staatslimousine nur knapp an mir vorbei, ich konnte sogar noch den Luftsog spüren. Nun saß ich selbst in solch einem Gefährt...

Auf den vorderen Sitzen strafften sich die Oberkörper: Vor uns tauchten die grauen Gebäude der Parteizentrale auf. Der Eisenzaun, mehrere Meter hoch, sparte ein Wachhäuschen mit Schlagbaum aus, auf den wir nun zuhielten, ungebremst versteht sich. Zackig ging die hölzerne Sperre hoch, der Wagen glitt darunter her, sechs Wachmänner salutierten. Weiter ging die Fahrt auf einer betonierten Straße, vorbei an einem kleinen Park mit chinesischem Tempelchen, Bäumen und gepflegter Rasenfläche.

Unser Ziel war ein klotziges Bauwerk in U-Form, vier Stockwerke hoch. In der zurückgesetzten Mitte des Bürokomplexes markierten Säulen aus hellem Stein den Haupteingang. Der Wolga hatte die Fahrt verlangsamt, rollte nun respektierlich über Waschbetonplatten zum rechten Flügel der Anlage. Kaum war der Wagen zum Halten gekommen, sprangen Hilfskräfte hinzu, verbeugten sich und kümmerten sich um mein Gepäck.

»Hier ist das Hotel, gegenüber das Restaurant und in der Mitte die Büros«, ließ mich Mr. Yang wissen; mit höflichem Lächeln quittierten die Parteileute unsere Konversation. Ringsherum Zuschauer, die sich stritten, wer uns nun begleiten durfte. Mir was das lästig, zu formell und unterwürfig, und ich freute mich auf den Moment, da ich endlich unter fließend kaltem Wasser stehen würde – ohne helfende Hände, die mich nervös machten. Die Zimmernummer stand in roten Schriftzeichen auf der Tür, die eilfertig aufgerissen wurde. Die Klimaanlage verhieß angenehme Kühle, neben dem Bett ein Fernseher mit Zimmerantenne – bescheidener Komfort.

»Hier ist das Bad«, sagte Mr. Yang und öffnete den Vorhang zu einer winzigen Duschkabine, in der auch noch ein WC Platz gefunden hatte.

Ich dankte und hoffte, daß sich der offizielle Teil dem Ende näherte, mindestens fünf Neugierige waren zuviel in dem nicht sehr geräumigen Zimmer. Wie so oft schienen meine Gedanken mit denen der Umgebung zu korrespondieren – Getuschel, das mir Mr. Yang mit den Worten übersetzte: »Leider gibt es zur Zeit kein warmes Wasser, man müßte erst die gesamte Heizanlage anwerfen.«

Ich winkte ab und zog als Hinweis darauf, daß ich endlich aus meinen durchweichten Klamotten herauswollte, schon einmal meine Jacke aus, setzte jovial hinzu: »Kaltes Wasser ist o. k., Hauptsache etwas Nasses!«

Das Lächeln der Herren mißlang; offensichtlich war man auf meine Art Humor nicht eingestimmt – Stille trat ein.

»Also, wenn es nichts ausmacht, ich würde jetzt wirklich gerne duschen!« Die Funktionäre erwachten aus ihrer Starre, streckten gleichzeitig die Hände zum Abschied aus, ließen mich durch Yang wissen: »Sie holen dich nachher zum Ehrenbankett wieder ab!«

»Gut«, erwiderte ich, nickte ihnen wohlwollend nach und begann mich bis auf die Unterhose zu entkleiden. Unentschlossen sah Mr. Yang zu, wie ich meine verschwitzten Sachen auf einen Haufen warf und ans Fenster ging.

»Wenn ich geduscht habe, würde ich gern einen kleinen Spaziergang machen«, sagte ich und zeigte hinunter.

»Ich warte solange und gehe dann mit!«

Daran mußte ich mich erst noch gewöhnen, stets einen Dolmetscher an meiner Seite zu haben, und murmelte: »Thank you!«

Von oben bis unten eingeseift, genoß ich den Strahl des rostbraunen, lauwarmen Wassers, der das Fett-Staub-Gemisch mit sich in den Ausguß nahm. Ach, wie wenig braucht doch der Mensch, um froh zu sein, und im Überschwang meiner Freude rief ich unter dem rauschenden Wasser: »Mr. Yang, wohnen Sie auch hier?«

»Ja, ganz am Ende des Ganges.«

»Sind sie aus Hantong?«

»Neeein! Ich komme aus Peking, habe dort studiert!«

Still für mich machte ich eine Grimasse und wackelte mit den Schultern, denn genau so – stellte ich mir vor – mußte Mr. Yang eben ausgesehen haben. Peking – die Metropole des Riesenreichs, und ich hatte ihn dem Provinznest Hantong zugeordnet. Ich schmunzelte immer noch, als ich, nur ein Handtuch um die Hüften geschlungen, in meinem Seesack nach Jeans, Socken und T-Shirt kramte.

»Wir sollten bald gehen, das Abendessen wird in einer Stunde serviert, Mr. Kieling.« Höflich und vorsichtig trieb er mich zur Eile an.

»Das ist gut so, ich habe nämlich einen Bärenhunger«, versuchte ich etwas Witz in unsere Unterhaltung zu bringen und sah Mr. Yang schelmisch an. Seine Augen lachten, und obwohl er den Mund nicht die Spur verzog, lächelten seine Lippen.

»So, wir können gehen!« Als ich die Tür hinter uns abschloß, dachte ich, ich mag ihn, diesen frischen Jungen aus Peking.

»Übrigens, ich heiße Yang«, fing er meinen Ball auf und gab mir die Hand.

»Was bedeutet ›Yang‹?«

Er dachte nach, legte den Zeigefinger auf den Mund, und erst als wir am Ufer des Flusses entlanggingen, hatte er eine Erklärung parat: »Hund – Haus – und ...«, er stockte, sah mich an, als müßte ich den richtigen Ausdruck wissen.

»Haus – und?« half ich nach.

Gequält schüttelte er den Kopf, hatte plötzlich aber eine Idee und formte mit den Händen ein Dach.

»Hundehüttendach?« Ich lachte los. Yang ließ sich nicht irritieren – noch war er nicht zufrieden. Und dann kam es, Wort für Wort betont: »Kleines Dach von Hundehütte!« Er sagte es mit der gleichen Inbrunst wie: »Ich komme aus Peking!«

Ich stellte mir diesen einen Meter und achtundsechzig großen Mann zusammengekauert in einer Hundehütte vor.

Das Frage-und-Antwort-Spiel ging weiter: »Are you married?«

Marrie... Maria? Unsicher sah ich ihn von der Seite an, fragte mich, ob er das ernst meinte?

»Nein, nix Maria, ich heiße Andreas!«

»A-n... nein, ich meine...«, ungeduldig zeigte er auf den Ring an seinem Finger: »... hast du eine Ehefrau?«

»Nein, ich bin Junggeselle«, entgegnete ich und grinste. »Trotzdem heiße ich A-n-d-r-e-a-s!«

Ziemlich verstümmelt brachte er meinen Namen heraus, probierte es einige Male, bis er lachend den Kopf schüttelte und sagte: »Nein, das kann ich nicht, aber wir würden sagen: Anjim.«

»Anjim ist gut«, stimmte ich belustigt ein; die Art der Kommunikation gefiel mir.

»Anjim«, sprach er mich mit meinem neuen Namen an, »wir sollten zurückgehen.«

Zwischen silbrigglänzenden Heizungsrohren, die sich wie ein Wurm durch die Landschaft schlängelten und den Weg zum Kraftwerk markierten, spazierten wir zurück zur Parteizentrale. Mir klebte bereits wieder das Hemd am Körper, und ich hatte große Lust, mich zu erfrischen, bevor das Galadinner losging.

»Das Klima ist gewöhnungsbedürftig«, bemerkte ich und wedelte mir Luft mit den Armen zu. Yang lachte und erklärte lakonisch: »Wir haben Juli... Monsunzeit.«

»Ah! Daher die Überschwemmungen unterwegs. Auf der Strecke standen ganze Landstriche unter Wasser, zum Teil ragte nur noch der Bahndamm heraus, und der Zug mußte oft anhalten.«

»Ich weiß, ich bin vor zwei Wochen die Strecke Peking–Hantong gefahren, da hatte das Wasser allerdings seinen Höchststand; viele Menschen und Tiere sind umgekommen.«

Da er nun stumm blieb, schlug ich vor, daß wir uns in einer guten halben Stunde in meinem Zimmer treffen würden.

Als ich den Schlüssel ins Schloß steckte, wußte ich sofort, daß etwas nicht stimmte – er ließ sich nicht drehen, die Tür war nicht abgeschlossen. In Alarm versetzt, schlich ich durch den kleinen Vorraum, als zwei Gestalten in mein Blickfeld rückten. Einer zog gerade mein Gewehr aus dem Futteral, hantierte mit dem wertvollen Bergstutzen herum – eine Welle des Zorns durchflutete mich. Der andere durchwühlte meine Kleidungsstücke, die ich zum Trocknen auf dem Bett ausgebreitet hatte.

»Wollt ihr das wohl seinlassen«, schimpfte ich auf deutsch, und hatte ich erwartet, den beiden einen Schrecken einzujagen, irrte ich mich gewaltig. Mit unverschämter Selbstverständlichkeit sahen sie mich an und führten mir nun stolz *meine* Sachen vor. Das war wirklich die Höhe, und wutentbrannt schnauzte ich: »Hey, leg das hin!«

In unmißverständlicher Weise nahm ich dem ersten das Gewehr aus den Händen, zerrte an der Jeansjacke, die sich der andere um die Schultern gelegt hatte. Erst jetzt begriffen sie den Ernst der Lage, Blicke flogen hin und her, die besagten, es wurde Zeit zu gehen. Energisch schloß ich die Zimmertür hinter den Kerlen, und während ich mich auszog und unter die Dusche stieg, beschlich mich das Gefühl von Mißtrauen. Hatten die beiden etwa im Auftrag der Partei mein Gepäck durchschnüffelt? Oder waren es bloß kleine Angestellte, die sich auf eigene Faust hereingeschlichen hatten? Wie auch immer – wenigstens dürfte jetzt klar sein, was man bei mir finden konnte und daß ich kein Spion war. Ins Handtuch gewickelt, streckte ich mich auf dem Bett aus. Das leise Klappern der Klimaanlage war reine Schau, denn in dem Zimmer herrschten tropische Temperaturen, schläferten mich ein. Lautes Pochen an der Tür ließ mich auffahren – wahrscheinlich der Dolmetscher ... viel zu früh. Unwillig kam ich auf die Füße und grunzte: »Come in!«

Noch bevor meine Worte verklungen waren, ging schon die Tür auf, und dickbäuchig schob sich der Parteivorsitzende ins Zimmer, gefolgt vom Forstamtsleiter. Verdattert schüttelte ich zu den gutturalen Begrüßungsworten Hände und versuchte diskret, das Handtuch hinten zusammenzuhalten.

»Ich bin noch nicht angezogen«, sagte ich, bemüht, die Situation zu glätten. Grinsen, Augenbrauen gingen fragend in die Höhe, wieder Grinsen, das mir dieses Mal schmierig vorkam. Beteuerungen auf chinesisch folgten, die mir nichts sagten, außer daß die Herren anscheinend etwas suchten, so neugierig wie sie sich im Zimmer umsahen.

»Ho, ho, ho«, gurgelte der Parteimensch plötzlich, und in einem blitzschnellen Griff packten seine Hände meinen Bizeps – der Mann strahlte vor Wonne. In einer von Ekel gesteuerten Reflexbewegung zuckte ich weg, spürte, wie mich am ganzen Körper Gänsehaut überlief, rang nach Worten. Eine Jeansweste, die über dem Stuhl hin, erregte mit einem Mal ihr besonderes Interesse: In Gorillamanier schlugen sie sich auf die Brust, und sprachlos sah ich zu, wie der Parteivorsitzende sich erdreistete, mein Gewehr aus dem Futteral zu ziehen!

»Meinen Sie nicht, daß das hier ein bißchen zu weit geht?« sagte ich entrüstet auf deutsch, da ich in englischer Sprache auch nicht größere Chancen hatte, verstanden zu werden. Mein Tonfall ließ sie aufhorchen. Noch immer mit meinem Eigentum in ihren Händen, sandten sie hypnotisierende Blicke aus, die an Deutlichkeit nichts zu wünschen übrigließen: Wir sind hier die Herren! Du, du bist ein Niemand, zwar Staatsgast, doch ein Niemand! Zähne zusammenbeißen, lächeln, befahl ich mir und unterdrückte meinen Zorn.

»Gestatten?« Dieses eine Wort triefte nur so vor Freundlichkeit, und mit übertriebener Langsamkeit nahm ich dem Hageren mein schwarzes Polohemd aus der Hand, griff wie nebenbei nach Strümpfen und Jeans und verzog mich in die Dusche. Die sind ja wohl nicht ganz bei Trost ... wie Kleinkinder, die Sachen unterm Weihnachtsbaum finden und meinen, *alle* Päckchen gehörten ihnen, schimpfte ich verhalten vor mich hin. Dann, mit einem tiefen Atemzug, schlug ich den Vorhang zur Seite, darauf gefaßt, einer neuerlichen Unverschämtheit die Stirn zu bieten – und prallte in Yang.

»Mr. Chang und Mr. Hui wollten dich abholen!« empfing er mich.
»Ja, das habe ich schon bemerkt!«

Wie Schauspieler, die am Ende einer gelungenen Vorstellung Applaus erwarteten, standen die Herren Seite an Seite, sahen mir durchaus respektvoll entgegen. Man kam einfach nicht auf den Gedanken, daß sie sich gerade am Anstand und an meinem Besitz vergangen hatten. Als letzter verließ ich den Raum, machte mir dieses Mal gar nicht erst die Mühe, abzuschließen. Flauschiger Teppichboden verschluckte unsere Schritte, wir schwebten beinahe über den Gang, der in das spartanische Büroareal einmündete. Glaskästen reihten sich aneinander, das Mobiliar entsprach bei weitem nicht modernem Standard. Die wahrlich herrschaftliche Treppe, auf die wir zusteuerten, war eine Fortsetzung der Säulendekoration des Haupteinganges ... zweiter Stock – Lakaien rechts und links des portalähnlichen Einlasses geleiteten uns in den Festsaal.

Größer konnte der Kontrast nicht sein: Geblendet vom gleißenden Licht bizarrer Kronleuchter, starrte ich auf knallroten Plüsch! Die Wände und sogar die Decke waren mit Samt ausgeschlagen, durchzogen von goldenen Fäden, die sich zu üppigem Blütendekor verschlangen. Fensterlos und viele Quadratmeter groß, war der Raum sparsam nur mit einer Tischgruppe möbliert, an die Wände schmiegten sich zierliche, schwarze Lackkommoden.

In der Haltung eines Kaisers durchmaß der erste Parteivorsitzende den Saal, zog einen der hochlehnigen Stühle vor und bat mich mit einladender Geste, Platz zu nehmen. Er selbst setzte sich mir gegenüber und winkte mit gebieterischen Blicken den abwartenden Mr. Chang an die Tafel, als nächsten den für mich immer noch namenlosen Leiter des Sägewerks und zum Schluß Yang. Kaum daß wir saßen, öffnete sich die Samttapete, und weißbeschürzte Bedienstete huschten herein. Erwartungsvolles Gemurmel machte die Runde, und nur das Klappern feinen Porzellans durchbrach die Stille. Zwei Plätze blieben frei. Spontan drehte ich mich um, als eilige Schritte über den Teppich kamen. Die Fingerspitzen abgestützt auf der Tischplatte, erhob sich der Parteivorsitzende – »Mr. Hui«, wie Yang mir zugeflüstert hatte – und schleuderte dem Mann harsche Worte entgegen. Geduckt schob sich der junge Chinese seitlich in den Stuhl und legte artig die Hände übereinander. Blickwechsel mit Yang, der geräuschvoll seinen Stuhl zurückschob und ihn vorstellte als: »Mr. Fengshui – zweiter Parteisekretär!«

Ich deutete eine höfliche Verbeugung an, unsere Blicke trafen sich für einen Moment, dann schaute der Neue betreten vor sich. Peinlich berührt von dem Vorfall, widmete ich meine Aufmerksamkeit dem geschäftigen Treiben der Kellner. Genauer gesagt: Meine Augen verfingen sich in der schwarzen Haarpracht eines Mädchens. Begriffe wie Lotusblüte, Blume Asiens, Mandelauge... schossen mir durch den Kopf; ihre Bewegungen waren durchaus graziös, doch als ich sie im Profil sah, war das Gesicht plump, breitflächig unpointiert.

»Du mußt aufstehen«, flüsterte mir Yang zu und nickte zum ersten Parteivorsitzenden. Das Glas in der Hand und in strammer Haltung, den Arm angewinkelt, wartete er auf mich.

»Was muß ich jetzt tun?«

»Mit ihm anstoßen«, raunte der Dolmetscher.

Beherzt ergriff ich das vor mir stehende Wasserglas, prostete meinem Gegenüber zu und setzte an. Wodka pur floß in einem Schwall durch meine Kehle, und ich machte nur eine Pause, weil auch Mr. Hui aufgehört hatte zu trinken.

»Es ist eine Freude, daß der Weitgereiste unter uns weilt, bereit, unserem Land einen Gefallen zu erweisen!«

Das waren starke Worte für meinen Auftrag, die Gegend im Amur-Ussuri-Dreieck auf ihren forstwirtschaftlichen Nutzen hin zu untersuchen. Den Rest des Wodkas kippte ich in einem herunter und setzte mich, denn nach und nach füllte sich die Tafel: geschälte Knoblauchzehen, die wie Erdnüsse portioniert in Schüsseln überall auf dem Tisch plaziert wurden, Fisch, Geflügel, Schweinefleisch, überdimensionierte Behältnisse mit Reis, Kohl und Kartoffeln. Der Glanz in aller Augen steigerte sich, je reichhaltiger der Tisch bestückt wurde. Als ich meine Schüssel mit den Köstlichkeiten füllte – und zwar mit Stäbchen! –, hatte ich sie auf meiner Seite – wohlwollend verfolgte die Parteispitze jede meiner Bewegungen. Ich schmunzelte in mich hinein, dachte, wenn ihr wüßtet, wie lange ich geübt habe. Sosehr ich auch auf den typischen »süßsauren Geschmack« wartete, er wollte sich nicht einstellen. Beißende Schärfe trieb mir das Wasser in die Augen, das ich heimlich mit dem Ärmel wegwischte, und mutig griff ich wieder zu. Die Chinesen kamen langsam in Fahrt: Wie sich drehende Flügel einer Windmühle schaufelten ihre Arme die Speisen in den Mund, die Gesichter glänzten speckig, und erste Schweißperlen zeigten sich auf der Stirn. Da ich mich vor Antritt meiner Reise über Sitten und Gebräuche einigermaßen informiert hatte, wußte ich, womit zu rechnen war. Doch Theorie ist immer grau – die Praxis kaum zu ertragen: Mir schien, daß jeder um die Wette schmatzte, ständig etwas auf den Tisch spuckte und zur kurzen Zwischenpause anständig rülpste. Ich war gerade damit beschäftigt, Stücke des vorgeschnittenen Fisches zu balancieren, als ich einen Stubser erhielt und mit letztem Schwung den reibungslosen Übergang in meine Schüssel schaffte.

»Mr. Chang will mit dir anstoßen!«

»Aha«, sagte ich und machte eine ehrwürdige Verbeugung und stellte mich in Positur. Auge in Auge mit dem Forstamtsleiter erwartete ich seinen Toast.

»Ein Wohl auf die deutsch-chinesische Freundschaft!« brachte Yang die Übersetzung im gleichen überzeugenden Brustton heraus. Der Fünfzig-Kilo-Mann leerte die einhundert Milliliter, ohne eine Miene zu verziehen. Leichter Schwindel hatte mich vorgewarnt, dieses Mal bloß die halbe Menge Wodka zu trinken, mich sofort wieder hinzusetzen, damit mein jeweiliger Trinkpartner nicht auf die Idee kam, die Prozedur eventuell durch einen zweiten Spruch zu verlängern. Ich sollte mich ans Wasser halten wie Yang, der sogar das Flaschenbier ignorierte. Andererseits, bei der Schnelligkeit, mit der er beinahe zwischen jedem Happen ins Knoblauchschälchen griff, hätte ich an der Wasserleitung angeschlossen sein müssen: Ich hasse Knoblauch in diesen Mengen! Überhaupt, meine Zunge orientierte sich nur noch in Geschmacksrichtung »scharf«. Als sich der zweite Parteisekretär erhob, dessen Namen ich bereits wieder vergessen hatte, und Trinkhaltung einnahm, ahnte ich, daß ich wohl mit jedem einzelnen anstoßen mußte. Gespannt, was er sich für einen Toast einfallen ließ, stellte ich mich hin und nahm mir vor, von jetzt ab nur noch den Mund voll Wodka zu nehmen und keinen Tropfen mehr.

»Auf daß die deutsche Wirtschaft erfolgreich investiere«, lautete sein Trinkspruch. Ich machte gute Miene zum bösen Spiel, würgte den Wodka hinunter und klebte danach förmlich auf meinem Sitz –

ich hatte einfach keine Lust mehr zu dem Saufgelage, das auf meine Kosten ging. Im Unterschied zu mir trank jeder von ihnen ja nur einmal. Das unausweichliche Schicksal ereilte mich, als der Leiter des Sägewerks seine Haare glattstrich, sich in Vorfreude mit der Zunge über die Lippen fuhr und das gefüllte Wasserglas einladend in meine Richtung schwenkte. Inzwischen ließ mich die Wirkung des Alkohols die Umgebung nur mehr nebulös wahrnehmen, sein Trinkspruch löste sich in Undeutlichkeit auf. Mit einem freundlichen Grinsen ließ ich mich zurück in den Stuhl fallen – jetzt war nur noch Yang übrig.

»Können wir beide nicht nachher auf meinem Zimmer noch einen trinken?« Meine – wie ich fand – scheinheilige Frage erstaunte ihn zwar, und er nickte abwesend, da schnelle Worte über den Tisch flogen. Lacher gurgelten, zeigten, daß der Wodka die Männer nun auflockerte.

Es ertönte zwar kein Tusch, doch die Haltung, mit der der Koch durch den Raum schritt, kündigte eine kleine Sensation an. Rasch entfernten die Lakaien halbleere Schüsseln, schufen Platz für die ovale Prunkplatte.

»M-e-n-s-c-h-e-n-h-ä-n-d-e?« entfuhr es mir, und entsetzt schaute ich Yang an.

Mit aufgeblasenen Wangen, die kurz vorm Explodieren standen, hielt Yang an sich. Als er sich gefangen hatte, sagte er ehrfürchtig: »Gefüllte Bärentatzen ... einfach unbezahlbar!«

»Aha«, hauchte ich zurück, noch nicht ganz von der Wahrheit überzeugt. Als die Köstlichkeit in der Mitte des Tisches plaziert war, erkannte ich Hände, von mir aus auch Tatzen, denen man Fell und Nägel abgezogen hatte; sie waren braun gebrannt und ordentlich nebeneinander aufgereiht. Der erste Parteivorsitzende griff zu den Stäbchen und gab mir als Ehrengast den Vorzug. Aller Augen waren auf meinen Teller gerichtet – in nackter Gier. Ich zögerte.

»Ich kann nicht glauben, daß es wirklich Bärentatzen sind«, ließ ich meinen Dolmetscher wissen und sah mißtrauisch auf die Speise. Er übersetzte, der Vorsitzende brüllte. Auf einmal Totenstille im Saal. In seiner Ehre getroffen, erschien der Koch persönlich, stellte erregt ein Schüsselchen vor mich, dessen Inhalt eindeutig bewies: dunkle Bärenkrallen mit kleinen Haarbüscheln daran!

»Tatsächlich! Es tut mir leid ...« – ich stockte und suchte nach einem passenden Ausdruck, um das Wort »Menschenhände« nicht zu wiederholen –, »... daß ich gezweifelt habe.« Doch man war großzügig mit unwissenden Fremden. Wohlwollend gestimmt, erhob sich der Parteivorsitzende, ergriff sein frischgefülltes Glas und nahm mich wieder in die Pflicht. »Ein Hoch der Sezuanküche mit ihrem unvergleichlichen Reichtum an Spezialitäten«, hatte er sich einfallen lassen, grinste mich feist an und wischte sich den Wodka aus den Mundwinkeln. Ich grinste zurück und setzte mich. Reihum wurde aufgelegt – nur der Teller von Yang blieb leer. Ich hütete mich nachzufragen, doch er hatte meinen Seitenblick bemerkt und zeigte mit dem Finger auf die Spezialität.

»Sie sind wirklich äußerst kostbar. Es sind Pfoten von jungen Braunbären, gefüllt mit Fleischpaste«, erklärte er mir in ganz neutralem Ton. Yang stand ganz unten auf der Hackordnung, stellte ich fest.

»Du mußt anfangen, sie warten auf dich«, flüsterte er mir diskret zu. Vorsichtig rückte ich der Hand mit den Stäbchen zu Leibe; sie war bereits in mundgerechte Stücke geschnitten, nur die Ballen ganz belassen. Knorpelig und scharf lautete mein Urteil, nur die Paste fand ich genießbar. Die Honoratioren von Hantong waren da ganz anderer Meinung. Bei uns Zuhause würde man sagen: Die fressen wie die Schweine! Schmatzend wiederkäuten sie, und alles, was ihnen nicht paßte, landete im hohen Bogen auf dem Tisch. Nur Mr. Chang, der Mann des Waldes, zeigte ein wenig Anstand, indem er sich tiefer zur Tischplatte hin bückte und Knöchelchen und Knorpel nur im kleinen Umkreis verstreute. Hatte sich genug angesammelt, entfernte ein Kellner den Unrat.

»Wie lange geht das noch?«

»Die Suppe kommt immer zuletzt«, informierte mich der Dolmetscher.

»Ich kann bald nicht mehr durchhalten«, nuschelte ich. »Der Alkohol, dazu die stickige Luft und ...«

Kernige Schritte ließen mich aufhorchen – der letzte Gast gab sich die Ehre! Augenblicklich brach Mr. Hui das Gespräch mit dem Sägewerksleiter ab und ging dem Neuankömmling entgegen. Eine frischgestärkte grüne Uniform, auf dem Kopf die passende Mütze, an deren Vorderseite ein roter Stern prangte. Der Mann trat militärisch kantig auf und schien eine wichtige Persönlichkeit zu sein. Fast schon herzlich umarmten sie einander, und es machte nichts, daß Mr. Huis Kinn und seine Finger, die vor Fett trieften, auf der frischen Uniform Spuren hinterließen. Nun war ich an der Reihe, ich zog mich aus meinem Stuhl hoch und reichte dem Mann die Hand. Kühle Augen musterten mich von oben bis unten, und es war ihnen beim besten Willen nicht anzusehen, was sie von mir hielten.

»Mr. Kieling, das ist Oberjäger Li, er wird Sie führen.«

Das war also der Mann, mit dem ich in die Wildnis hinaus mußte. Sein Händedruck war mehr als kräftig, eher eisern, das Kopfnicken zackig und das lautstarke »Ho, ho, ho!« verhieß nichts Gutes.

Damit war die Begrüßungszeremonie auch schon beendet. Kurz entschlossen nahm Mr. Li den leeren Stuhl in Beschlag und schaufelte sich behende den Teller voll. Ich stöhnte innerlich auf, stellte mir vor, daß bestimmt eine weitere Stunde verginge, bis er uns in der Speisenfolge eingeholt hatte. Mit einem Ruck, der mich fast aus dem Gleichgewicht brachte, stand ich auf, hielt mich kerzengerade und setzte zu meiner Rede an, die ich halten wollte, solange ich noch einen Funken Klarheit besaß. Die Tischrunde verstummte, der Grüne legte unwirsch die Stäbchen aus der Hand.

»Im Namen des deutschen Holz-Konsortiums, das sehr an einer erfolgreichen Zusammenarbeit mit China interessiert ist, bin ich beauftragt, ihnen allen ein kleines Geschenk zu überreichen.« Bis der Dolmetscher die komplizierten Ausdrücke ins Chinesische übersetzt hatte, verteilte ich die hübschen Schachteln, die mit roten Schleifen dekoriert waren.

»Original Schweizer Offiziersmesser«, verriet ich den Inhalt und freute mich an den dankbar leuchtenden Gesichtern. Überrascht waren sie nicht, eher hatte ich das Gefühl, man habe eine solche Geste erwartet. Die edel aussehenden Flaschen – teurer Dimple – übergab ich Mr. Hui und Mr. Chang mit der Bemerkung: »Schottischer Whisky!«

Mr. Chang warf einen Blick auf das Etikett, nickte beifällig und stellte die Flasche hinter sich auf eine Kommode. Für einen Moment herrschte Stille, und ich ahnte, was kam, spürte bereits den fixierenden Blick von Mr. Li – und machte mich innerlich bereit auf den nächsten Trinkspruch. Zu meiner Freude ging es dieses Mal ganz schnell. Yang fand keine englischen Worte für Mr. Lis kommandoartige Kurzansprache, sah nur hilflos zu mir auf. Betont forsch nickte ich meinem Trinkpartner zu, nippte am Glas, wedelte dazu mit der Hand, gab dann meiner Schwäche in den Beinen nach. Die Ellenbogen auf dem Tisch, lechzte ich förmlich danach, daß nun endlich die Suppe aufgetragen wurde.

Ob es an meiner desolaten Haltung lag oder einfach nur die aufgeheizte Atmosphäre schuld daran war ... der nächste Streich bahnte sich an in Form einer Plänkelei zwischen Mr. Hui und dem Oberjäger. Kichern, Augenrollen – dann umfaßte eine ölige Hand den guten Dimpel, plazierte ihn temperamentvoll vor den Teller des Oberjägers. Yang fing an, auf seinem Stuhl zu zappeln, und klapperte mit den Lidern. Noch bevor ich meine Frage loswerden konnte, kam Mr. Li in die Vertikale, die Mundwinkel verächtlich nach unten gezogen. Als packe er einen Stier bei den Hörnern, umgriff er den Flaschenhals, schlug seine Zähne in die Verschlußkappe, riß die Öffnung frei – und setzte an. Sein Adamsapfel hüpfte kaum beim Schlucken. Die Flasche fest gegen die Lippen gepreßt, schaffte er zwei Drittel des Whiskys in einem Zug! Ich geb' ihm noch dreißig Sekunden, dann kippt er vom Tisch ... das überlebt kein Mensch, pochte es in meinem Hirn – und hielt die Luft an. Nichts dergleichen geschah. Sich seines Sieges voll bewußt, reichte Mr. Li die Flasche seinem Nachbarn und schlug plötzlich mit den Unterarmen brachial auf den Tisch ein. Dem allseitigen Schreck folgte Lachen. Von seinem Erfolg angefeuert, spreizte der Oberjäger die Hände, verlagerte das Gewicht auf die Fingerkuppen – und stierte mich provokant an. Unmißverständlich erreichte mich die Aufforderung: Das mach mir erst einmal nach! Und um dem Ganzen Nachdruck zu verleihen, entließ sein Mund einen anhaltenden Rülpser. Da der trinkfeste Oberjäger seine Haltung unverändert beibehielt und begierig meine Erwiderung erwartete, trommelten sich die anderen vor Begeisterung und Sensationsgier auf die Brust. Als sich der Freudentaumel legte, sagte ich kühl und beherrscht: »Das«, und zeigte auf den Rest der braunen Flüssigkeit, »krieg' ich nicht hin. Ich bin ein guter Jäger, kein guter Trinker!«

Da die Übersetzung mit Zeitverzögerung erfolgte, blieben uns noch einige Minuten, um mit ineinander verhakten Blicken die Grenzen abzustecken. Ich gab als erster auf, registrierte, daß die Parteileute nun unverhohlen feixten, konnte allerdings nicht ausmachen, wem die Sympathiebezeugungen galten. Li blieb von dem Tumult vollkommen unbeeindruckt, nicht ein Muskel in seinem Gesicht zuckte. Nur der Forstamtsleiter kratzte sich verstohlen unter seinem Käppi, welches er die ganze Zeit aufbehalten hatte.

Es war ein Segen, daß die Tafel abgeräumt wurde; geradezu sehnsüchtig hoffte ich auf die Suppe. Die Schönheit des folgenden Ganges besänftigte meine Ungeduld: Skurrile Seegurkengebilde, schwammige Pilze, undefinierbare Fleischbröckchen und zauberhaft gelbes Curryhuhn, garniert mit kandierten Früchten, zogen vor mein Auge. Besonders beeindruckte mich der kapitale Amurkarpfen, der, in feinste Scheiben zerlegt, Bündel von Kräutern im geöffneten Maul hielt.

Der erste Vorsitzende ließ sich Wodka einschenken, ein kurzer Blick zu mir, doch ohne eine Rede zu formulieren, schluckte er den Inhalt, schlürfte sogar den Rest vom Boden des Glases – und mit einer wahrhaft gekonnten Geste drehte er es vom Mund weg. Mein Anstandsquantum veränderte ich auch dann nicht, als der rangniedere Sekretär seine Chance gekommen sah und – ebenfalls ohne viele Worte zu machen – das Ritual vollzog. Der Boden schwankte unter meinen Füßen, meine Augen irrten durch den Saal, und ich bekam gerade noch mit, daß Stalin, Mao und General-Feldmarschall Tschude aus der Höhe auf mich herabsahen.

»Wann kommt endlich die Suppe? lallte ich.

»Mhm, ich glaube, es wird noch ein wenig dauern«, versuchte Yang mich bei der Stange zu halten und zeigte auf Mr. Hui.

»Er hat noch ein ›Highlight‹ angekündigt!«

Unverdrossen die Knoblauchzehen kauend, spülte Yang mit einem Schluck Wasser nach. Wenigstens spuckte er nicht, sondern klaubte vornehm das Auzusortierende mit den Fingern aus dem Mund und häufte es ordentlich neben den Teller. Ich fühlte mich elend, und in meinem Magen brannte es wie Feuer.

Plötzlich ging ein Raunen durch den Saal, die Flügel der Schwingtür schlugen klappernd aneinander: Der Koch näherte sich mit einer Art Hochzeitstorte, und ich zählte ... eins – zwei – drei Etagen Süßes. In weißer Montur, die hohe Mütze auf dem Kopf, lenkte er seine Schritte um den Tisch herum und steuerte auf mich zu. Was ich nun sah, konnte mein auf Biskuit und Schlagsahne programmiertes Gehirn nicht verarbeiten. Ich hatte die Macht über mich verloren, brüllte los vor Lachen, schlug mir auf die Schenkel, und mein ganzer Körper bebte. Mir war völlig klar, daß ich einen schweren Faux-pas beging – bei jedem Hochschauen wurden die Gesichter der Chinesen länger. Unter Prusten stieß ich endlich meine Erklärung hervor: »Ich dachte, das sei eine Hochzeitstorte!«

Yang schien auf mein Stichwort gewartet zu haben, und ich sah sie schmunzeln, die Offiziellen, als er ihnen den Grund meiner Belustigung mitteilte. Mein Anfall legte sich, konnte jedoch jeden Moment wieder aufkochen: Frösche auf drei Stockwerken richteten ihre Glotzaugen auf mich! Aus dem weit geöffneten Maul hing die Zunge heraus, die vorderen Füße leicht nach innen gedreht und die Hinterbeine angewinkelt, schienen sie zum Absprung bereit. Nun reicht es aber, besagte der Blick des ersten Parteivorsitzenden, als er mir entschlossen den ersten von ungefähr fünfzig gebratenen Fröschen auf den Teller setzte. Mr. Li, der trotz des enormen Whiskykonsums immer noch perfekt aufrecht saß, riß einen der Frösche aus der Verankerung, entfernte mit einem Biß den dicken Kopf und spie ihn unter den Tisch. Danach verschwand der komplette Froschkörper in seinem Mund, und ich konnte mitverfolgen, wie er ihn durch bloße Kaubewegungen bei geschlossenem Munde zerlegte. Gezielte Lippenbewegungen entfernten alle überflüssigen Teile. Unter den aufmunternden Blicken meiner Tischgesellen riß ich dem Frosch beherzt die Beine aus, knabberte daran herum und hoffte, daß mir niemand etwas Gutes tun wollte, indem er mich auf die Schmackhaftigkeit des Leibes aufmerksam machte.

»Die Innereien sind das Leckerste«, versicherte dann der Dolmetscher und setzte noch hinzu: »Die Fettpolster sind sehr nahrhaft.«

»Danke«, erwiderte ich höflich, »aber ich bin wirklich satt!«

Das Froschkarussell leerte sich, die Gesichter der Männer erschienen mir aufgedunsen und wie eingeölt. Eine Hand auf meinen rumorenden Magen gepreßt, stieß ich eine letzte Frage hervor: »Wann endlich kommt die Suppe!«

Sie kam nicht. Ohne erkennbares Anzeichen löste sich die Tafelrunde auf, als nämlich Mr. Li, gestützt von zwei Bediensteten, wortlos aus dem Raum geführt wurde.

»Hilf mir mal hoch«, bat ich Yang, der mir sogleich unter die Arme griff und mich im Gehen unterhakte.

»Geht schon!« murmelte ich, aber er ließ nicht los, dirigierte mich die Treppe hinunter, indem er jede Stufe einzeln ankündigte: »Step ... step ... step ... step ...!«

Wie ich in mein Bett gekommen war, konnte ich nur ahnen. Mitten in der Nacht wachte ich in Schweiß gebadet auf und torkelte zum Fenster. Feiner Regen verschleierte die Lichter der Stadt, mein Kopf fühlte sich dumpf an. Hantong ... vor zehn Tagen erst hatte ich den Vollmond über den Siebentausendern des Himalaja bestaunt ... in zwei Tagen würde ich in die Ussuri-Wildnis aufbrechen.

2

Aufbruch

Das harte Schulterklopfen schien den Jungen in den Erdboden drücken zu wollen. Mit aufgerissenen Augen und strammer Haltung hielt er der Geste seines Vaters stand. Das Kind wirkte erwachsen – und war doch noch so klein. Die Frau stand reglos daneben, den Blick zu Boden gesenkt. Mr. Li drehte sich auf dem Absatz um und warf im Gehen sein schweres Armeegewehr über die Schulter. Den Pfad entlang stapfte er auf uns zu. *Das* also war sein Abschied für sechs Monate Wildnis, schoß es mir durch den Kopf. Mein Blick streifte Yang, der neben mir saß und die Szene ebenfalls beobachtet hatte. Sekundenlang sahen wir uns an, ohne ein Wort zu sprechen. Das Motorengeräusch des Jeeps schien mein betont freundliches »Guten Morgen, Mr. Li« zu verschlucken. Wie ein Hund knurrte der Oberjäger in den Innenraum des Wagens, schwang sich auf den Vordersitz und schlug mit der flachen Hand auf das Armaturenbrett. Augenblicklich legte der Fahrer den ersten Gang ein. Ich drehte mich um und schaute durch das Heckfenster rückwärts: der zweite Jeep hatte sich ebenfalls in Bewegung gesetzt. Durch tiefe Schlaglöcher schaukelte der Konvoi zurück auf die Hauptstraße.

»Wir holen nur noch Sun ab«, übersetzte mir Yang die kehligen Laute, die Mr. Li ausgestoßen hatte. Ich nickte, ohne die Straße aus den Augen zu lassen. Mit wildem Hupen bahnte sich unser Fahrer den Weg durch eine Traube von Radfahrern, die uns entgegenströmte. Vor den aufgetürmten Reisigbündeln auf den Gepäckträgern nahmen sich die Menschen winzig aus. Emsig wie Ameisen mühten sie sich, die Pedale durchzutreten, um schneller an den Straßenrand zu gelangen. Unser Fahrer legte einen Dauerton ein, doch das Ochsenkarrengespann vor uns bewegte sich nicht aus der Spur. Ein uralter Chinese kauerte auf der Holzpritsche und dirigierte die Tiere mit einem Stock. Die Ladefläche des Karrens war hoch gestapelt mit Körben, in denen Hühner aufflatterten und die dünnen Hälse durch das grobe Korbgeflecht steckten. Ich verbiß mir ein Grinsen bei der Vorstellung, daß dieser Hühnerberg von der Ladefläche abheben könnte und die Viecher im Getümmel zerstreuen würden; dürfte nicht einfach sein, sie wieder einzufangen. Gelassen wich unser Jeep aus. Der Fahrer ignorierte die erschrockenen Blicke der Radfahrer, die mühsam die Balance hielten.

»Wo kommen auf einmal die Leute her?« fragte ich Yang. Er stutzte einen Moment, schien zu überlegen. Dann stellte er die Frage Li, der einsilbig antwortete und dabei den Blick geradeaus gerichtet hielt.

»Aus den umliegenden Dörfern. Sie fahren zum Markt nach Hantong«, erklärte mir Yang höflich.

»Fünfzig Kilometer mit hochbeladenen Fahrrädern? Warum nehmen die keine Lastautos?« fragte ich zurück. Yang warf mir einen seltsamen Blick zu. Entweder hat er mein Englisch nicht verstanden, überlegte ich, oder ich habe mal wieder den Finger in eine kommunistische Wunde gelegt. Defekte Lkws säumten die Straßenränder. Verlegen schaute ich in die Runde. Der Koch fing meinen Blick auf und lächelte; seit unserer Abfahrt hatte er sich in die Polster gedrückt und keinen Laut von sich gegeben, und obwohl uns noch Tage auf der staubigen Piste erwarteten, erstrahlte er bereits in seiner weißen Kochmontur.

»Ihr habt ja auch Kartoffeln!« fing ich ein Gespräch an. Während Yang übersetzte, ging ein Strahlen über das runde Gesicht des Kochs. Lebhaft nickte er und zeigte nach draußen.

»Ja, enorm«, sagte ich bewundernd und fügte hinzu: »So riesige Felder habe ich noch nie gesehen.« Die Jacke über seiner Brust spannte sich vor Stolz, und er deutete im Sitzen eine Verbeugung an. Seitdem wir die Provinzhauptstadt Hantong verlassen hatten, gab es nichts anderes als Kartoffelplantagen zu sehen, in die hin und wieder kleine Dörfer eingestreut waren. Die endlosen Reihen gingen nahtlos in das Grün der Bäume am Horizont über. Seltsam, auf dem üppigen Staatsbankett hatte ich nicht eine einzige entdecken können. – Essen, mein Magen krampfte sich zusammen. Ich mußte mich ablenken.

Der Jeep war inzwischen auf Tempo gekommen. Ich lehnte mich vor: Die Tachonadel zitterte auf satten 60 km/h – bei diesem Knüppeldamm ein halsbrecherisches Unternehmen. Plötzlich wurde mir bewußt, wie stark der Wagen hin- und herschaukelte und mir die harte Federung bis in die Haarspitzen stieß. Kein Wunder, daß die Straßenränder von liegengebliebenen Autos gesäumt waren; ich tippte auf Achsenbruch oder geplatzte Reifen. Ich wurde unruhig; der Mechaniker in mir erwachte.

»Haben wir eigentlich genügend Ersatzteile mit?« brüllte ich in Richtung Fahrer, der es anscheinend liebte, den Motor extrem untertourig orgeln zu lassen. Ungeachtet des Slaloms durch die Fuhrwerke hindurch, wandte er mir das Gesicht zu und lachte:

»Habe alles dabei, was wir brauchen! Sogar zwei Ersatzhupen!« In seinen dunklen Augen blitzte es auf, und er nahm eine Hand vom Lenkrad und zeigte hinter seinen Sitz.

»Da unten, in der Schachtel. Sogar ganz neue!« Rasch beugte ich mich nach unten, um seine Aufmerksamkeit wieder auf die Straße zu lenken. Ich pfiff durch die Zähne, als ich die Pappschachtel öffnete: blitzblank leuchtete mir sein Lieblingsspielzeug entgegen. Ich spürte seinen Blick, hob den Kopf und sah ihn im Spiegel breit grinsen.

»Na, dann wollen wir doch mal den Rest der Ausrüstung begutachten«, sagte ich auf deutsch und rutschte von der Rückbank, um besser unter den Vordersitz schauen zu können: Ein armseliger Wagenheber war alles – von Werkzeug keine Spur. Na dann ... Ich grinste zu Yang, der mich verständnislos ansah.

»Chinesen sollen ja gute Improvisateure sein«, sagte ich sinngemäß in meinem spärlichen Englisch. Wieder traf mich sein rätselnder Blick. Augenscheinlich ergab dieser Satz für meinen Dolmetscher keinen Sinn. Er überlegte eine Weile. Dann hellte sich seine Miene auf, und die Laute schossen im Stakkato aus seinem Mund. Fast ein wenig erschrocken über die heftige Reaktion, die mein Scherz ausgelöst hatte, wartete ich gespannt auf die Entgegnung des Fahrers. Sein »Ho, ho« wußte ich nicht zu deuten. Als mich Yang dann aber fragte, ob ich in Deutschland einen chromblitzenden Mercedes fahren würde, wußte ich, daß dieses Übersetzungsmanöver danebengegangen war.

Wir ließen die fruchtbare Ebene allmählich hinter uns. Die Piste führte in leichten Windungen durch fast tropisch anmutende Laubwälder, die mich an unsere Vegetation in Mitteleuropa erinnerten: Ulmen, die so groß waren, daß es drei Männer brauchte, um ihren Stamm zu umfassen, und dichtbelaubte Eschen, die ihr Blattwerk zu geschlossenen Dächern formten. Auf Gräser und bunte Sommerblumen setzten sich grün schillernde Schmetterlinge, die handtellergroß waren. Pfauenauge und Schwalbenschwanz durchschwirrten zusammen mit Millionen Insekten die Luft. Plötzliches Auflachen riß mich zurück in die schwüle Hitze des Jeeps. Li und der Fahrer unterhielten sich aufgeregt, stießen wieder diese kehligen Laute aus. Sogar Yang warf hin und wieder etwas ein, worüber die anderen lauthals lachten. Ich verdrängte das aufkommende Gefühl des Ausgeschlossenseins. Das hier ist erst der Anfang des Zusammenlebens, gib dir Zeit, sagte ich mir und preßte unwillkürlich die Lippen zusammen. Das Motorengeräusch veränderte sich, und mitten auf der Steigung verlor der Jeep plötzlich an Tempo. Wieso schaltet der nicht mal runter, fragte ich mich ärgerlich. Mir wurde heiß. Nicht nur die dumpfe Hitze trieb mir den Schweiß auf die Stirn. Hoffentlich bleiben wir hier nicht liegen… noch eine Stunde, dann erst knallte die Sonne so richtig auf die Plane. Schlimmer konnte der Gestank in dem uralten russischen Jeep jedoch nicht werden, dachte ich und erinnerte mich an meine Kindheit im sozialistischen Thüringen: der gleiche ekelhaft süße Geruch von Billigbenzin. Die Abgase hatten sich seit Jahrzehnten in dem Innenraum festgefressen. Das dunkelgrüne Vinyl der Bezüge verwandelte die Sitze in glitschige Achterbahnen, und der Wollappen, den mir Yang als Sitzunterlage gegeben hatte, war klatschnaß. Jetzt lief der Motor wieder runder: wir hatten die Steigung hinter uns und rollten über den Hügel. Ein kilometerweites Tal, von Bächen durchzogen, breitete sich vor uns aus. Es wirkte wie eine gerodete Insel in einem Meer von Bäumen. Li erwachte aus seiner starren Sitzhaltung und sprach auf den Fahrer ein

»Wir kommen bald zu dem Dorf, in dem Sun wohnt«, informierte mich Yang. Ich murmelte etwas vor mich hin und betrachtete Li, der mir sein kantiges Profil zugewandt hatte. Die hohen Wangenknochen, die ihn wie einen Mongolen aussehen ließen, und die Mundfalten, die wie in den dunklen Teint eingemeißelt wirkten: der ist knochenhart, fällte ich mein heimliches Urteil.

»Schau mal da vorne, die Männer«, sagte ich zu Yang und richtete mich auf. Drei Chinesen umstanden einen ausgetrockneten Reisighaufen, der fast die gesamte Straßenbreite einnahm. Unablässig schlugen sie mit Dreschflegeln auf das Bündel ein. Unseren herannahenden Jeep schienen sie nicht zu hören, jedenfalls hielten sie in ihrem Tun nicht ein. Keine zwanzig Meter mehr ... jeden Moment erwartete ich die Vollbremsung. Doch mit unvermindertem Tempo fuhr der Jeep geradewegs auf die Männer zu. Ist der verrückt? empörte ich mich und spannte meine Muskeln. Dreimal ertönte die metallene Hupe, dann knackte auch schon das dürre Gestrüpp unter unseren Reifen. Mit einer Behendigkeit, die ich den alten Männern niemals zugetraut hätte, retteten sie sich mit einem Hechtsprung auf die Seite. Der zweite Jeep folgte uns auf den Fersen. Li brummelte etwas, der Fahrer nickte kurz. Jetzt erst erfolgte die Vollbremsung – und zwar direkt vor der Gemeindeverwaltung. Kaum, daß der Jeep zum Stehen kam, sprang Li auch schon aus der Beifahrertür. Nach ein paar Schritten blieb er wie angewurzelt stehen. In diesem Moment wurde die Tür des Backsteinhauses aufgerissen, und zwei Chinesen tippelten eilig die Stufen hinab. Mir kam es vor, als hätten sie hinter einem der Fenster genau diesen Augenblick abgepaßt. Beeindruckt sah ich Yang an.

»Das sind die Offiziellen des Dorfes!« raunte er mir zu. Li, in strammer Haltung, die ihn um einiges größer wirken ließ, nahm die Verbeugungen mit ungerührter Miene entgegen. Er sagte etwas zu ihnen, worauf die drei im Inneren des Hauses verschwanden. Yang starrte ihnen wie gebannt nach, vergaß sogar, mir den Inhalt des Gespräches zu übersetzen. Ich war nicht neugierig: mir mißfiel die Art und Weise, wie Li sich hatte hofieren lassen. Ich mochte ihn nicht, diesen Li; er war unfreundlich und herrisch, und ich fühlte mich in seiner Gegenwart beklommen. Mürrisch verließ ich als Letzter den Wagen und stelle mich abseits der Männer in den Schatten. Als wollte der Koch mich aufmuntern, hielt er mir beflissen eine Schale vergartes Gemüse unter die Nase.

»Endlich was zu essen!« sagte ich zu ihm auf englisch und rang mir ein Lächeln ab.

»Chautsche!« erwiderte er und eilte zurück zu unserem Versorgungsjeep. Ich nahm an, das sollte heißen »Laß es dir schmecken!«, hockte mich auf die Brüstung der Treppe und schaufelte mit den Stäbchen den Brei in mich hinein. Über den Rand der Schale sah ich hinüber zu den Bauern: unverdrossen knüppelten sie die dürren Erbsenranken. Trotz der brütenden Hitze sausten die Dreschflegel durch die Luft und knallten auf die rissige Erde. Einer der krummbeinigen Männer schaufelte mit den Händen Erbsen, Hundedreck und was sonst so im Straßenstaub liegen mochte, in einen flachen Korb. Dann rüttelte er ihn, und ich sah, wie die Spreizen vom Wind erfaßt und davongetrieben wurden. Der alte Mann schüttete den Korbinhalt wieder in den Dreck, und ein zweiter Chinese begann erneut zu dreschen. Mit der mageren Ausbeute trotten die Männer wenig später an uns vorbei und beäugten uns interessiert. Bloß nicht zuviel Aufmerksamkeit, wünschte ich mir, und vor allem kein Gastgeschenk. Ich stellte mir vor, wie mir eine leckere Schale Erbsensuppe angeboten würde, vermischt mit Hunde- und Katzenkot. Überall in den Dörfern hatte ich sie gesehen: bis auf die Knochen abgemagerte Kreaturen, die lediglich ihr räudiges Fell zusammenhielt. Der Gemüsereis war nicht schlecht. Ich schlenderte hinüber zum Koch, gab ihm die leere Schale und bestätigte »Chautsche – Schmeckt gut!« Sichtlich erfreut, hantierte er in seiner Campingküche. Als Nachtisch reichte er mir eine Schale Tee, denn neben dem Jeep brodelte auf einem kleinen Gaskocher heißes Wasser. Spitze im Improvisieren, dachte ich.

Yang löste sich aus der Gruppe Männer, die unter der Tür des Gemeindehauses stehengeblieben waren. »Li hat für uns Benzin organisiert! Gibt es offiziell nur auf Bezugsschein, aber Li braucht so etwas nicht!« In seiner Stimme schwang unverhohlene Bewunderung mit, die mir einen Stich versetzte.

»Bist du sicher, daß du überhaupt in die Wildnis willst?« fragte ich in Anspielung auf seinen grauen Anzug barsch zurück. Für den Bruchteil einer Sekunde zuckte es in seinem Gesicht, dann entgegnete er fest: »Ja, natürlich!«

»Gut. Bin gespannt, wie es weitergeht«, maulte ich und machte eine Kopfbewegung hin zum Gemeindehaus, aus dem die beiden Fahrer schwere Kanister schleppten und in den Jeeps verstauten. Li gab kurzen Befehl und machte uns ein Handzeichen, das »Aufbruch« hieß. Ich staunte, wie schnell der Koch seine Campingküche abbaute und im Kofferraum verschwinden ließ.

»Wo wohnt denn nun eigentlich Lis Bruder?« fragte ich Yang, als der Konvoi im Schrittempo an Holzhäusern vorbeirollte, die alle im gleichen Himmelblau angestrichen waren, sich lediglich durch den Grad der Verwitterung unterschieden.

»Da vorn, am Ende des Dorfes!« antwortete Yang und zeigte auf das Empfangskomitee.

Alte Leute am Straßenrand erhoben sich aus ihrer Hockstellung, als wir sie passierten. Sie winkten uns und fingen plötzlich an zu laufen. Die Frauen mühten sich, mit ihrem Tippelschritt in den Holzpantinen Anschluß zu halten.

Ich erkannte Sun sofort: umringt von den Dorfbewohnern, die ausnahmslos in blauen Drillich gekleidet waren, ragte er mit seiner grünen Jägerkappe aus der Menge. Die gleiche kantige Gesichtsform, doch sein Lachen war sympathisch, sogar fröhlich. Sun riß die Beifahrertür auf, und die Brüder begrüßten sich lautstark. Als ich ausstieg und Sun in westlicher Manier mit Handschlag begrüßte, spürte ich die allgemeine Aufregung.

»Anjim, die Leute haben noch nie in ihrem Leben einen richtigen Ausländer gesehen. Sie wollen wissen, ob die hellen Haare und der rote Bart echt sind.«

»Klar! Sie können es ja mal ausprobieren«, entgegnete ich aufgeräumt und nickte auffordernd in die Runde. Ehe ich mich's versah, drängte sich eine Alte an mich, stellte sich auf die Zehenspitzen – und zog mich unsanft an meinem Bart. Kichernd bestätigte sie den anderen dessen Echtheit. Gelächter und Rufe des Staunens. Ein Greis, dessen Bart nur mehr aus grauen Fäden bestand, die ihm bis auf die Brust hingen, hielt mir mit zittrigen Händen eine Schale Tee entgegen. Doch ich hatte keine Zeit zu trinken.

»Anjim, die Frau fragt, ob ihr kleiner Sohn dich anfassen darf?« sprudelte Yang hervor; er genoß es sichtlich, der Mittelpunkt zu sein.

»Nimm ihn!« forderte er mich auf und drückte mir einfach das Kind in die Hände.

Schmutzverkrustet und – dem Geruch nach – mit vollen Windeln, landete der Junge in meinen Armen. Etwas unwillig tätschelte ich den Kleinen. Die Mutter sprach aufgeregt auf das Kind ein, das sich schließlich in meinen Haaren festkrallte und zu weinen anfing.

»Das geht jetzt aber wirklich zu weit!« sagte ich auf deutsch und schob das plärrende Kind zurück in die Arme der Mutter. Yang rettete die Situation und schob mich unter beschwichtigendem »Ho, ho!« durch die Menge auf das Haus zu. Frau Sun wartete bereits artig mit der obligaten Tasse Tee und dirigierte mich lächelnd unter die Veranda. Die Dorfbewohner standen unschlüssig in kleinen Gruppen, beobachteten uns eine Weile und ließen sich dann am Zaun nieder – die Vorstellung hatte ihr Ende gefunden. Drinnen im Haus hörte man Männerstimmen, die lauter wurden. Und selbst als sie bedrohlich anschwollen, lächelte Frau Sun noch immer. Die Brüder stritten sich heftig. Fragend blickte ich Yang an. »Sag mal, was ist denn mit denen los?« Verlegen sah er um sich und machte keine Anstalten zu übersetzen. Sollte das Ganze in Handgreiflichkeiten ausarten, wollte ich aus der Schußlinie sein – darum ging ich zur Rückseite des Hauses. Später, als ich die beiden besser kannte, wurde mir klar, daß ich der Gegenstand des Streits war, denn Sun war weniger abgebrüht als sein Bruder. Jetzt aber widmete ich mich arglos den dicken Zöpfen aus Paprika und Knoblauch, die man zum Trocknen an die Hauswand gehängt hatte. Begierig sog ich das würzige Aroma ein und war froh, an »Heimat« erinnert zu werden ... bis mich das Fremdartige einholte: wie auf einer Perlenkette waren an die zwanzig Frösche auf einer Kordel aufgezogen, die mitten durch ihren Leib ging. Yang war mir gefolgt und hatte mich beobachtet. Jetzt kam er näher: »Wenn auch die Innereien völlig ausgetrocknet sind, kochen wir sie in der Suppe!« erklärte er und schnalzte mit der Zunge. Der Verwesungsgeruch stach mir in der Nase, und ich konnte nur trocken schlucken. Ich erwiderte nichts; mich beruhigte der Gedanke, in der Wildnis für solche Froschspielereien keine Zeit zu haben.

»Einsteigen! Es geht los!« In Yangs Übersetzung schwang der gleiche militärische Ton mit, mit dem Li uns kommandierte. Sun erschien in einem ausgedienten Armeemantel, und während er sein Gewehr schulterte, pfiff er dreimal. Augenblicklich ertönte Hundegebell. Das mußte eine ganze Meute sein, dachte ich aufgeregt.

Kaum hatte Frau Sun die Türe des Schuppens geöffnet, stürzten drei China-Chow-Chows heraus und hefteten sich sogleich an Suns Fersen. Den braunen Schäferhund übernahm Li; mit Schwung hievte er ihn in den Fußraum des Autos. Sun kommandierte seine Hunde in den zweiten Jeep, warf Gewehr und Seesack hinterher – und knallte die Tür zu. Dann machte er kehrt und spurtete zurück zum Haus. Minuten später ertönte ohrenbetäubendes Motorradgeknatter: wie ein übermütiger Halbstarker thronte Sun auf einer alten Maschine mit Beiwagen und reihte sich als Schlußlicht unseres Konvois ein. Im aufgewirbelten Staub der Straße versanken die winkenden Dorfbewohner. Ich lehnte mich zurück ins Polster. Abenddämmerung legte sich allmählich über die Ebene, und in das monotone Motorengeräusch mischte sich das Konzert der Vögel. Auf mir lastete noch die Schwüle des Tages, und Müdigkeit kroch in meine Knochen.

Die Expedition begann für mich genau hier zwischen den hochaufragenden Fichten, durch die unsere Straße schnurgerade verlief – es war friedlich und menschenleer. Das änderte sich nun, denn mit einem Mal wurde der Koch ungewöhnlich munter und zeigte immer wieder hinauf in die Kronen der Bäume. Wortfetzen wurden ausgetauscht zwischen Fahrer und Li, der Wagen stoppte, und der Koch sprang hinaus. Wie ein Affe kletterte der schmächtige Chinese an dem Stamm einer Fichte hoch bis hinauf in die äußerste Spitze; seine weiße Jacke leuchtete in der Dämmerung. Yang und ich sahen uns verdutzt an, bis plötzlich ein wahrer Zapfenhagel auf Männer und Autos niederging. Was dann folgte, hätte ich nicht für möglich gehalten. Li, Sun und die beiden Fahrer stürzten sich auf die Baumfrüchte und bissen gierig hinein. Schmatzen und Spuken, dazwischen Laute der Verzückung. Um nicht arrogant zu wirken und auch um mitzuhalten, hob ich einen Kiefernzapfen auf und grub meine Zähne in die harzigen Samen. Yang schien diese »Köstlichkeit« ebenfalls nicht sehr zu schätzen, denn lustlos kaute er auf dem Zapfen herum. Ich grinste:

»Bin doch kein Eichhörnchen! Bei uns pflücke ich nur die saftigen grünen Spitzen der Tannentriebe. Die hier ...«, betonte ich und warf den Zapfen in hohem Bogen fort, »sind schon viel zu weit.« Yang lachte befreit auf, während er sich das Harz von den Händen pulte. Kopfschüttelnd sah ich hinüber zu den Männern, deren Kiefer unentwegt mahlten – auf purem Holz, wie ich meinte. Chinesen haben schon eine merkwürdige Eßkultur.

Der Schmaus war so schnell beendet, wie er begonnen hatte. Nach einigen hundert Metern jedoch gab es die nächste Vollbremsung. Dieses Mal hatte der Koch eine Säge unter den Arm geklemmt, und als er in der Baumkrone angekommen war, knackte und knirschte es. Unter dem Gejohle der Männer brach die Baumspitze endlich ab und krachte auf die Straße. Wie Kinder stürzten sich die Mandschus auf die Zweige, rupften die dicksten Zapfen heraus und stopften sich die Taschen voll. Währenddessen sprang der Koch den danebenstehenden Baum an, wieselte am Stamm hinauf und köpfte auch diese Fichte. Freudenrufe schallten durch die Stille, als sich Li und Sun als erste über die Krone hermachten. Mit verschränkten Armen lehnte ich am Jeep und wartete, daß der Spuk ein Ende fand – erwachsene Männer, sagte ich mir, Beauftragte für Forstwirtschaft, die vor allem die Baumbestände erhalten sollten, gebärdeten sich wie die »Wandalen«. Bei diesem Ausdruck grinste ich und änderte ihn im stillen in »Horden des Dschingis-Khan«.

»Gut, daß die Zapfen nur die Vorspeise waren«, brachte ich zwischen zwei Bissen hervor. Wir alle saßen auf dem warmen Waldboden um ein kleines Lagerfeuer und aßen um die Wette. Gleich hier an Ort und Stelle hatten wir unser Nachtlager aufgeschlagen, und der Koch mit seinem unvergleichlichen Improvisationstalent hatte in kürzester Zeit die Kessel zum Brodeln gebracht. Vor uns ausgebreitet, dampften gehacktes Huhn mit Reis, Kohl und Erbsen, Gemüsesuppe und Berge von geschälten Knoblauchzehen. In den Wasserbehältern lagerte hochprozentiger Wodka. Im Widerschein des Feuers leuchteten die glühenden Gesichter der Chinesen. Emsig fuhren die Stäbchen in die Schüsseln, schoben gewaltige Portionen in die lachenden Münder. Schweiß und Fett vermischten sich, lief an ihren Mundwinkeln herab. Fasziniert betrachtete ich die Männer, die keine Pause einlegten, den Wodka kreisen ließen und dazwischen satte Rülpser von sich gaben. Ich wußte nicht so recht, ob ich über meine Eßgewohnheiten lachen oder in Panik verfallen sollte:

langsam kauen und genießen war bisher meine Devise gewesen. Damit hatte ich hier kaum Überlebenschancen.

Eingerollt in Steppdecken, lagerten wir am verglimmenden Feuer und warteten auf den Schlaf. Die Nacht begann sich mit wohltuender Kühle auf mich zu legen, und ich kreuzte die Arme unter meinen Kopf, stieß einen langen Seufzer aus. Über mir war ein sternenklarer Himmel, und ich folgte der Milchstraße so lange, bis sich ein hoher Berg davor schob.

Leises Knacken im Unterholz – ob hier schon die mächtigen Maralhirsche durchzogen oder sogar Tiger? Gespannt lauschte ich und stellte mir die menschenleere Wildnis zwischen Amur und Ussuri vor.

»Li, wann werden wir das Waldhaus erreichen?« übersetzte Yang meine erste Frage am Morgen. Ein langer Blick, dann unwirsche Worte. Jedenfalls erfuhr ich, daß wir noch einmal übernachten und Benzin organisieren müßten, um dann endlich alle Zivilisation hinter uns zu lassen. Mit jeder Stunde nahm die Kraft der Sonne zu; sie begann den Jeep aufzuheizen und die lästigen Moskitos zum Leben zu erwecken. Als wir am frühen Morgen losgefahren waren, war ich drauf und dran gewesen, mit Sun einen Tausch auszuhandeln und auf das Motorrad umzusteigen. Doch schien mir dies noch nicht der richtige Zeitpunkt, um den Status des Staatsgastes aufzugeben, der mir einen gewissen Respekt sicherte. Wohl oder übel hatte ich meinen Platz auf der verschwitzten Rückbank eingenommen.

»Rauch!« sagte Yang in das Schweigen hinein. Ich gönnte es ihm, daß er das Dorf dieses Mal als erster ausgemacht hatte. Das Spiel würde sich ohnehin bald erschöpfen: je weiter wir nach Nordosten kamen, desto unbewohnter war die Gegend geworden. Vielleicht bot dieses Dorf die letzte Gelegenheit, Benzin zu beschaffen. Bevor ich Yang ausfragen konnte, schleuderte mich hartes Abbremsen gegen den vorderen Sitz. Im selben Moment ergriff Li sein Gewehr, sprang aus dem Jeep, stellte sich breitbeinig vor den Kühler – und schoß. Mit einer Kugel trennte er einer weißen Ente den Kopf vom Hals, und wie aus einem geöffneten Ventil sprudelte Blut. Das enthauptete Tier schlug wild mit den Flügeln. Yang starrte mich mit

Entsetzen an, und ich spürte, daß er seine Hand in meinen Arm gekrallt hatte. Trotz meiner Empörung lachte ich los: Wilderei auf dem Dorfgraben! Zwar war das ein Präzisionsschuß, der das Tier sofort getötet hatte – aber einfach so in der Gegend herumzuballern war dann doch etwas stark. Li zog die Ente mit einem Stock ans Ufer. Er packte den schlaffen Federkörper und trug ihn wie eine Trophäe vor sich her. »Unglaublich«, entfuhr es mir; ich konnte dieses Bild nicht länger ansehen und sagte zu Yang: »Die Leute in den Dörfern sind bettelarm und sehen halb verhungert aus ... und *der* schießt einfach aus Spaß eine wertvolle Ente ab!«

»Ja, das stimmt, aber soll ich es Li übersetzen?« hob er an. Mit den beschwichtigenden Worten »Ist schon o. k!« nahm ich ihm die Entscheidung ab und öffnete die Beifahrertür für Li. Mit einem deftigen Fußtritt beförderte er den Hund zurück in den Fußraum und lachte. Dann warf er die Ente hinter den Sitz – sie landete genau vor Yangs Füßen.

»Li hat was Gutes zum Mittagessen besorgt«, übersetzte Yang Lis Bravourtat, die er für meinen Geschmack mit zu vielen Worten beschrieb. Als ich schmunzelte, galt das Yang, denn er versuchte krampfhaft, seine Schuhe von dem auslaufenden Blut fernzuhalten.

Bis wir endlich in der Dorfmitte auf einem kleinen Platz anhielten, fiel zwischen uns kein einziges Wort. Um so mehr erleichterte mich die übersprudelnde Begrüßung der Offiziellen: Forstmann und Jäger aus Deutschland, wird im Auftrag der Provinzregierung die Wildnis des Ussuri-Armur-Dreiecks bestandsmäßig erforschen ... gelassen ließ ich die Vorstellung über mich ergehen. Ich setzte eine freundliche Miene auf, deutete hin und wieder eine Verbeugung an und nahm dankend den Tee in Empfang, der von irgendwoher gereicht wurde.

»Der Bürgermeister möchte dir gerne die Holzfabrik zeigen!« hörte ich Yang. Wieder nickte ich freundlich, aber zu Yang gewandt flüsterte ich: »Ich muß mal ganz dringend auf die Toilette!« Die Handvoll Knoblauchzehen, die ich wie Kekse zum Frühstück gegessen hatte, zeigten Wirkung. Nach kurzem Palaver nahm mich ein schmächtiger Mann beim Arm und führte mich zu einer Holzbude. Nein, dies war kein Laden, vor dessen offener Tür die Leute Schlange standen ... der Geruch beim Näherkommen ließ keine

Zweifel: Das war ein öffentliches Plumpsklo. Durch den Türrahmen erspähte ich im schummrigen Inneren eine Gestalt. Mein Begleiter blieb stehen, deutete auf mich und unterhielt sich in aller Seelenruhe mit dem Toilettenkunden, der seiner Natur freien Lauf ließ. Ungeachtet des Gestanks und der platschenden Geräusche steckte sich mein Dörfler eine Nuß in den Mund und kaute vergnügt. Fieberhaft suchte ich nach einem Ausweg und versuchte das unwiderstehliche Würgen zu unterdrücken. Hilfesuchend sah ich mich nach Yang um.

»Das – das ist ja bestialisch!« rief ich auf englisch. »So stinkt es bei uns noch nicht mal im Schweinestall! *Da* geh' ich nicht drauf! Wo, bitte schön, gibt es hier eine richtige Toilette?« Obwohl außer Yang niemand ein Wort verstehen konnte, wurde es auf einmal ganz still. Die Dorfbewohner, Li und die Offiziellen blickten alarmiert zu uns herüber.

»Anjim, nein, das kann ich nicht übersetzen!« Yang wand sich in Schmerzen. Ich atmete schwer, zumal ich befürchtete, jeden Moment die Kontrolle über meinen Verdauungsapparat zu verlieren. »Yang, frag sie nach einem anderen Klo!« forderte ich ihn noch einmal auf und preßte meine Hände auf den Bauch.

»Anjim«, sagte er im bettelnden Ton, »das wäre eine zu große Beleidigung!«

»Das soll doch wohl nicht heißen, das ich auf dieses Scheißhaus *muß?*« sagte ich fassungslos. Yang nickte. Meine Eingeweide brannten; wütend schleuderte ich mit dem Fuß einen Stein zur Seite und schimpfte auf deutsch: »Verdammte Schweinerei!«

Offenbar hatte Yang einen rettenden Einfall, denn seine Stimme klang ruhig, als er zu den Leuten sprach. Um den Gang aufs Schafott hinauszuzögern, tat ich so gelassen wie möglich und stellte mich ans Ende der Warteschlange. Ich wußte nicht, was schlimmer war: das Reißen in meinem Gedärm oder der permanente Brechreiz. Yang schielte verstohlen zu mir herüber. Ich brachte sogar ein Grinsen zustande, obwohl ich über die Schulter der kleinen Chinesin vor mir in die offene Grube schauen konnte. Das Mädchen unterhielt sich mit einer Frau, die nun auf dem Donnerbalken hockte. Dann war unweigerlich die Reihe an mir: Wie auf brüchiges Eis trat ich auf die lose verlegten Bretter, zog entschlossen die Hosen bis auf die

Knie herunter und setzte mich. Die Holzstange schwankte, und rasch umkrallte ich die seitlich angebrachten Haltestangen. Die Vorstellung eines Sturzes in die metertiefe Jauchegrube versetzte mich in Panik. Blick geradeaus, konzentrieren ... jetzt rührte sich natürlich nichts mehr. Plötzlich tauchte Yang in meinem Blickfeld auf. Mit verschränkten Armen beobachtete er mich; peinlich berührt von so viel Öffentlichkeit, hätte ich ihn am liebsten angebrüllt. Dann ... endlich ...

Doch jetzt fand ich weder Toilettenpapier noch wenigstens eine Zeitung, und mir blieb nichts anderes übrig, als die Hosen hochzuziehen. Kaum war ich ins Freie getreten, machte ich mir Luft und sagte schneidend: »Niemals mehr ...« – ich betonte jede einzelne Silbe – »betrete ich so ein Haus!«

Yang warf mir einen langen Blick zu, und zum ersten Male bemerkte ich so etwas wie Verachtung. Nach einer kurzen Weile besann er sich und sagte im versöhnlichen Ton: »Anjim, worüber regst du dich auf?«

»Noch nicht mal Klopapier!« zischte ich und verzog meinen Mund in Ekel. Hinter seiner Stirn arbeitete es, dann hatte er die passende Antwort gefunden: »Mit ein Grund, warum wir alles *nur* mit Stäbchen essen!«

Ich machte eine wegwerfende Handbewegung, die bedeuten sollte: Vergiß es. Und ganz so, als wollten wir dieses unerfreuliche Thema hinter uns lassen, legten wir beide einen Schritt zu. Kaum waren wir mit den Männern auf einer Höhe, nahm Li Yang in Beschlag und fragte ihn aus. Immer mit Seitenblick auf mich erstattete Yang Bericht. Zu gern hätte ich gewußt, was Yang sich da aus den Fingern sog; allzu schlecht kam ich dabei nicht weg, denn der Bürgermeister lächelte mich fortwährend an. Li zeigte auf die Hallen der Holzkolchose. Schwatzend saßen die Arbeiter in typischer Hockstellung an der Wand eines Backhauses, aus dem Geruchsschwaden zogen. Schüsseln wurden herumgereicht, der Teekessel machte die Runde, weiter vorne spielten Männer Karten und sogen nervös an ihren Zigaretten. »Mittagspause?« fragte ich nach.

»Nein, die warten auf Diesel!« entgegnete Yang, nachdem er meine Frage an einen Offiziellen weitergegeben hatte. Mein Blick glitt über den Vorplatz des Sägewerks, auf dem fünf Raupenschlepper abgestellt waren. Es hatte den Anschein, als seien die Fahrer gerade erst aus dem Führerhaus gesprungen, um etwas zu holen – die Türen standen sperrangelweit offen. Der feine Rost, der alles überzog, machte mich stutzig. »Das ist aber schon eine Ewigkeit her, daß diese Schlepper im Einsatz waren, oder?« fragte ich den Bürgermeister.

»Es gibt hier oben im Norden ernste Schwierigkeiten bei der Versorgung mit Treibstoff, die allerdings jeden Tag behoben sein könnten. Deswegen kommen die Arbeiter auch jeden Morgen in die Fabrik«, erhielt ich zur Antwort. Meine Miene drückte Verständnis aus; in mir wurden Erinnerungen wach an die Zustände in meiner alten ostdeutschen Heimat: sozialistische Planwirtschaft, die nicht funktionierte, egal an welchem Ende der Welt. Die Werksführung führte vorbei an Bergen von Sägespänen, die sicher einmal für die Herstellung von Spanplatten gedacht waren, nun aber vor sich hin schimmelten. In den intakten Schuppengebäuden war der Boden übersät mit Maschinenteilen, und in der Nähe des Eingangstores ragte ein zerlegter Motor ins Freie, dessen Innenleben der Regen zerfressen hatte. Mir dämmerte, wovon der Parteivorsitzende in Hantong gesprochen hatte, als er meinte, man müsse die Infrastruktur verbessern und für den Abtransport der geschlagenen Stämme oder deren Produkte sorgen. Nur, was konnte ich dabei ausrichten? Die Bestände der wertvollen Hölzer konnte ich ihnen zwar ermitteln, aber ohne Treibstoff, der die entsprechende Maschinerie in Gang hielt, war das ziemlich sinnlos. Der Bürgermeister forschte in meinem Gesicht, was ich als Forstfachmann aus dem fernen Europa vorzuschlagen hatte. Mich rührte die kindliche Neugier, mit der er mich ansah.

»Hier werden also Spanplatten hergestellt, die sicherlich nach Hantong gebracht werden müssen«, stellte ich nüchtern fest. »Der Transport müßte organisiert werden, vor allem sollte ihr Dorf eine größere Zuteilung an Diesel erhalten!« Als Yang übersetzte, nickte der Chinese. Meine Feststellung bestätigte die momentane Sachlage. Li war nicht anzusehen, was er dachte. Sein Gesichtsausdruck wirkte verschlossen – und mir fiel ein, daß er das nötige Benzin wahrscheinlich auf illegale Weise in diesem Dorf besorgten müßte. Ich sagte keinen Ton mehr.

»Anjim!« rief Yang und winkte mich zum Backhaus. Verwundert stellte ich fest, daß sich anscheinend die gesamte Dorfgemeinschaft zum Essen eingefunden hatte. Alte Mütterchen schwatzen aufgeregt und umklammerten ihre Essensschale, Kinder tobten durch die Menge und rempelten die Erwachsenen an. Babys, auf den Rücken ihrer Mütter gebunden, schliefen fest in dem Tumult.

Wer das wohl alles bezahlt, fragte ich mich verwundert und drängte mich zu Yang durch. Bei den Feuerstellen vermischte sich der Geruch der Küche mit dem nach Urin, Schweiß und Knoblauch riechenden Dunst der Menschen. »Hallo!« rief ich unserem Koch zu, der sich an einem der Herde zu schaffen machte; er zeigte seine gelben Zahnreihen und rührte noch eifriger im Kessel. Eine der Köchinnen warf kokett ihren Zopf nach hinten und strahlte mich an. »Riecht gut!« sagte ich galant auf englisch, worauf sie kicherte und rot wurde. Yang hatte mich beobachtet. Er machte eine Kopfbewegung hin zu unserem Koch, der eine Ente auf das Hackbrett klatschte. Ich vermutete, daß es sich um »unsere weiße Ente« vom Dorfgraben handelte, der er gekonnt das Fleisch von den Knochen löste. Sie war zwar gestohlen..., sagte ich mir, beschloß aber, mich auf ein saftiges Stück Fleisch zu freuen. Genau in diesem Moment fuhr das Messer durch den Braten, und ich mußte mit ansehen, wie es die schöne Ente in winzigste Stücke zerschnitzelte. Enttäuscht stocherte ich in brauner Grütze mit Mais herum; über die Bröckchen Entenklein konnte ich mich nicht so recht freuen. Mit einem Mal spürte ich Blicke und drehte mich um. Li nickte mir zu, sagte etwas zu Yang, der sich sichtlich beeilte, seine Schale zu leeren. Dann übersetzte er hastig: »Wir fahren gleich ab!«

»Das ging aber schnell. Hat er überhaupt Benzin bekommen?«

»Ich glaube, ja«, antwortete Yang unsicher. Er wußte zwar auch nicht mehr als ich, trotzdem fühlte ich mich übergangen. Auf dem Rückweg machte ich mir klar, daß es auch Nachteile hatte, Staatsgast zu sein. Eigentlich hatte ich überhaupt nichts zu melden.

Der Abmarsch war in vollem Gang; die Männer warfen Benzinkanister und bergeweise Kohl in den Versorgungsjeep. Die Hunde dösten im Schatten unter den Wagen und ließen sich nicht stören. Ich schlenderte hinüber zu Li und Sun, die abseits standen und die Leute dirigierten. Sie beachteten mich nicht. Ich war froh, als der

Koch über den Platz angerannt kam und alle Aufmerksamkeit auf sich zog: krummbeinig wieselte er mit wehenden Rockschößen daher, vor den Bauch hielt er einen Topf, aus dem Brühe schwappte – und seine hohe Kochmütze saß auf halb acht. Unentwegt murmelte er vor sich hin, schaute kurz auf und blieb abrupt stehen. Mit einem Schwapp leerte er den Inhalt des Gefäßes aus: undefinierbar Schleimiges ergoß sich auf die Erde. Sun und Li riefen nach den Hunden. Diese krochen unter den Autos hervor und stürzten sich auf das Futter. Sie kämpften um jeden Brocken.

»Hier fehlt nur noch mein Hund!« rief ich begeistert. »Kim ist Weltmeister im Schnellfressen!«

»Du hast auch einen Jagdhund?« übersetzte Yang die Frage der Brüder, die das Schauspiel genossen.

»Ja, einen sehr speziellen. Kurzhaar, braun, Hannoverscher Schweißhund – Spitze in Nachsuche!« beschrieb ich meinen Hund.

»Ist er so groß wie der Schäferhund?« wollte Li wissen. Ich bückte mich und zeigte mit der Hand den Abstand vom Boden. Sie hatten mir aufmerksam zugesehen, und mich freute ihr Interesse; ich hatte wieder Oberwasser.

»Haben wir eigentlich genug Munition mit?« schob ich nach. Der Gedanke an ein tellergroßes Hirschsteak da draußen war einfach zu verlockend. Li blieb aufgeräumt, lachte sogar, als er entgegnete: »Damit sind wir gut versorgt.« Die Brüder verständigten sich mit einem vielsagenden Blick. Dann wurde Li wieder ganz so, wie ich ihn nun schon kannte: Er bellte den Befehl zur Abfahrt.

Wie aus dem Nichts hatte sich der Himmel bezogen, und es goß in Strömen. Wo Sun die Regenplane für das Motorrad hergezaubert hatte, blieb ein Rätsel. Seit Stunden trommelten dicke Tropfen auf die Plane des Jeeps, und die Feuchtigkeit vertrieb den Rest der Sommerwärme aus dem Wageninneren. Die Straße hatte sich in eine Schlammwüste verwandelt. Der Fahrer klebte mit dem Gesicht beinahe an der Frontscheibe und versuchte angestrengt, zwischen den Wasserbergen hindurch den Verlauf der Strecke zu erahnen. Die Scheibenwischer bewegten sich in Zeitlupe über das Glas. Beunruhigt drehte sich Li alle paar Minuten nach dem zweiten Jeep um, dessen Räder beim häufigen Durchdrehen aufjaulten. Auch unser Wagen rutschte immer wieder weg und schlingerte hin und her. Der

Fahrer fluchte. Plötzlich stellte sich der Schäferhund auf, reckte den Hals, würgte. Li drückte das Tier zu Boden. Der Hund schlug unruhig mit dem Schwanz und stemmte sich auf die Hinterbeine. »Hah, hah« schnauzte Li. Es half nichts, das Würgen wurde stärker, und als begriffe er endlich die Lage, riß Li die Beifahrertür auf. Der wird doch wohl nicht ... mir stockte der Atem. Li griff nach dem Hund, faßte ihn unter den Leib und schmiß das Tier in hohem Bogen aus dem fahrenden Jeep. Wie eine Katze kam der Hund auf seinen Läufen auf, blieb stocksteif stehen. Der Körper verkrampfte sich – und eine Lawine ergoß sich aus seinem Maul. Aufgeregtes Durcheinanderrufen. Der Fahrer brachte den Jeep nach fünfzig Metern zum Stehen. Mit einer Mischung aus Sensationslust und Abscheu hingen wir an den Fenstern, Yang und ich stumm, die Chinesen schimpften und gestikulierten. Li hingegen war ausgestiegen und wartete im strömenden Regen breitbeinig darauf, daß der Hund zu spucken aufhörte.

»Das kommt bestimmt von der fetten Ente!«

»Anjim ...«, sagte Yang streng, »wie meinst du das?«

»In dem Schleimfraß war alles mögliche drin, sicherlich auch einige Entenbröckchen«, sagte ich nicht ohne Sarkasmus – und Yang hatte wieder einmal etwas zum Nachdenken. Li rieb den triefenden Hund mit Grasbüscheln trocken und hievte das schlotternde Tier zurück ins Auto. Die Fahrt ging weiter, und jedesmal, wenn der Fahrer in ein Schlagloch fuhr, schlugen Schlamm und Wasser über unserem Dach zusammen. Die Brühe lief in Bächen an den Scheiben herunter, hinterließ braune Streifen. Die Stimmung im Wageninneren war dumpf, keiner sprach. Ich war eingelullt vom eintönigen Summen des Scheibenwischers und stierte hinaus in das milchige Grün des Urwaldes. Plötzlich stieß Yang mich an und flüsterte: »Unheimlich, dieser eingewickelte Wald.« Erstaunt schaute ich in aufgerissene Augen.

»Wieso eingewickelt?« fragte ich leise zurück.

»Vom Nebel«, wisperte er und zeigte ängstlich nach draußen. Mit tonloser Stimme fuhr er nach einer Weile fort: »Dort im Wald leben Geister und Dämonen!« Ich spürte, wie er näher rückte. Als ich ihn ansah, versuchte ich, meinem Gesicht einen vertrauenerweckenden Ausdruck zu geben. Doch hinter meiner Stirn arbeitete es... schließlich waren wir erst auf dem Weg in die Taigawälder, würden Monate mitten im Wald leben müssen. Um seine Ängste nicht zu schüren, vermied ich nachzufragen, warum er diesen Job überhaupt angenommen hatte, er, ein Studierter aus der Millionenstadt Peking. Mit geschlossenen Augen ließ Yang die Fahrt über sich ergehen. Die Straße hatte sich verengt, und der Fahrer manövrierte den Jeep im Slalom um abgebrochene Äste, die sich als Hindernisse vor uns auftürmten. Das war so ganz nach meinem Geschmack. Gebannt lehnte ich mich vor und machte mir ein Spiel daraus zu überlegen, wann man das Lenkrad herumreißen mußte, um die Äste auf kürzester Strecke zu umfahren. Den Fahrer schien es nicht zu stören, daß ich ihm beinahe auf der Schulter hing. Unentwegt kommentierte er sein Können – dann der Warnruf: Keine zehn Meter vor uns war eine stattliche Ulme wie ein Schlagbaum quer über die Straße gekippt. Die mächtige Wurzel ragte meterhoch aus dem Erdreich, während die Krone im gegenüberliegenden Waldstück aufgekommen war. Er trat auf die Bremse, und schlitternd kamen wir zum Stehen. Instinktiv sah ich nach hinten: der zweite Jeep stand quer; es fehlten nur Zentimeter, und er hätte uns gerammt. Sun hingegen war in den aufgeweichten Waldboden gefahren – sein Motorrad saß mit tief eingegrabenen Reifen solide fest. Ich konnte das Lachen nicht zurückhalten, woraufhin Li mich grimmig anblitzte und ausstieg. Zwischen ihm und Sun flogen Worte hin und her. Sun sprang vom Motorrad ab.

»Alle zusammen werden versuchen, den Baum anzuheben und auf die Seite zu schieben!« übersetzte Yang eilig. Dann stellten wir uns auf – Mann an Mann stemmten wir uns gegen den Stamm. Li ließ als erster davon ab: hier reichte keine Muskelkraft der Welt, dieses Monster auch nur einen Millimeter von der Stelle zu schaffen. Sun nahm seine Mütze vom Kopf und kratzte sich ausgiebig. Li nahm den Jeep ins Visier. Das ist es! schoß es mir durch den Kopf: Maschinen. Obwohl ich keine Silbe von dem verstand, was Li den anderen zurief – und Yang im Eifer des Gefechts zu übersetzen vergaß –, stürmten wir alle gleichzeitig zu den Wagen. Die Fahrer sprangen hinters Steuer, ließen die Motoren an und manövrierten die Jeeps in Zugrichtung. Ich hatte plötzlich das Ende eines schweren Taues in der Hand und schlang es um den Baumstamm, während

Sun ein zweites weiter oben verknotete. Wir lachten uns an wie Männer, die die Natur bezwingen wollten. Dann gab Li Handzeichen: In die erwartungsvolle Stille heulten Motoren auf, die Taue lösten sich langsam vom Erdboden und strafften sich. Entweder sie reißen, oder es klappt, sagte ich mir und lauerte darauf, daß sich auch die Räder der Jeeps von der Stelle bewegten. Höllisches Röhren, als die Fahrer das Gaspedal bis zum Anschlag durchtraten – dann bäumten sich die Wagen wie wilde Pferde auf, die Räder wühlten sich in den Untergrund. Ich hielt den Atem an. Feines Surren – die Spannung zerriß die Taue. Die aufgezwirbelten Enden schnellten zurück und klatschten an die Karosserie. Der vordere Jeep stand förmlich auf der Kippe, unentschlossen, ob er endgültig nach hinten umschlagen oder vorne auf den Boden kommen sollte. Den Versorgungsjeep hingegen hatte die Kraft des Zurückfallens tief in den Schlamm gedrückt. Enttäuschung stand auf den Gesichtern. Unsere Erstarrung hielt nicht lange an. Anscheinend hatte Li eine neue Idee, denn er rief dem Fahrer etwas zu, worauf dieser mit einer Baumsäge erschien, deren Sägeblatt beidseitig scharf geschliffen war.

»Sie wollen ihn zerlegen!« sagte Yang kurz. Sun kam heran, nahm dem Mann die Säge aus der Hand und hechtete mit einem Satz auf die andere Seite des Schlagbaums. Gut einen Dreiviertel Meter Durchmesser dürfte der Stamm haben, überlegte ich und fragte mich, wie lange man wohl daran zu sägen hätte. Die Brüder standen sich nun gegenüber, jeder umklammerte einen Griff – und mit kurzem Verständigungsblick setzten sie das Sägeblatt an. Mit ausholenden Bewegungen trieben sie den Stahl in das Holz. Unter den nassen Hemdsärmeln zeichneten sich enorme Muskelpakete ab. Mir juckte es in den Fingern, und ich hoffte, daß einem von beiden die Puste ausging, damit ich mich beweisen konnte. Aber Li und Sun arbeiteten gleichmäßig wie Roboter; sie schienen einfach nicht müde zu werden. »Ho, ho!« brüllte Li plötzlich und strahlte über das ganze Gesicht: der Stamm war durchtrennt. Ich trat an den Schnitt und begutachtete die saubere Arbeit. Als erriete Li meine Absicht, nahm er wortlos meine Hand und legte sie um den Griff. Da hatte ich also meine Chance. Sun grinste mich aufmunternd an, als wir die Säge eine Jeepbreite neben dem Schnitt wieder ansetzten. Voller Enthusiasmus beantwortete ich die kräftigen Schübe, die Sun vorgab. Das Blatt verschwand langsam im Holz. Die Umstehenden fielen in eine Art Singsang, und als ich aufblickte, wiegte sich der Koch im Rhythmus; um meine Lippen zuckte es. Ulme ist ein Hartholz – zuerst verspürte ich die Belastung in meinem Oberarm, biß jedoch die Zähne zusammen und legte mich noch mehr ins Zeug. Ich spürte, daß ich mich verausgabte, doch mein Ehrgeiz hatte mich gepackt. Aber es nützte nichts, ich konnte Suns Tempo nicht durchhalten, und prompt verkantete sich die Säge. »Ich glaube, ein anderer sollte mal weitermachen!« rief ich atemlos. Noch bevor Yang übersetzt hatte, stand Li neben mir, griff die Säge und zog sie beinah mühelos durch den Stamm. Ich knetete meinen Arm und bewunderte insgeheim seine Kondition. Der Fahrer hatte inzwischen eine langstielige Axt herbeigeschleppt, die er neben Li an den Stamm lehnte. Wir alle warteten auf den Durchbruch. Als sei der ganze Kraftaufwand eine Leichtigkeit für ihn gewesen, hob er kurze Zeit später die Axt über den Kopf und ließ sie von oben in den Spalt krachen. Sun übernahm den nächsten Schlag, und im fliegenden Wechsel durchtrennten die Brüder fachmännisch den Stamm. Noch einmal mußten die lädierten Taue herhalten, um den ausgesägten Mittelteil mit Hilfe der Jeeps wegzuziehen. Der Weg war nun frei, und der Koch reagierte als erster: Im strömenden Regen führte er einen Freudentanz auf, lief zum Versorgungsjeep und klapperte geschäftig mit Kesseln und Teeschalen. Schlammverspritzt und durchnäßt schlürften wir wenig später heißen Tee, hockten auf dem Stamm und begutachteten unseren Durchlaß.

»Du hast nicht schlecht gesägt!« übersetzte mir Yang das Lob von Sun, der dabei nickte. Ich brummelte verlegen »Danke«. Vielleicht entwickelt sich ja doch so etwas wie Freundschaft zwischen uns; in dieser Runde durchflutete mich zum ersten Mal ein wärmendes Gefühl – wohl nicht nur vom Tee...

»Wieviel haben wir noch vor uns, bis wir das Waldhaus erreichen?« Li mußte nachdenken. Es dauerte eine ganze Weile, bis er antwortete: »Bis zum Einbruch der Dunkelheit könnten wir es schaffen, obwohl, bei diesem Regen...!« Nach einer kurzen Pause hob er wieder an: »Wir müssen noch einen Fluß überqueren; aber wenn der zuviel Wasser führt...«, sagte er ernst und schüttete den Rest Tee auf den Boden. Ich warf Yang einen Seitenblick zu und wisperte: »Das bedeutet bestimmt, daß wir gleich losfahren und wahrscheinlich wieder eine Menge Arbeit kriegen!« Yang drehte mir das Gesicht zu und rollte mit den Augen; von seiner Schirmmütze rann unablässig Regen, der seinen Anzug allmählich auflöste. Der ist hier auf Survival-Training, dachte ich – ob er das wohl erwartet hat?

Das Schlammwasser schoß mit hoher Geschwindigkeit durch das schmale Flußbett, Sträucher und Baumstämme ritten auf den Wellenkämmen mit. Mich fröstelte es beim Anblick des angeschwollenen Flusses, und ich zog meine Jacke fester um mich. Immer noch goß es wie aus Eimern, und die Scheiben des Jeeps waren total beschlagen. Wir hielten am Ufer, genau dort, wo der Fluß eigentlich eine Furt bilden sollte. Minuten verstrichen, in denen jeder grübelte, wie wir hier durchkommen könnten. Während der Fahrt hatte Li eingehend die Karte studiert und erklärt, daß es in der näheren Umgebung weder eine andere Straße noch eine Brücke gebe, über die wir fahren könnten. Die einzige Stelle zum Überqueren war genau hier. »Bleibt erst mal im Wagen sitzen!« kommandierte Li und schob sich aus dem Jeep; den nachdrängenden Hund drückte er kurzerhand zurück in den Fußraum. Ich wischte die Scheibe frei. Seelenruhig schnallte Li sein Jagdmesser vom Gürtel und stapfte hinüber zu einer Erle. Mit wenigen Schnitten stutzte er sich einen dicken Ast zurecht. Ohne sich umzusehen, watete er in seinen dünnen Turnschuhen ins Wasser. Fuß vor Fuß setzend, schritt er tiefer in den Fluß hinein, rammte dabei den Ast jedesmal wie einen Pfeiler in den Grund. Das graue Wasser stand ihm bereits bis zur Hüfte; vorsichtig bewegte er sich seitwärts, ging im Zickzackkurs, wich antreibenden Stämmen aus, ohne die Balance zu verlieren. Meine Spannung wuchs: wenn er es bis über die Flußmitte schaffte, ohne von der Strömung mitgerissen zu werden... Der Koch irritierte mich. Nervös knabberte er an den Fingernägeln und spuckte fortwährend Hornstückchen in die Gegend. Ich tippte ihm auf den Arm und sagte lautlos: »No.« Als ich wieder hinaussah, bekam ich gerade noch mit, wie Li den Ast aus dem Wasser zog und mit einem Satz an Land sprang. Freudengeschrei bei uns; einer nach dem anderen kletterte aus den Jeeps. Am Ufer aufgereiht, versuchten wir Lis Brüllen und vor allem die Linien, die er in die Luft malte, zu deuten.

»Er will drüben bleiben und uns durchs Wasser dirigieren!« sagte Yang endlich; seine Stimme klang angespannt. »Komm, wir setzen uns auch wieder rein«, meinte er und zog mich am Ärmel in den Jeep. Der Fahrer hing schon halb aus dem Fenster und richtete die Räder genau in der Linie aus, die Li drüben mit dem Ast anzeigte. Mit jedem Meter, den wir in den Fluß rollten, stieg die Wasserhöhe. Der zweite Jeep war bis ans Ufer vorgerückt und wartete mit laufendem Motor. Als wir die Flußmitte erreichten, gurgelte graue Schlammbrühe unter den Türen hindurch. Der Motor fing an zu spucken. Ich lehnte mich aus dem Fenster und sah, daß der Abstand zwischen dem Auspuff und der Wasserlinie nur noch ein paar Zentimeter betrug; die Wellen schwappten bereits in das Rohr. Der Fahrer setzte alles auf eine Karte und gab Vollgas. Zum Glück hatten wir festen Grund unter den Rädern; das Fahrzeug beschleunigte und preschte durch die Strömung – direkt auf Li zu.

»Ho, ho, ho!« brüllte der, und dieses Mal hörte ich Erleichterung und Freude. Um dem nachfolgenden Jeep Platz zu machen, fuhren wir noch ein Stück die Steigung hinauf. Yang und der Koch stiegen aus und liefen zum Ufer hinunter. Ich hob den Schäferhund auf Lis Sitz. »Der braucht nicht im Nassen zu liegen!« sagte ich auf deutsch zu dem Fahrer, der mich eigenartig ansah. Kopfschüttelnd öffnete er die Tür und wischte mit dem Fuß das Wasser aus dem Innenraum. Unten am Ufer gab Li dem Versorgungsjeep Handzeichen. Im Zeitlupentempo tauchte das Fahrzeug in die Flut.

»Was wird aus Sun und dem Motorrad?« rief ich Yang zu, der auf der Uferböschung hockte und auf das gegenüberliegende Ufer starrte.

»Sun fährt mit im Jeep, das Motorrad haben sie im Schlepptau!« antwortete er.

Li sah irritiert zu uns hin, konzentrierte sich aber sofort wieder auf das Geschehen. Mich beschlich ein mulmiges Gefühl: Voll beladen, wie dieser Jeep war, dazu mit einer schweren Maschine im Schlepp ... wenn der an die tiefste Stelle kommt, ist es aus. Ich schlug den Kragen meiner Jacke hoch, weil der Regen wieder stärker geworden war. Das Motorrad tauchte unversehens seitlich des Jeeps auf, und ich konnte nicht sagen, ob es noch Bodenkontakt hatte oder bloß als Spielball der Strömung dahinschlingerte. Befehle dröhnten übers Wasser, die der Fahrer mit erhobener Hand bestätigte. Mit den Augen suchte ich den Flußlauf ab – fehlte noch, daß ein Baumstamm das Gespann traf und ein Loch in die Karosserie schlug. Doch bis zur Biegung trieb die Flut lediglich kleineres Buschwerk vor sich her. Plötzlich übertönte Lis Gebrüll das Rauschen des Wassers – der Jeep steckte mitten im Fluß, und hinter der Scheibe hantierte ein verzweifelter Fahrer. Wieder und wieder versuchte er den Motor zu starten. Hektisch rief Li unserem Fahrer etwas zu. Der Mann befestigte ein Tau an der Stoßstange, sprang zurück in den Wagen, startete den Motor und ließ den Jeep bis an die Wasserkante zurückrollen. Li nahm das Tau, band sich das andere Ende um die Hüfte und arbeitete sich vorsichtig mit Hilfe des Astes zur Flußmitte. Gespannt warteten wir, bis Li das Gefährt erreicht hatte. Er bückte sich und hantierte unter Wasser. Die Strömung zerrte an ihm, er kam ins Wanken, und es verstrich einige Zeit, bis das Tau an der Stoßstange festsaß. Sun machte seinem Bruder Zeichen durch die Windschutzscheibe. Kopfnicken – Armwinken, dann hangelte sich Li dem Seil entlang ans Ufer zurück. Die Auspuffgase unseres inzwischen warmgelaufenen Jeeps vernebelten die Sicht auf den Fluß – doch ich spürte, daß allmählich Zug auf das Seil kam. Ich bedeutete Yang und dem Koch, mit anzupacken. Ihre Füße in die Erde gestemmt, schoben sie aus Leibeskräften den vorderen Jeep. Verbissen befolgten wir die Kommandos, mit denen Li uns antrieb ... Meter für Meter kroch das Gespann durch das Wasser. »Der hat doch tatsächlich die Scheibenwischer laufen!« sagte ich belustigt zu Yang und warf ihm einen schnellen Blick zu. Doch jetzt war keine Zeit für Scherze: Die Vorderräder des Jeeps tauchten aus dem Wasser auf: noch ein paar Armlängen, und wir hatten es geschafft. Angefeuert von Li, zogen wir mit letzter Anstrengung den Jeep auf das Ufer. Sun öffnete die Beifahrertür, sprang hinaus und hechtete zum Motorrad, das richtungslos am Seil durch die Strömung driftete. Keiner sagte etwas. Wie ein Artist schwang er sich auf den Sitz, und es gelang ihm, das Gefährt zu stabilisieren.

Unser Fahrer hatte den Jeep inzwischen oberhalb der Böschung abgestellt und kam nun heruntergelaufen. Er war sehr aufgeregt. Fragend sah ich Yang an, der hin- und hergerissen war zwischen

Zuhören und Übersetzen. In Kurzform wiederholte er besorgt: »Er glaubt, daß der Motor hin ist ... wie sollen wir das ganze Zeug nun transportieren?«

»Das glaub' ich nicht!« entgegnete ich. Forsch bahnte ich mir den Weg durch die Männer, die vor der geöffneten Motorhaube wild debattierten. Der Fahrer zeigte immer wieder auf den Motorblock, aus dem noch Wasser ablief. »Verteilerkappe!« sagte ich auf deutsch und bewies meinen technischen Verstand. Es war eine wahre Freude, in ihre ungläubigen Gesichter zu schauen, während ich die Verteilerkappe abnahm, die Zündkerzen an meinem Hemd trockenrieb und wieder einsetzte. Ich hatte Sun auf eine Idee gebracht: auch er zog ein Tuch aus der Tasche und kümmerte sich um sein Motorrad. Ich gab das Zeichen zur Abfahrt; der Fahrer verstand sofort. Husten und Spucken, ein letztes Stottern, bis die Maschine sich entschloß, rund zu laufen. In seinem überschwenglichen Jubel schlug mir sogar jemand auf die Schulter. Hoppla! dachte ich, die werden zutraulich, denn außer Yang hatten bisher alle jeglichen Körperkontakt gemieden. Ich grinste in die Runde. Li machte bloß sein sparsames »Daumen-hoch-Zeichen« zur Anerkennung. Doch die gute Stimmung dauerte nicht lange; Li zeigte zum Himmel. Es dämmerte, und wir mußten uns beeilen, wollten wir nicht noch eine Nacht draußen campieren.

Die einzige Verbindung in den äußersten Nordosten der Mandschurei in Richtung Sibirien verdiente den Namen »Straße« nicht. In der Breite eines Jeeps schlug sich der Pfad durch den Taigawald, und die Allradfahrzeuge quälten sich über Baumwurzeln und durch hügeliges Gelände. Nässe und Müdigkeit merkte man nicht nur mir an: in Schweigen versunken, ergaben wir uns dem Geschaukel. Jedesmal, wenn die Lichterkegel hinter einer Biegung in die Dunkelheit griffen, erwartete ich den Anblick des Waldhauses. Auch Li richtete sich aus seiner versunkenen Haltung auf und reckte sich. Laubbäume standen dicht gedrängt in dem Tal, zogen sich hinauf bis auf den gegenüberliegenden Hang. »Kann es sein, daß dort drüben ein Licht ist?« fragte ich. Yang kam hoch, schüttelte den Schlaf von sich und gab meine Frage weiter. Li nickte, drehte sich zu mir, und seine Hand zeigte genau auf die Stelle, wo ich den Schimmer eines Lichtes entdeckt hatte: Wir hatten es also geschafft – das Waldhaus lag vor uns!

3

Das Waldhaus

Ich hatte die Entfernung unterschätzt: Der Pfad schraubte sich in Schleifen einen Hang hinauf, führte dann zurück auf das Talniveau – und stieg wieder an. Einige Male schien das Waldhaus zum Greifen nah, und ich meinte, es müßte jeden Moment aus dem Dickicht auftauchen. Doch wieder entpuppten sich die vermeintlichen Umrisse des Waldhauses als ineinander verwachsene Baumgebilde. Ich war jedoch nicht der einzige, der endlich aus diesem Blechkasten kommen wollte. Mit beiden Händen hielt der Fahrer das Steuer umklammert und legte sich in jede Kurve. Li winkte ab und zu mit der Hand, woraufhin dieser den Fuß vom Gas nahm. Bei jeder dieser Aktionen erstickte ich beinahe: Durch das Abbremsen quollen Abgaswolken durch die offenen Fenster und vermischten sich mit dem beißenden Schweißgeruch zu schier undurchdringlicher Atemluft. Mit jedem Meter, den sich der Jeep durch den Busch fraß, nahm auch meine Bereitschaft ab, mich mit der Enge im Wagen zu arrangieren. Ich sehnte mich einfach nach einem ruhigen Plätzchen, wo ich mich endlich ausstrecken konnte und mal wieder allein sein würde. Was aber, wenn das Waldhaus eine zusammengehauene Hütte war, die vielleicht nur aus einem einzigen Raum bestand? Ein beunruhigender Gedanke. Mit einem Mal störte es mich, daß es sich der Koch an meiner Schulter bequem gemacht hatte. Unwirsch rückte ich von ihm ab und sah, wie sein Kopf auf die Polster rollte. Aus dem geöffneten Mund drang leises Röcheln, und irritiert fuhr seine Zunge über die fleckigen Zahnreihen. Ich hatte sie wieder vor Augen, die Erinnerungen an unseren ersten gemeinsamen Morgen, als wir Camp im Freien gemacht hatten. Der Koch war einer der schlimmsten gewesen. Eingerollt in meinen Schlafsack, hatte ich bei Tagesanbruch den Vögeln gelauscht und den warmen Wind gespürt, der durch die Bäume strich. Die aufgehende Sonne warf erste Flecken auf den Waldboden, mobilisierte Schwärme von Moskitos und schillernde Käfer, die aus dem Erdreich hervorkrabbelten. In diese Stille hinein platzten meine Mandschus: Rülpsend und furzend schälten sich die Männer aus ihren Wolldecken. Kaum waren sie auf den Beinen, begannen sie mit ihren »Lockerungsübungen«, verrenkten dabei ihre Glieder und knickten mit den Leibern ein. Je mehr Getöse einer machte, desto erfolgreicher schien die Gymnastik. Bis hierhin fand ich das Ganze einfach nur kurios. In aller Ruhe hatte ich meinen Schlafsack eingerollt und dabei zu Yang hinübergeschielt, der sich ein Stück weit in den Wald verzogen hatte – auch er reckte und streckte sich, zu hören war allerdings nichts. Ich hingegen hatte einfach nur Hunger und wartete darauf, daß sich der Koch an die Töpfe machte. Doch es war noch nicht vorbei, das Reinigungsritual. Würgend und keuchend fuhren sich die Chinesen mit den Fingern im Mund herum, förderten zähen Schleim zutage, den sie mit Wonne in hohem Bogen ausspuckten. Fassungslos hatte ich zugesehen – und anstatt meiner Empörung durch Worte Luft zu machen, hatte ich es vorgezogen, mich bei einen Waldlauf abzureagieren. Als ich dann beim Frühstück auf Yang traf, hatte er mir leise das Wörtchen »Pigs!« zugeraunt. Ich war froh gewesen, daß ihm das »Entschleimungsritual« genauso fremd war wie mir.

Die Fahrgeräusche und meine Neugier hielten mich wach:

»Sag mal, Yang«, überlegte ich laut, »wenn da oben Licht ist, dann muß doch jemand im Waldhaus wohnen?«

»Was?« stieß Yang erschrocken hervor; anscheinend hatte ich ihn geweckt.

»Ich frage mich die ganze Zeit, wieso da oben Licht ist?«

Das Weiß seiner Zähne blitzte auf, und er beugte sich vor und sprach mit Li.

»Ein alter Mann lebt da, so eine Art ›Butler‹«, übersetzte Yang den knappen Wortwechsel. Butler? Er meinte wohl Hausmeister ... Ich versuchte mir vorzustellen, wie wir mitten in der Wildnis von einem Butler in Livree und weißen Handschuhen bedient würden. Plötzlich stützte sich Li am Armaturenbrett auf und schnauzte den Fahrer an. Die Scheinwerfer zuckten über Baumwurzeln, die sich ins Freie gearbeitet hatten wie dicke Schlangen, die über den Pfad krochen. Zweige ratschten die Fenster entlang, und aufgeschreckt riß Yang die Arme vors Gesicht. Nach wenigen Metern öffnete sich der Pfad, und rechts und links stachen Baumstümpfe aus dem Boden. In den Scheinwerferkegeln erschienen die Umrisse des Waldhauses. Von wegen Blockhütte! Ich sah zwei Türmchen, die über das Steildach in den Nachthimmel ragten. Unser Jeep hielt auf den Eingang zu, und lärmend rollte hinter uns der Rest des Konvois auf den Vorplatz. Nach und nach erstarb das Hämmern der Motoren. Wie immer riß Li als erster die Türe auf und sprang hinaus, gefolgt von seinem Hund, der sofort den Boden abschnüffelte und Kontakt mir der neuen Umgebung aufnahm. Yang hingegen wälzte sich umständlich von dem klebrigen Sitz; am liebsten wäre ich über ihn hinaus ins Freie geklettert. Ach, wie gut, frische Waldluft zu atmen. Mir war, als könnte ich den harzigen Geruch auf der Zunge schmecken.

Der Alte! Mitten im grellen Strahl der Scheinwerfer war er stehengeblieben und rieb sich die Augen. Der war wirklich *steinalt!* Ungelenk hielt sich der Greis auf dürren Beinen, um die eine Arbeitshose schlotterte. Mit wirrem Haar zelebrierte er zur Begrüßung die obligatorischen Verbeugungen, und jedesmal, wenn er dabei den Kopf senkte, verhakte sich sein Ziegenbärtchen in dem rauhen Jackenaufschlag. Selbst als die Männer mit dem Ausladen begannen und niemand mehr dem Alten Beachtung schenkte, blieb der Greis reglos im Lichtkegel stehen – und hörte einfach nicht auf, sich zu verbeugen. Mein anfängliches Gefühl von Respekt ihm gegenüber war wie ausgelöscht. Hat der denn gar keinen Stolz, fragte ich mich und bemerkte, daß ich mich für den Alten schämte. Aus dieser Regung heraus verbeugte ich mich zaghaft, wohl wissend, daß mir die Männer meine Erwiderung als »unwürdig« ankreiden könnten. Verlegen schaute ich mich um – und gewahrte einen Hund, der sich aus dem dunklen Hintergrund löste und geradewegs auf mich zuhumpelte.

»Hallo, Dreibein!« ermunterte ich ihn, näher zu kommen. Aufgeregt wedelte der Rüde mit dem Stumpf einer ehemals buschigen Rute. Ich kniete mich nieder und kraulte das Tier.

»Was für eine arme Kreatur: hat bloß noch drei Pfoten, und den Schwanz muß man ihm sauber mit dem Beil abgetrennt haben!« sagte ich zu Yang, der mein Tun stumm beobachtete. Auch Li war aufmerksam geworden und stellte sich zu uns. In seinen Augen lag ein mißbilligender Blick, den ich nicht deuten konnte. Der Tonfall, mit dem er zu Yang sprach, irritierte mich, und ich spürte, daß etwas nicht in Ordnung war.

»Lohnt sich nicht ... an dem ist nichts dran!« übersetzte Yang.

»Wie, lohnt sich nicht? Was soll das heißen?« entgegnete ich alarmiert.

»Das ist doch ein ›Eßhund‹!« erwiderte er und machte eine Kopfbewegung hin zu dem Greis. »Der Alte hält sich hier zwei Hunde, und wenn er zuwenig zu essen hat, kann er wenigstens die hier schlachten!« spuckte Yang aus und bewegte seinen Kopf in einer arroganten Weise, so daß ich an mich halten mußte. Bevor ich auch nur ein Wort erwidern konnte, fuhr er selbstgefällig fort: »Für die Jagd sind sie ja nicht zu gebrauchen – ein Schuß, und sie klemmen den Schwanz ein und verdrücken sich!«

Hätte ich nicht mit eigenen Augen gesehen, wie Li auf Yang einredete, ich hätte geglaubt, Yang sei verrückt geworden. Ich kochte.

»Wie kann man überhaupt Hunde *essen?*« brüllte ich fassungslos. »Und außerdem, du und die Jagd, ich traue dir noch nicht mal zu, daß du einen normalen Hund von einem Jagdhund unterscheiden kannst!« Ich gewahrte seine aufgerissenen Augen – und senkte meinen Tonfall, als ich erklärte: »Ich habe auch einen Hund, und der hat sogar einen Namen: Kim! Sie ist ein Jagdhund, mehr noch, mein Freund – wie kann ich einen Freund essen!« stieß ich atemlos hervor und stierte die Männer an. Doch an ihren verständnislosen Gesichtern sah ich, daß ich die kulturelle Kluft zwischen uns bloß weiter aufgerissen hatte. Die wenigen Tage zusammen mit den Mandschus hatten mir bereits gezeigt, wie sinnlos es war, *meine* Kulturmaßstäbe *hier* anlegen zu wollen. Mein Temperament war wieder einmal mit mir durchgegangen. Zähneknirschend wandte ich mich ab, nahm mir aber vor, auf Dreibein besonders gut aufzupassen. Am Ende würde er vielleicht mein einziger Freund sein.

Die Aufbruchstimmung um mich herum kam mir mit einem Male zu Bewußtsein: Autotüren knallten, und Gelächter schallte durch die Stille. Neben den Jeeps türmten sich Unmengen an Vorräten, die noch alle in das Haus geschafft werden mußten – doch drinnen war es dunkel. Yang hockte mit angezogenen Knien auf der untersten Treppenstufe, den Kopf sorgenvoll in die Hände gestützt. Er sah auf zu mir und murmelte: »Li und der Fahrer sind dabei, den Generator anzuwerfen – hoffentlich haben wir bald Licht.«

Ich verkniff mir ein Grinsen: Dunkelheit und Wald – Yang sah aus wie jemand, dem die Geister und Dämonen bereits auf der Schulter hockten. Er tat mir leid, auch wenn ich ihm wegen der Hundegeschichte noch zürnte. Mit einem Donnerschlag zerbarst die Stille: hustend und spuckend ratterte ein Dieselmotor los, und im Haus flackerten die Lichter auf. Elektrisiert sprang Yang auf: »Anjim! Licht!« jubelte er und schlug mir auf die Schulter.

»He, he«, sagte ich, »vergeude deine Kraft nicht, und schlepp lieber einen Sack Reis mit ins Haus!« Kurz entschlossen schulterte ich zwanzig Kilo, ich wollte, daß wir endlich ins Bett kämen.

»Nein, nein, *du* brauchst nichts zu tragen!« sagte Yang und machte Anstalten, mir den Sack von der Schulter zu reißen. Erstaunt sah ich ihn an: »Was ist denn jetzt los?«

»Du, du bist doch immerhin Staatsgast!« entgegnete er förmlich. Ich nickte zustimmend, wunderte mich aber, wann ihm Li diesen Befehl gegeben hatte, denn auf Yangs Mist war das nicht gewachsen. Während der letzten Stunden hatte ich eher den Eindruck gehabt, ein unwillkommener Eindringling zu sein. Widerspruchslos ließ ich den Sack von der Schulter gleiten und folgte den anderen ins Haus.

Betonfußboden in dem schmalen langen Gang, dessen getünchte Wände eine nackte Glühbirne ausleuchtete, die an einem Stück Elektrokabel baumelte. Es roch modrig. Die Mandschus schleppten Körbe an mir vorbei in einen runden Raum, der an einem Ende des Flures lag. Wahrscheinlich die Küche, denn die Wände waren bis zur Decke hoch gekachelt. Unter dem Gelächter des Koches polterten Weißkohlköpfe auf den Boden, und mit jeder weiteren Korbladung schütteten die Männer einen regelrechten Berg auf. Obwohl ich hundemüde war, hätte ich den Leuten gern beim Ausladen geholfen, doch Yang hielt mich in Schach und wartete artig auf Lis Anweisungen. *Mein* Gepäck geschultert, stiefelte er an uns vorbei, bedeutete mit dem Kopf, ihm zu folgen.

»Dein Zimmer!« sagte Yang wichtig. »Du bekommst als einziger ein *eigenes* Zimmer!« betonte er. Mit einem Blick überflog ich den winzigen Raum, in dem zwei Feldbetten standen, daneben ein

Tischchen mit Stuhl und in der Ecke ein Eisenspind. Zufrieden nickte ich, ging hinüber zum Fenster und stieß die Läden auf. Feiner Regen hatte eingesetzt, der den Urwald unmittelbar hinter dem Haus vernebelte. Schwüle, feuchte Luft strömte herein, die ich begierig einsog.

»Prima!« sagte ich erleichtert. »Dann laß uns doch das zweite Bett rausstellen, damit ich mehr Platz habe«, forderte ich Yang auf. Er jedoch machte keinerlei Anstalten, mit anzufassen. Fragend schaute ich hoch.

»Warte doch mal!« entgegnete er hastig.

»Was ist?« fragte ich abwartend.

»Anjim, überleg dir das bitte noch einmal mit dem zweiten Bett.« Sein flehender Tonfall verhieß nichts Gutes.

»Wenn du mich *jetzt* rausschickst, muß ich bei den Mandschus schlafen!« sagte er, und wie zur Warnung riß er seine Augen weit auf. Es dauerte nur Bruchteile von Sekunden, in denen ich meine Entscheidung getroffen hatte und seelenruhig entgegnete: »Tut mir wirklich leid, Yang, aber hier werde ich alleine schlafen.«

Ich war auf Protest gefaßt, doch statt dessen preßte er die Lippen zusammen, bückte sich und hob mit mir das Bett an. Li, der uns vom Gang aus beobachtet hatte, dirigierte uns zum Ende des Flures, der in das andere Turmzimmer mündete – ein Dreibettzimmer! Als die Eisenpritsche unsanft auf den Fußboden aufschlug und Yang dem Bett noch einen trotzigen Fußstoß versetzte, schnauzte Li los. Augenblicklich verwandelte sich Yangs Gesichtsfarbe in flammendes Rot. Er brachte kaum ein Wort über die Lippen und stand da wie ein Schuljunge, der abgekanzelt wurde. Hin- und hergerissen zwischen Mitleid und Genugtuung, sann ich auf einen Ausweg aus dieser Situation.

»Übrigens«, begann ich zögernd und schaute dabei nur Li an, »kann der Hund mit in mein Zimmer heute nacht?«

Auf einmal herrschte Stille.

»Waaas? Mich schmeißt du raus, und ein *Hund* darf bei dir schlafen?« stieß Yang zwischen den Zähnen hervor. In seinen Augen stand blanke Verachtung. In mir kippte etwas um, meine Höflichkeit nämlich. Ich pfiff Dreibein und verließ wortlos den Raum, wartete Lis Einwilligung erst gar nicht ab.

Das war wirklich genug für heute. Dreibein schien mir zuzustimmen: Den Kopf auf den Pfoten, lag er dann still neben meinem Bett auf dem Betonboden.

»Hörst du auch den Ruf des Riesenfischuhus?« fragte ich ihn leise und horchte auf den tiefen Schrei, der aus den Wäldern kam. Riesenfischuhu, diese Eulenart gab es nur hier; morgen würde ich die Gegend erkunden, hinuntergehen zum Ussuri, der sich irgendwo hinter dem Hügel durch die Mandschurei schlängelt als Grenzfluß zwischen China und Sibirien.

Jemand leckte meine Hand, und schlaftrunken blinzelte ich ins Licht – winselnd stand Dreibein vor meinem Bett, er mußte raus. Aus der Küche kamen Hackgeräusche, und im Rhythmus dazu trällerte jemand eine Pekingoper – mit Wechselgesang und Sprechpart. Mir fiel wieder der »Butler« ein, und ich lachte leise vor mich hin. Eilig wusch ich mich über dem winzigen Handwaschbecken und genoß das warme Wasser, das als braune Brühe aus dem Hahn schoß – immerhin, man tat was für seine Staatsgäste. Auf dem Gang war niemand zu sehen, doch ich hörte Stimmen hinter einer der halboffenen Türen, unsicher ging ich darauf zu. Als hätte er auf meine Schritte gelauscht, kam Yang unvermutet auf mich zu – lächelnd.

»Wir sind schon auf. Hast du gut geschlafen?« fragte er freundlich und sah mich offen an. Ich nickte Zustimmung und schickte ein Lächeln hinterher zum Zeichen, daß auch ich ihm nicht mehr böse war. Freundschaftlich schob er mich in den Eßraum. Bis auf den Koch, der immer noch in der Küche hantierte, waren alle um einen Küchentisch versammelt und prosteten sich aus kleinen Schälchen zu. Na, die bringen sich schon wieder mit Wodka in gute Laune, dachte ich mit gemischten Gefühlen und griff mir einen Stuhl. Li erhob sich und richtete formelle Worte an Yang.

»Wir hoffen, du hast dich gut ausgeruht, und zur Feier des Tages gibt es eine Spezialität: gebratene Hühnerfüße!«

»Hm, Hühnerbeine!« wiederholte ich und leckte mir die Lippen. Mir lief das Wasser im Munde zusammen bei dem Gedanken, mal wieder in festes Fleisch beißen zu können; insgeheim verfluchte ich die Unsitte der Chinesen, alles und jedes in winzigste Stücke zu zerschneiden. Aber heute gab es Hähnchenschenkel auf mandschurisch – erwartungsvoll schaute ich in die Runde. Sun fing meinen Blick auf, grinste und schob mir eine Schüssel hin – Wodka. Unschlüssig drehte ich die Schale zwischen meinen Händen und nippte hin und wieder vorsichtig. Auf nüchternen Magen genossen, würde mir der Alkohol den Rest geben. Die Flasche kreiste zum zweiten Mal, und ich handelte mir einen bösen Blick des Fahrers ein, als ich schnell meine Hand über die Schüssel schob. Endlich flötete der Singsang des Koches über den Flur, und ganz wie im *First Class Hotel* servierte er Schüssel um Schüssel dampfender Köstlichkeiten. Die Mandschus gerieten völlig aus dem Häuschen, kicherten und stießen sich gegenseitig an, Yangs Gesicht glühte vor Freude. Nicht nur die Mandschus, auch ich aß gerne oft und viel. Das Finale: Der Koch lüftete mit triumphierender Miene den Deckel einer Pfanne – und mir drehte sich das Innerste nach außen. Ungläubig starrte ich auf *Füße*, denn es waren wirklich Füße, die über den Rand schauten, das allerletzte Glied eines Hühnerbeines überzogen von gelber Schuppenhaut, mit spitzen Krallen. Eine Welle der Wut schwemmte in mir hoch, ich fühlte mich schlichtweg betrogen!

»Du sollst dir als erster nehmen!« hörte ich Yang neben mir sagen. Entsetzt schaute ich ihn an, doch er machte nur eine einladende Handbewegung und fuhr sich mit der Zunge über die Lippen. Die anderen hielten in ihren Bewegungen inne, saßen am Tisch wie in Startlöchern. Los, nimm dir was von dieser »Leckerei«, die anderen massakrieren dich sonst, ermutigte ich mich – und langte in die Pfanne. Mit spitzen Fingern zog ich das spindeldürre Etwas heraus, besah mir die Krallen – und zögerte. Mir war einfach nicht klar, was an diesem Fuß eßbar sein sollte. Plötzlich fiel mir die Stille am Tisch auf, und ich sah hoch: Alle Augen waren auf mich gerichtet, und ich konnte darin ablesen, daß man auf einen Freudenschrei von mir wartete. Zum Teufel mit der chinesischen Höflichkeit – grimmig schob ich den Fuß in meinen Mund und murmelte *chautsche* – schmeckt gut. Das war das Zeichen, auf das sie gierig gewartet hatten! Ich konnte den Enthusiasmus nicht aufbringen, mit dem die Mandschus über die Hühnerfüße herfielen. Kein Fetzchen Fleisch spürte ich zwischen den Zähnen, bloß Knochen und Sehnen, auf denen ich herumlutschte. Li beobachtete mich, und mit gespielter Höflichkeit nötigte er mich zu einer zweiten Portion. Verwunderung und Geringschätzung war in seinem Lachen, als er die Pfanne in meine Richtung schob. Für Momente trafen sich unsere Augen – und wir beide wußten, das hier war eine Machtprobe. Ich hatte keine Silbe von dem verstanden, was er den anderen zugerufen hatte, doch Yang war verdächtig ruhig neben mir, und die Runde blickte mich mit lauernden Augen an. Betont lässig nahm ich mir eine weitere Hühnerklaue und biß in den Knorpel. Befreiendes Gelächter ertönte, und um es mir zu zeigen, knabberten die Mandschus genüßlich zuerst die Schuppen ab und zogen die Sehnen lang wie Kaugummi. Eifrig spuckten sie Knochen und Krallen unter den Tisch, warfen mir auffordernde Blicke zu. Ich nickte freundlich, hatte mir aber eine andere Strategie überlegt: randvoll schaufelte ich mir Kohl und Reis auf meinen Teller, so daß für einen weiteren Fuß kein Platz mehr war. Das Gemurmel und die spitzen Lacher am Tisch zeigten mir, daß sie mich durchschaut hatten, und ich war mir sicher, daß ich mir weitere Minuspunkte eingehandelt hatte! Yang schien die Frotzeleien zu überhören und gab sich konzentriert der »himmlischen Köstlichkeit« hin. Ab und zu hob er den Kopf, und ich spürte, daß er mich anschaute – doch ich löffelte stur meinen Kohl. Dann rutschte er unruhig auf seinem Stuhl herum – ein Zeichen, daß er litt; schließlich »gehörte« er irgendwie zu mir. Li hatte sich zurückgelehnt, rieb sich den Bauch und rülpste ausgiebig. Er bemerkte, daß ich ihn beobachtete, und hakte sich für einen Moment in meinen Augen fest. Was der wohl jetzt denkt, überlegte ich, während ich grinsend seinem Blick standhielt. Er verzog keine Miene, sah mich bloß an. Na gut, gestand ich mir stumm ein, an den Hühnerfüßen war ich gescheitert; also auf in die nächste Runde, hätte ich am liebsten vorgeschlagen, doch ich sagte statt dessen: »Ich hole jetzt das Kartenmaterial« und merkte, wie mein Selbstvertrauen sich einstellte, als ich fortfuhr, »zuerst möchte ich einen Überblick über die Gegend bekommen, und dann können wir zusammen einen Plan entwerfen!«

Entschlossen schob ich meinen Stuhl zurück und hörte noch im Flur, wie Yang mit Li sprach – es waren weit mehr Worte, als für die Übersetzung nötig waren. Sollten sie ruhig über mich herziehen; doch wie macht man solchen Leuten klar, daß bei uns kein Mensch diese armen »Gebeine« essen würde. Ich lachte laut auf bei dem Ausdruck »Gebeine« – er gefiel mir. In aller Ruhe breitete ich den Inhalt meines Seesacks auf dem Bett aus, bis ich schließlich die Karten fand. Ich betrachtete die billige Plastikmappe: Hier drinnen also befand sich die Wildnis des Ussuri und des Amur – detailliert aufgeschlüsselt. Behutsam faltete ich eine der Karten auseinander und suchte die beiden Flüsse, die die Grenze im Norden und Osten der Mandschurei bildeten. Seit sich vor einigen Jahren Russen und Chinesen auf dem Eis des Ussuri beschossen hatten und akute Kriegsgefahr bestand, waren Hunderte von Quadratkilometern zum Sperrgebiet erklärt worden. Ich schätzte, daß ich einer der ersten Ausländer war, der in das Amur-Ussuri-Dreieck gelassen wurde, allerdings mit einem ganzen Schwarm von Aufpassern.

Mit einem Mal fiel mir auf, daß es verdächtig ruhig war im Haus. Hastig faltete ich die Karte zusammen, raffte die Plastikmappe und stürzte hinaus auf den Gang. Rascher Blick zur Küche hin: Sie war leer. Obwohl ich mir die plötzliche Stille nicht erklären konnte, malte ich mir auf dem Weg zum Eßraum aus, daß die abartigen Hühnerfüße die Mandschus dahingerafft hatten, und grinste schadenfroh bei der Vorstellung, sie leblos auf ihren Stühlen vorzufinden. Doch die Plätze waren leer, nur das schmutzige Geschirr stapelte sich auf dem Tisch. Für einen Moment erfaßte mich Panik: Sollten sie sich ohne mich davongemacht haben? Während ich ratlos aus dem Fenster starrte, zuckte ich zusammen: In unmittelbarer Nähe detonierten Schüsse! Tiger? Bären? Oder Russen? Gehetzt schmiß ich die Karten auf den Tisch und rannte hinaus. Doch kaum daß ich die Tür aufgerissen hatte, setzte lautes Johlen ein. Jetzt verstand ich überhaupt nichts mehr. Dann sah ich Li und Sun, die mir den Rücken zukehrten und gerade ihre Gewehre senkten. Die anderen standen abseits im Schatten der Bäume – und fingen an zu klatschen.

»Worauf schießen die?« brüllte ich in Richtung Yang und warf einen verständnislosen Seitenblick auf Li, als ich an ihm vorbei zu der Gruppe ging.

»Wettschießen! Da hinten, auf die kleine Baumscheibe«, erwiderte er und zeigte aufgeregt auf den Abhang. Erst jetzt entdeckte ich die handtellergroße Scheibe, die an den Stamm einer Fichte genagelt war. Die Hand über die Augen gelegt, maß ich die Entfernung ab; mir schien es fast unmöglich, auf diese große Distanz ohne Zielfernrohr zu treffen. Das Geplapper um mich ebbte ab, und ich schaute mich um: Li machte sich fertig. In aller Ruhe legte er einen Ladestreifen Munition in das Magazin seiner Waffe, suchte sich mit leicht gespreizten Beinen einen festen Stand. Er hob den Kopf und fixierte die Scheibe. Ich folgte seinem Blick und spürte, wie sich in mir Anspannung breitmachte. Mit Kraft riß er das Gewehr an die Schulter, hielt den Atem an und drückte ab: Wie ein Stakkato schossen fünf Kugeln im Abstand von jeweils zwei Sekunden aus dem Lauf und zerfetzten die Oberfläche der Scheibe. Fünf Treffer, aus *hundert* Meter Entfernung auf eine winzige Fläche abgegeben, deren Einschußlöcher wie offene Wunden in dem Holz klafften. Li hatte das Gewehr vor sich abgestellt, und immer noch breitbeinig wartete er ab, bis sein Bruder ihm die Erfolgsmeldung zurief. Die ganze Gruppe bohrte mit den Fingern in der Baumscheibe und ereiferte sich, welcher Einschuß wohl von wem war. Als Zeichen meiner Bewunderung machte ich das »Daumen-hoch-Zeichen«. Yang hielt sich abseits und rieb sich die Ohren.

»Und, auf wen hast du gewettet?« stichelte ich.

»Sun ist nicht ganz so perfekt wie Li!« gab er nach einer kleinen Weile zur Antwort.

»Gut ausgedrückt, vor allem, wenn man bedenkt, daß die schon einen halben Kanister Wodka intus haben«, erwiderte ich und musterte Yang, der selbst hier draußen im Busch adrett gekleidet war.

»Kannst du auch schießen?« wollte ich wissen, obwohl ich mir Yang mit Büchse kaum vorstellen konnte.

»Das ist bei uns in Peking nicht üblich!« erwiderte er, nicht ohne Stolz. So konnte man sich auch rausreden.

»Ich glaube, ich hole mal mein Gewehr.«

Yang zuckte gleichgültig mit den Schultern und stellte sich zu dem Koch, der mit einem imaginären Gewehr Schießübungen veranstaltete. Als ich an Sun vorbeikam, der sich nun seinerseits zum Schießen fertigmachte, warf dieser mir einen raschen Seitenblick zu.

»Ich schieße gleich mal mit!« sagte ich auf deutsch zu ihm, wohl wissend, daß er kein Wort verstanden hatte, und als ich aufs Haus zuging, spürte ich Blicke im Rücken. Die werden Augen machen, murmelte ich leise vor mich hin. Sun hatte geschossen, und der Alte, der gerade aus der Tür trat, preßte sich die Hände auf die Ohren. Er vermied meinen Blick und schlurfte kopfschüttelnd hinüber zum Wasserhaus. Eigentlich wäre jetzt eine gute Gelegenheit, sich das Gemäuer aus der Nähe zu betrachten, überlegte ich – obwohl, vielleicht wäre es besser, wenn Yang übersetzen könnte, dann würde ich sicher mehr über den alten Mann erfahren. Entschlossen steuerte ich mein Zimmer an, denn die Gelegenheit, mich mit den Mandschus auf *meine* Weise messen zu können, war verlockender. Ich hatte recht: Das Zielfernrohr war *die* Sensation! Sie rührten mich in ihrer Verwunderung darüber, daß die Baumscheibe zum Greifen nah schien. Vor allem die beiden Fahrer und der Koch gerieten aus dem Häuschen, rissen sich meinen Bergstutzen gegenseitig aus den Händen. Besorgt um mein wertvolles Gewehr, trat ich dazwischen und nahm es dem Koch aus der Hand; er ließ es nur widerwillig geschehen und drängte sich stets vor, wenn ich den Blick durch das Wunderwerk anbot.

»Willst du nicht auch mal durchgucken?« forderte ich Yang auf, dem das Gerangel zuviel schien. Zögernd kam er heran, auf seinem Gesicht standen Neugier *und* Mißtrauen. »Unglaublich! Unglaublich!« murmelte er dann, und wie um sich zu vergewissern, verglich er immer wieder die reale Entfernung mit der optischen Täuschung. Ich wettete darauf, daß es das erste Mal in seinem Leben war, daß er durch ein Fernglas sah. Diesen Gedanke behielt ich aber lieber für mich. Ich hörte Li uns etwas zurufen. Yang wirbelte herum und übersetzte atemlos: »Du sollst schießen!« Na endlich hatte ich die Brüder doch neugierig gemacht. Wie immer, wenn ich besonders aufgeregt war, schlug meine Anspannung in extrem langsame Bewegungen um – und so schritt ich gemächlich an die Startlinie. Sun und Li traten beiseite, streiften mich mit bedeutungsvollen Blicken. Ich hoffte sehr, daß ihnen das Beben meiner Hand entging, als ich die 22er in den kleinen Lauf, die 30er Patrone in den großen darüber einlegte. Konzentriert atmen, sich vorbereiten... Im Zielfernrohr peilte ich exakt die Mitte der Baumscheibe an – und drückte ab. Wie auf Kommando stürzten alle Mann zu dem Baumstamm. »Ho, ho!« brüllten sie und schlugen mir anerkennend auf die Schulter, als ich meine Einschüsse ausfindig machte. Ich hatte direkt ins Schwarze getroffen, und selbst in Lis Augen blitzte es auf; anerkennend hob er die Brauen. Stolz überflutete mich, und ohne ein weiteres Wort übergab ich ihm den Bergstutzen. Schon die Art, wie er ihn entgegennahm, den Schaft umfaßte, die Büchse in den Händen wog und andächtig über die ziselierte Silberplatte fuhr, nahm ihn für mich ein. Zum allerersten Mal mochte ich Li.

»So eine schöne Waffe hat er in seinem ganzen Leben noch nicht in Händen gehabt«, übersetzte Yang gerührt, »und er fragt, ob du ihm auch so eine aus Deutschland schicken kannst?«

»Die ist ziemlich teuer«, gab ich zu bedenken und machte eine vage Kopfbewegung. Li lächelte wissend und gab das Gewehr weiter an Sun. Ohne Umschweife setzte dieser an und warf einen Blick durch das Zielfernrohr. Fast im selben Moment begann er zu lamentieren. Dem erschrocken dreinschauenden Yang nach zu urteilen, war es nichts Erfreuliches.

»Sun meint, daß sei keine Kunst, mit so einem Ding in die Mitte zu treffen!« Yangs Stimme zitterte ein wenig.

»Übersetz ihm mal, daß man selbst mit einem Zielfernrohr auf hundert Meter schon ein guter Schütze sein muß, um stehend freihändig in einem bierdeckelgroßen Ziel zu landen!« trumpfte ich auf und gab Sun einen provozierenden Blick. »Außerdem, er kann es ja selbst mal versuchen!« schoß ich nach und holte demonstrativ eine Kugel aus meinem Gürtel. Sobald Yang meine Worte auf chinesisch wiederholt hatte, machte Sun eine wegwerfende Handbewegung. Seine Mundwinkel zogen sich nach unten, und seine Augen hatten einen verächtlichen Ausdruck. Mit herrischer Armbewegung scheuchte er uns beiseite, suchte sich einen festen Stand und fixierte das Ziel durchs das Fernrohr – und drückte den Hebel durch. Die Anspannung aller entlud sich an der Zielscheibe: noch bevor Sun und ich einen Blick darauf werfen konnten, rief Yang schon, daß Sun bloß den äußersten Rand getroffen hatte. »Das heißt nichts«, kommentierte Li und nahm seinen Bruder in Schutz, »um gut zu schießen, muß man auch mit einer Waffe vertraut sein!« Sogar der Tonfall, mit dem Yang übersetzte, spiegelte sie wider, Lis gewohnte Arroganz. Enttäuscht nahm ich Sun mein Gewehr ab, schulterte es und stieg langsam den Hang hinauf. In Momenten wie diesen plagten mich Zweifel an meinem Vorhaben, und ich fragte mich, was ich hier überhaupt machte. Vom Parteisekretär hatten wir die klar umrissene Aufgabe, die Wildnis auf ihren forstwirtschaftlichen Nutzen hin zu kartographieren. Die Mandschus hingegen schienen diesen Trip eher als Sommerausflug zu betrachten und schlugen die Zeit mit Spielchen tot. Was mich jedoch besonders ärgerte, war meine völlige Abhängigkeit von ihrem Wohlwollen und daß ich um jeden Funken Anerkennung und Autorität zu kämpfen hatte – schließlich war *ich* hier der Fachmann! Eine Salve Schüsse riß mich aus meinen düsteren Gedanken, und um dem einsetzenden Gejohle zu entkommen, schlug ich mich durch die Büsche zur Rückseite des Hauses. Die Sonne war merklich höher geklettert und warf Lichtbündel durch das dichte Blätterdach. Auf einen dieser Sonnenflecke hockte ich mich ins dichte Moospolster und genoß das wärmende Licht. Begierig sog ich den Duft von Gräsern und Harz ein und fühlte mich ganz allein auf dieser Welt. Hinter meinen geschlossenen Lidern verfolgte ich flackernde Sonnenpünktchen, die wie schwirrende Insekten umhertanzten. Ein Kribbeln ließ mich die Augen aufschlagen: ein dicker Käfer mühte sich über die Haare an meinem nackten Arm, und ich ließ ihn bis zur Beuge hochkommen – dann brachte ich ihn mit einem Schnipser zum Absturz. Es dauerte eine Weile, bis er das Kunststück fertigbrachte, sich wieder auf die Beine zu stellen, um in aller Eile davonzukrabbeln. Plötzlich lachte ich leise: genauso wollte ich es machen, egal, was die Mandschus mit mir anstellen sollten. Der Gedanke beflügelte mich, und ich sprang auf.

Ich wußte, daß ich einen guten Riecher hatte, auf den ich mich immer verlassen konnte. Nachdem ich ein Stück durch den Wald gegangen war, kam ich auf eine kleine Lichtung – und sofort stach mir das Gestell in die Augen! Gut getarnt zwischen Bäumen, war es in zwei Metern Höhe angebracht. Bevor ich mir das Ganze aus der Nähe besah, blieb ich stehen und lauschte: weit unten Männerstimmen und hin und wieder eine Salve. Die waren also noch beschäftigt… Ich stellte mein Gewehr an einen Baum und trat an die Stellage. Daher wehte also der Wind, und plötzlich begriff ich Lis Aversion gegen mich, den fremden Eindringling. Ich pfiff leise durch die Zähne und nickte – zum Teppichklopfen brauchte man die Stange gewiß nicht. Die rostigen Nägel und Haken und das dunkelbraun verfärbte Holz sprachen eine deutliche Sprache. Auf dem Boden wimmelte es von Fliegen. Ich bückte mich und grub mit dem Finger im Erdreich – es war durchtränkt von verwestem Blut! Ach sieh mal an, entfuhr es mir, und ich besah mir das Büschel Haare: Kammhaar vom Wildschwein. Wie ein Goldsucher durchstöberte ich das Gemenge aus Fliegen, Blättern und Moos und fand schließlich Winterhaare vom Hirsch, Reh und Wildschweinborsten und tiefer vergraben – Knochen. Diese Saukerle, ganz gemeine Wilderer sind das, zischte ich wutentbrannt, von wegen Forstbeamte und Interesse an Holzeinschlag. Ich lachte auf und peilte zum »Schießplatz«. Es war verdächtig ruhig geworden da unten, besser, ich machte mich auf den Rückweg und tat so, als hätte ich ihr Geheimnis nicht entdeckt. Auf was hatte ich mich da bloß eingelassen? Ob der Parteisekretär im fernen Hantong davon wußte? Und Yang – vielleicht war es einfach ein Übersetzungsfehler gewesen, als er mir Li als Oberförster vorgestellt hatte; treffender wäre wohl Oberwildschütz gewesen. Ich schluckte meinen Unmut herunter und setzte eine harmlose Miene auf, als ich um die Ecke des Hauses bog. Friedlich vereint, hockten die Männer auf der Treppe, rauchten und schlürften Wodka aus Schalen.

»Wo warst du?« fragte Yang und kam mir entgegen.

»Hab' nur mal einen kleinen Rundgang gemacht, damit ich weiß, wo ich eigentlich bin!« entgegnete ich munter und nahm wohlwollend meine Ration Wodka entgegen. Es war genau das, was ich nach der Entdeckung brauchte. Und als hätte es nie eine Mißstimmung zwischen uns gegeben, lächelten mich die Mandschus freundlich an und ermunterten mich zum Trinken.

»Ich würde dich gerne mal mit zu dem Alten nehmen und mir das Wasserhaus ansehen«, sagte ich zwischen zwei Schlucken zu Yang. »Kleines Dach von Hundehütte« verzog den Mund zu einem breiten Lachen. Seine sonst so fahle Gesichtshaut hatte der Alkohol gerötet, und in seinen Augen schimmerte es verdächtig.

»Oder bist du schon zu betrunken?« fragte ich.

»Nein, nein«, beteuerte er und setzte demonstrativ seine halbvolle Schale ins Gras. Anscheinend fragte ihn Li, worüber wir sprachen, denn während Yang antwortete, sah Li zu mir herüber und zog die Stirne kraus.

»Li versteht nicht, was du von dem Alten willst«, sagte Yang.

»Ich habe noch nie ein Wasserhaus gesehen – das ist alles«, log ich.

»Aha!« kam es erstaunt aus seinem Munde; dann redeten die zwei wieder miteinander. Es war wirklich schade, daß ich nicht verstehen konnte, auf welch blumige Weise Yang mein Anliegen vorbrachte, denn Lis Miene hellte sich auf, und er nickte sein Okay.

Ich spürte, daß Yang zufrieden war, als er neben mir herging.

Außer Reichweite der anderen, fragte ich:

»Sag mal, wie hast du Li eigentlich überzeugt?«

»Überzeugt?« wiederholte Yang scheinheilig.

»Ja, mich wundert, daß Li plötzlich einverstanden war.«

»Anjim, ›Kleines Dach von Hundehütte‹ mag keine lauten Schüsse und fürchtet sich vor Geistern und Dämonen, aber ...«, unterbrach er sich und richtete sich zur vollen Körpergröße auf; dann hob er den Zeigefinger: »Ich habe Li an die lange Tradition des Kulturaustausches mit Deutschland erinnert und ihm klargemacht, daß ein Ausländer erfahren sollte, was ein *chinesisches Wasserhaus* ist!«

Ich konnte nur noch lachen. Als ich mich einigermaßen beruhigt hatte, spielte ich mit dem Gedanken, diesen pfiffigen Chinesen in das Geheimnis meiner Entdeckung einzuweihen. Doch aus einem unerfindlichen Grund unterließ ich es, zumindest vorläufig, und bevor ich mir über die Hintergründe klarwerden konnte, humpelte uns Dreibein entgegen. Im Schatten des kleinen Backsteingebäudes, das einige Meter abseits des Haupthauses lag, dösten die anderen Hunde in der Sonne. Dreibein hielt mit uns Schritt und stieß die Eingangstür mit der Schnauze auf; augenblicklich schlugen uns Schwaden von Wasserdampf entgegen. Mir lag die Frage auf der Zunge, ob ein chinesisches Wasserhaus einfach eine Sauna war, doch die Atmosphäre in dem winzigen Raum verschloß mir den Mund. Leise zischelnd quoll Dampf aus zwei riesigen Kesseln. Der Verschlag, diese Bezeichnung nämlich verdiente der Raum, maß nicht mehr als vier Quadratmeter. Von den Wänden tropfte es, und der Dampf beschlug die winzige Fensterscheibe, so daß der Raum fast völlig im Dunkeln lag. Dann entdeckte ich den Alten. Eingewickelt in eine Wolldecke, lag er mit dem Rücken zu uns auf einer Pritsche.

»Der schläft!« flüsterte ich Yang zu und zeigte in die Ecke.
»Laß uns lieber wieder gehen!« wisperte er und machte einen Schritt zurück. Obwohl mir ein wenig mulmig war, stach mich die Neugier, und ich blieb auf der Stelle stehen. Als fühlte Dreibein meine Unentschlossenheit, begann er, an dem herabhängenden Arm des Alten zu lecken. Ich stieß Yang an und machte Zeichen mit den Augen, noch zu warten. In das Geräusch fallender Tropfen mischte sich metallisches Quietschen – der alte Mann hatte sich auf seinem Feldbett umgedreht und blickte uns aus leeren Augen an. So wie man mit einem Kind spricht, das aus dem Tiefschlaf erwacht, so sanft klang Yangs Stimme. Jetzt war der Alte wach, schlug die Decke zurück und stellte sich mühsam auf die Beine. Mit fahriger Geste fuhr er sich durchs Haar und zupfte an der Jacke seines blauen Arbeitsdrillichs.

»Anjim begrüßt Herrn Han«, übersetzte Yang und machte eine Verbeugung, der ich mich sofort anschloß. Auch Herr Han, der immer noch neben seiner Pritsche stand, verbeugte sich. Fast liebevoll schaute ich dem Alten zu – er rührte mich in seiner Gebrechlichkeit, die auch etwas Schutzloses ausdrückte. Dann richtete er sich auf und machte eine Handbewegung zur Pritsche hin, während er etwas zu Yang sagte. Verwundert registrierte ich, daß seine kraftvolle Stimme im Widerspruch zu seiner körperlichen Verfassung stand.

»Herr Han fühlt sich geehrt, daß ein Fremder von so weit her ihn besucht. Leider kann er uns nur sein Bett als Sitzgelegenheit anbieten, und außerdem hat er nur heißes Wasser, aber *zwei* Becher!« informierte mich Yang und sah fragend von dem Alten zu mir.

»Selbstverständlich!« entgegnete ich und hockte mich auf die Bettkante. Die instabile Pritsche drohte unter meiner Belastung nach vorne wegzukippen, verlegen rutschte ich in die durchgelegene Mitte. Während Herr Han eifrig damit beschäftigt war, aus einem Wasserkessel die Becher zu füllen, überlegte ich mir, was ich den Alten eigentlich fragen wollte. Ich hatte das Gefühl, als ginge mich die Intimsphäre dieses Greises überhaupt nichts an. Yang hingegen war ganz Gast – mit übergeschlagenen Beinen thronte er auf dem Bett und verfolgte jede Bewegung des Alten. Knarrend öffnete sich die Tür einen Spalt breit, und der zweite »Eßhund« zwängte sich hinein. »Gibt nichts zu essen, nur was zu trinken«, sagte ich auf deutsch zu ihm. Der Hund – und auch der Alte – hoben den Kopf. Um nicht unhöflich zu sein, wiederholte ich meinen Satz auf englisch und bat Yang, ihn zu übersetzen. Über das Gesicht des Alten ging ein Schmunzeln, und mit zittriger Hand reichte er mir einen Becher. Dann hockte er sich uns gegenüber auf den blanken Lehmboden, verschränkte die Arme und sah uns erwartungsvoll an. Ich nahm einen Schluck dampfendes Wasser und sagte höflich *chautsche*, schmeckt gut. Zufrieden wiegte der Greis seinen Kopf.

»Ich würde gerne wissen, was Herr Han für eine Funktion hier oben hat«, sagte ich. Wieder dieses Wiegen mit dem Kopf, als er antwortete.

»Herr Han ist Hausmeister und dafür verantwortlich, daß jederzeit heißes Wasser für die Gäste zur Verfügung steht. Sicherlich hätte ich heute morgen bemerkt, daß es warm aus der Leitung kam«, antwortete Yang für ihn. Ich nickte und lächelte dankbar.

»Dann möchte ich wissen, ob er das ganz Jahr über hier in der Wildnis lebt, vor allem aber, ob er das Waldhaus auch benutzen kann, wenn niemand sonst da ist.«

»Nein, das ist ihm strikt verboten. Er wohnt immer nur in diesem Raum, und das seit vielen Jahren«, ließ Yang mich wissen.

Hinter meiner Stirn arbeitete es: ob im Sommer oder Winter – immer nur auf vier Quadratmetern zu hausen, dabei ständig in dieser feuchten Luft und dazu noch diesen Verschlag mit zwei großen Hunden teilen…? Herr Han schien um meine Gedanken zu wissen, sein nachsichtiges Lächeln jedenfalls konnte nichts anderes bedeuten. Ich hielt mich an meinem Becher fest und blickte im Raum umher. Sollte ich ihm sagen, daß bei uns in Deutschland ein einzelner Hund schon sechs Quadratmeter Fläche für sich beanspruchen konnte? Ich schaute in das runzelige Gesicht des Greises – unmöglich konnte ich ihm das sagen, egal, wie sachlich ich es auch verpackte. Mein Blick fiel auf Dreibein, und sofort brannte mir eine Frage auf der Zunge: »Schlachten Sie wirklich die beiden Hunde, wenn Sie nichts mehr zu essen haben?« Ich machte eine kleine Pause, überlegte kurz, ob ich weitersprechen sollte, doch es brach förmlich aus mir heraus: »Ich habe auch einen Hund, einen Jagdhund allerdings, aber der ist mein treuester Freund, den würde ich niemals schlachten! Wenn er nicht gewesen wäre, hätte mich schon so mancher Keiler aufgeschlitzt.«

Ich merkte selbst, wie laut ich gesprochen hatte, und wiederholte leise: »Den kann man doch nicht schlachten.« Bei diesen Worten zeigte ich auf Dreibein, der seinen Kopf vertrauensvoll auf die Beine des Alten gelegt hatte. Behutsam legte Herr Han eine Hand auf den Kopf des Hundes und sah mich an, während er sprach. Ganz ruhig klang Yangs Stimme, als er sagte: »Früher konnte Herr Han noch auf die Jagd gehen und sich Fleisch schießen, mal war es ein Reh, und wenn er großes Glück hatte, eine Wildsau ... doch nun, in seinem ehrwürdigen Alter, ist er darauf angewiesen, daß ihm die Leute aus Hantong immer etwas dalassen, bevor sie zurückfahren. Er sagt, sie kommen oft genug, damit er nicht verhungert.«

Eine Welle des Mitgefühls durchschwemmte mich, und ich senkte meine Augen, um mich wieder zu fangen. Das Tropfen und Zischeln des Wassers waren für einen Augenblick die einzigen Geräusche. Da der Alte mich immer noch auffordernd ansah, wagte ich, meine Gedanken auszusprechen: »Sag ihm bitte, daß ich Herrn Han für einen weisen Mann halte und hoffe, daß er die Hunde niemals zu schlachten braucht. Und frag ihn bitte, warum er hier lebt und nicht in der Stadt.«

Kaum hatte ich diese Worte gesagt, bereute ich sie auch schon; doch Yang war bereits mitten drin in der Übersetzung. Der alte Mann hörte sich meine Frage bis zu Ende an und tauchte aus seiner versunkenen Haltung ein wenig hoch. Sogar ich konnte an seinem Tonfall hören, daß er etwas Wichtiges zu sagen hatte. Als Yang anfing zu sprechen, bemerkte ich ein leises Vibrieren in seiner Stimme: »Herr Han dankt für deine Einsicht und möchte deine Frage wie folgt beantworten: Die Chinesen glauben, die Welt sei aus einem Ei geschlüpft. Als die Eihülle zerbarst, kam ein Mensch namens Pan Ku zum Vorschein. Die eine Hälfte der Schale wurde Himmel, die andere Erde. Als Pan Ku größer wurde, wuchsen auch die Stücke der zerbrochenen Eischale und entfernten sich voneinander. Als der erste Mensch nach 18 000 Jahren starb, wurde sein Körper zu Erde. Seine Arme und Beine verwandelten sich in Berge, sein Blut in Flüsse, Seen und Meere. Aus seinen Augen wurden Sonne und Mond. Sein Atem ist noch heute spürbar, wenn der Wind weht, und man hört seine Stimme, wenn der Donner grollt. Die Menschheit entwickelte sich aus dem Gewürm, das sich auf seinem Körper ansammelte... Herr Han hat seine Isolation selbst gewählt«, endete Yang.

Betroffen schwieg ich, ließ die Worte in mir nachhallen. Allerdings blieb mir nicht viel Muße, denn die Tür wurde brutal aufgestoßen, und der Koch erschien im Rahmen. Während er Yang und mir, die wir noch auf dem Bett saßen, einen mißtrauischen Blick zuwarf, schnauzte er den Alten an und fuchtelte dabei wild mit den Armen, als wollte er den Greis aus dem Raum schaufeln. Herr Han ließ die Tirade über sich ergehen, rappelte sich auf und folgte dem Koch nach draußen. Er hatte kein einziges Wort entgegnet.

»Was war denn das?« war alles, was ich in meiner Erregung hervorbringen konnte. Dieser kleine Zwerg von Koch, dem die Einfalt ins Gesicht geschrieben stand, nahm sich heraus, den Alten wie einen Hund zu behandeln. Yang sammelte inzwischen die Becher und winkte mir mit den Augen, dann meinte er lakonisch: »Er hat sich zu lange mit uns unterhalten und soll sofort zum Holzhacken kommen – die Männer haben Hunger!«

Ah ja, Yang schien also nichts dabei zu finden, mit dem Alten derart abfällig umzugehen. Genau *das* war es, was mich an Yang störte, sein verdammter Opportunismus. Klug, daß ich ihm nichts von meiner Entdeckung gesagt hatte, denn garantiert würde er es Li zutragen, und was würde dann mit mir geschehen? Vielleicht stand auf Wilderei sogar die Todesstrafe? Yang fiel aus, den konnte ich nicht fragen, denn der war zwar feige, aber klug genug, einen Zusammenhang zu konstruieren. Ich beschloß, den Dingen ihren Lauf zu lassen und auf der Hut zu sein, mich ganz auf meinen Instinkt zu verlassen.

Bereits am nächsten Morgen hatte solider Regen eingesetzt, der sich während der nächsten drei Wochen hartnäckig hielt. Außer um frische Luft zu schnappen, verließ niemand das Haus, ausgenommen Li und Sun, die jeden Morgen ihre Schießübungen machten, um, wie sie sagten, stets bereit zu sein. Als ich einen Vorstoß wagte und auf eigene Faust losmarschieren wollte, hatte Li mich zurückgehalten und eindringlich vor einem Alleingang gewarnt, mehr noch, er hatte mir den Befehl erteilt, zu warten! Drei lange Wochen im Haus – ich war froh, mein eigenes Zimmer zu haben, und hatte mir die Zeit mit Tagebuchnotizen vertrieben. Für mich bedeutete es »Urlaub«, ausschließlich in Deutsch zu denken und dabei Dreibein als stillen Gefährten neben mir zu wissen. Morgen würde der Himmel aufreißen, das war Ende Juli immer so, hatte Li prophezeit – und dann ginge es endlich los.

Ich rollte mich in eine gemütliche Bauchlage und blätterte in meinem Heft:

2. Juliwoche – Hühnerfüße gab es zum Glück nicht mehr. Es war nur sehr schade, daß der Koch die Körper der Hühner in eine gräuliche breiige Masse verwandelte, die es morgens, mittags und abends gab. Jetzt habe ich das Geflügel satt! An einem Morgen war der zweite Jeep verschwunden. Yang erklärte, daß der Fahrer den Wagen zurück nach Hantong bringen mußte. Ich bin viel allein; Yang spielt mit den anderen den ganzen Tag lang Karten, und sie saufen Wodka ohne Ende (die müssen Hektoliter davon mitgenommen haben). Der Besuch bei Herrn Han hat den Alten verändert, er geht mir aus dem Wege, schaut kaum noch auf. Schade, ich dachte, ich könnte noch etwas Interessantes von ihm erfahren. Ob Li ihn in die Mangel genommen hat? Vor meiner Reise hätte ich besser Chinesisch gelernt.

3. Juliwoche – Li hat mir geraten, jeden Tag wenigstens eine dicke Knolle Knoblauch zu essen, dann würden mich die Moskitos in Ruhe lassen. Jedesmal, wenn ich zu ihnen in den Eßraum komme, schlagen sie sich lachend auf die Schenkel und picksen sich mit den Fingern gegenseitig in die Gesichter: Zeichensprache für meine unzähligen Stiche. Nur mir ist nicht zum Lachen – ich kann mich kaum noch selber riechen, und alles, was ich esse, schmeckt nach Knoblauch. Allmählich fühle ich mich wie in Einzelhaft, und das Herumlungern im Haus geht mir auf die Nerven. Ich will raus!

4. Juliwoche – Yang wird langsam depressiv. Heute hat er stundenlang auf meinem Bett gesessen und sich alles von der Leber geredet. Der Tenor war: Ihm fehlt Kultur! Diese Mandschus sind primitiv und grobschlächtig. Bisher hätten sie ihm fast ein Monatsgehalt beim Kartenspielen abgenommen, gerissene Kerle, die für Geld ihre eigene Mutter umbringen. Und dann kam er erst richtig mit der Sprache raus: Ob ich eigentlich wüßte, wozu sie wirklich hier wären. Ich habe mich ahnungslos gestellt und auf meine forstliche Beratertätigkeit hingewiesen. Alles Lüge, Betrug, hatte Yang ausgerufen und sich auf mein Bett fallen lassen. Ich sah, daß es ihm schwerfiel, mir die Wahrheit zu sagen.

Während er nach den richtigen Worten suchte, merkte ich, daß ich mich mit der Situation bereits abgefunden hatte, und als er von Wilderei sprach, mußte ich mir richtig Mühe geben, überrascht und entsetzt auszusehen. Ich war überzeugend.

Yang ließ sich von mir beruhigen und stimmte zu, als ich ihm klarmachte, daß wir keine Wahl haben und irgendwie mitmachen müßten. Eindringlich sagte ich ihm, daß wir von nun an zusammenhalten müßten, und sein »Anjim, mein Freund...« hatte mir gutgetan. Trotzdem fing er wieder an zu jammern und faselte von Mittäterschaft und Bestrafung. Erst als ich drauf kam, daß die sich wohl nicht selbst anzeigen würden und wir somit aus dem Schneider seien, konnte er wieder lachen. Daß ich jedoch diese Burschen für unberechenbar hielt und eher drauf tippte, daß sie uns hier draußen etwas antun könnten, verschwieg ich.

Es gibt kein Fleisch mehr, und die Männer sind mürrisch beim Essen. In der Küche ist es auch stiller geworden, weder die typischen Hackgeräusche, noch werden Pekingopern geschmettert. Dreibein habe ich jetzt Tag und Nacht bei mir – nicht, daß der Koch noch auf dumme Ideen kommt. Bin gespannt, wie es weitergeht.

4

Am Ussuri

Mir stockte der Atem: Keine fünfzig Meter vor uns brach ein Reh aus dem Gebüsch und flüchtete den Hang hinab. Bevor ich reagieren konnte, hatte Li blitzschnell das Gewehr von der Schulter gerissen, sich in Position gestellt und drei Schüsse hinterhergefeuert – einfach ins Blaue. Wie gebannt blieb jeder auf der Stelle stehen – und lauschte. Zweige knackten – Stille, dann dumpfe Hufschläge, die bis zu uns hinaufhallten: Das Tier war also nicht getroffen worden und entfernte sich immer weiter. Enttäuscht senkte Li seine Waffe und schaute noch nicht mal auf, als Sun ärgerlich auf die Jagdhunde einredete, die wie verrückt an der Leine zerrten und noch nicht begriffen, daß es für sie nichts zu tun gab.

»So macht man das eigentlich nicht!« sagte ich leise zu Yang, der den gegenüberliegenden Hang mit dem Fernglas absuchte. »Kannst du vergessen, das Reh ist längst über die Kuppe verschwunden«, murmelte ich und hängte meine Kartentasche über die andere Schulter; ziemlich unsinnig von mir, all die Karten und den Kompaß mitzuschleifen. Seit bestimmt zwei Stunden führte uns Li auf Wildpfaden durch die Gegend, und man merkte, daß er jeden Stein kannte.

»Was meinst du mit ›das macht man nicht so‹?« fing Yang wieder an.

»Na ja, ein richtiger Jäger schießt niemals auf wegbrechendes Wild. Die Chance, daß das Tier dabei tödlich getroffen wird, ist ziemlich gering. Je nachdem, wo die Verletzung sitzt, heilt die Wunde von selbst, oder er hat das Wild zum Krüppel geschossen. Ganz übel wird es, wenn das Tier sich über Stunden oder gar tagelang im Todeskampf quält!« klärte ich ihn erregt auf. Yang sah mich verständnislos an, und ich war mir nicht sicher, ob er meine englische Ausdrucksweise verstand und wenn, ob er meine Meinung überhaupt teilte. Wer Hunde schlachtete und auch noch aß ... Er wollte etwas entgegnen, besann sich aber und warf einen heimlichen Blick auf die anderen vor uns, dann fragte er leise: »Dann ist Li kein *richtiger* Jäger?«

»Er schießt gut und ist schnell, aber das da eben ...«, gab ich zu bedenken und bereute es fast, daß ich Yang mehr und mehr darauf brachte, Li in Frage zu stellen. So einer wie Li war verschlagen, und keinesfalls sollten wir den Fehler machen, ihn zu unterschätzen, auch wenn wir uns auf englisch unterhielten. Im Gegensatz zu Yang gelang es mir, unser heimliches Wissen in normales Verhalten zu verpacken. Doch wenn Li »Kleines Dach von Hundehütte« mal ganz scharf ansah, konnte ich nicht meine Hand dafür ins Feuer legen, daß Yang dann eine wirklich gute Antwort einfiele.

Durch die Kolonne ging ein Raunen. Quer über dem Pfad fanden sich frische Trittsiegel von einem kapitalen Keiler!

»Achtzig Zentimeter Schrittlänge – das muß ein Brocken sein!« sagte ich begeistert.

»Brocken?« fragte Yang und verzog das Gesicht. Mit weit ausholenden Armen demonstrierte ich ihm die Größe des Tieres, und um ganz sicherzugehen, daß er auch kapierte, krümmte ich beide Zeigefinger und machte die Eckzähne des Wildschweines nach. Sein Gesichtsausdruck verlangte nach mehr – also fing ich auch noch an zu grunzen. Sein Kichern hinter der vorgehaltenen Hand animierte die zwei Männer vor uns in der Kolonne. Der Koch und der Fahrer führten im Scheingefecht eine echte »Keilerei« vor. Li hatte mitbekommen, daß sich etwas hinter seinem Rücken abspielte, und drehte sich jäh um. Doch anstatt einen seiner üblichen Befehle zu raunzen, winkte er mich zu sich nach vorn. Ich spürte, wie mein Herz anfing zu klopfen, und jagte den Berg hoch; kurz vor der Kuppe war ich auf gleicher Höhe mit ihm. Nach ein paar Schritten hatte ich ihn – meinen lang erwarteten Rundblick über die Gegend: eine schier unendliche Ebene, die nur am fernen Horizont von einer Bergkette begrenzt wurde. Bläuliche Dunstschwaden zogen durch das aufgefächerte Tal, und mittendrin wand sich ein breiter Fluß – der Ussuri! Mit Erstaunen registrierte ich unzählige kleine Seitenarme, die gleich Regenwürmern durch die grüne Hölle krochen, und zum ersten Mal wurde mir bewußt, daß der Urwald eigentlich aus drei Stockwerken bestand. Im Vollschatten vegetierte am Boden niederes Buschwerk, über das sich baumhoher Straußfarn, bizarr geformte Amur-Korkbäume und mindestens zehn verschiedene Laubbaumarten zur nächsten Ebene erhoben. Bronzefarbene Koreazedern streckten ihre schlanken Leiber neben lichten Birken empor; die Krönung aber waren die Giganten des Urwaldes – mandschurische Walnuß, Ulmen und Eschen, die ihre Blätter wie ein riesiges Dach über alles ausbreiteten. Yang war hinter mich getreten, und ich spürte, daß auch er von der Aussicht hingerissen war.

»Da unten gibt es Holz in Millionenwerten! Und sieh, weit und breit kein einziger Weg, um es abzutransportieren.«

Nachdem Yang übersetzt hatte, nickte Li ernst und antwortete: »Du hast ja die Karten studiert und wirst herausgefunden haben, daß der Amur und der Ussuri nach Norden fließen – also in die falsche Richtung! Die Nebenflüsse führen nicht genug Wasser für große Holztransporte. Trotzdem, die Regierung hat vor Jahren mal einen Versuch gemacht ... wirst schon noch sehen«, verkündete er. Prüfend ließ ich meinen Blick über den Wald gleiten, suchte vergeblich nach einem Anzeichen seiner Vorankündigung. Das war mal wieder Lis Art, mit kargen Auskünften die Dinge nur anzutippen, einen neugierig zu machen, um irgendwann um so effektvoller auftreten zu können. Aber ich konnte warten. Schweigend stiegen wir in das Tal hinab, wobei ich ihm dicht auf den Fersen blieb. Die Sonne begann langsam den Dunst aufzulösen, und je tiefer wir kamen, desto schwüler und feuchter wurde die Luft. Farbenprächtige Schmetterlinge flatterten durchs hohe Gras, und überall auf den sonnigen Plätzchen tummelten sich Kreuzottern. Vom Pfad aus verwehrte dichtes Blattwerk jegliche Sicht, und meistens hörten wir nur das wegbrechende Wild, das wir aufgescheucht hatten. Doch im feuchten Boden lasen sich ihre Fährten wie auf einer Landkarte – Rehe, Wildschweine und sogar eine alte Bärenspur konnte ich ausmachen. Wann immer ich Li darauf aufmerksam machte, nickte er bloß beiläufig; trotzdem hatte ich das Gefühl, als sei er total angespannt, als warte er auf etwas ganz Bestimmtes. Wie ein Spürhund suchte er den Waldboden ab, wich mal nach rechts, dann wieder nach links vom Pfad ab, schob Grasbüschel beiseite, wühlte unter Blättern und roch an allem – eben wie ein Hund, der die Reviermarkierungen des Wildes sucht. Plötzlich rief Li nach Sun und ging in die Hocke. Meine Neugier trieb mich, ihm über die Schulter zu schauen und herauszufinden, was er wohl gefunden hatte.

»Eine Wahnsinnspranke«, platzte ich plötzlich heraus und hielt meine gespreizte Hand über die Fährte. Li übersah mich, schaute gedankenverloren in den Wald. Dann kam es von seinen Lippen klar und deutlich: »Mein Tiger – er ist noch da!«

Unverhohlener Triumph war in dem Lächeln, das er Sun zuwarf. Doch das gefährliche Glitzern in seinen Augen beunruhigte mich, ging mir durch und durch. *Sein* Tiger? Der meinte es tatsächlich ernst.

»Wie alt ist die Spur?« funkte ich dazwischen.

Als hätte ich mich zu weit auf sein Territorium gewagt, erlosch jegliche Mimik, und ohne mir eine Antwort zu geben, sprang Li auf die Füße und lief jetzt den steilen Pfad hinunter. Yang und ich wechselten einen schnellen Blick und folgten den Brüdern in einigem Abstand. Nach einer Weile hielt ich das Schweigen nicht mehr aus und sagte Yang, was mich quälte: »Mein Tiger …?« wiederholte ich verächtlich und fuhr dann fort: »Weißt du eigentlich, daß es von den Amur-Tigern nur noch an die zweihundert Exemplare gibt, hier und auf der russischen Seite, und daß sie vom Aussterben bedroht sind, weil sie einfach abgeschossen werden?«

»Zweihundert«, überlegte er laut, dann schaute er mir in die Augen und beteuerte glaubhaft: »Nein, das wußte ich nicht!«

Li war auf einem überhängenden Plateau stehengeblieben und wartete auf uns.

»Da hast du es!« sagte er und zeigte auf den steil abfallenden Abhang. Zu meiner Rechten war der Hang kahlrasiert, komplett abgeholzt. Häßliche Baumstümpfe, entkronte Riesenstämme von Walnußbäumen rotteten vor sich hin, und wie ein Mahnmal thronte ein rostiger Raupenschlepper mitten in der Landschaft. Li grinste spöttisch.

»Soweit sind sie gekommen«, übersetzte Yang und schüttelte den Kopf, »der Abtransport hat nicht mehr stattgefunden, wie sollte er auch …«, bemerkte er sarkastisch, und ich fragte mich, ob die letzten Worte seine eigenen waren.

»Holz für mehrere Millionen US-Dollar! So eine Verschwendung! Möchte wissen, was *ich* hier tun soll?« sagte ich geladen. Li

Der kapitale Maralhirsch hat mich wahrgenommen

Maralhirsch in der Brunft

Aug in Aug mit der großen Bärin

Die Nachspeise zum Fisch. Die Bärin duldet mich, so daß ich mich ihr bis auf drei Meter nähern kann

Siesta am Fluß – die beiden Jungen der großen Bärin

Unmittelbar vor dem Sprung auf die große Forelle

Beim Fressen will die Bärin nicht gestört werden

Frisch aus der Suhle

Die Paarungszeit beginnt. Ein starker Keiler hat sich bereits zur Rotte gesellt

Die größten Wildsauen der Erde leben im östlichen Sibirien: Keiler deckt eine Bache. Der Liebesakt dauert rund fünf Minuten

Die Rotte im ersten Schnee. Trotz ihrer Wehrhaftigkeit und Größe sind die Sauen die Lieblingsbeute des Tigers

Der größte Eulenvogel der Erde: der Riesenfischuhu ...

... und der kleinste: der Sperlingskauz

Sibirischer Rotfuchs nach einem ungemein erfolgreichen Jagdausflug

Sibirische Rehe sind doppelt so schwer wie ihre mitteleuropäischen Verwandten

Der scheue Schneeleopard auf der Jagd

Das geringste Geräusch läßt den Leoparden vor seiner Höhle mißtrauisch werden

Der letzte Mohikaner? Eines von lediglich noch 250 Tieren

Nur 30 Schritte trennen uns: Meine erste und einzige Begegnung in freier Wildbahn mit der größten Raubkatze der Erde

musterte mich von oben bis unten. Mit abwertendem Schulterzucken ging sein Blick über die quadratkilometer große Kahlschlagfläche. Dann sah er mir in die Augen und sagte mit messerscharfer Stimme: »Du tust hier nichts – gar nichts!«

Ich schluckte trocken und versuchte, das eben Gehörte in meinem Kopf unterzubringen. Er hatte recht, verdammt recht sogar – ich war hier fehl am Platze. Li konnte anscheinend Gedanken lesen, jedenfalls spielte für einen winzigen Moment ein mitleidiges Lächeln um seinen Mund. Doch Mitleid war das letzte, was ich von ihm wollte, und so gab ich ihm einen Blick, der meine Kraft und Entschlossenheit ausdrücken sollte – und stiefelte den Pfad hinunter. Mir ließ jedoch der Gedanke keine Ruhe, wieso mich die Provinzregierung überhaupt in diese Region geschickt hatte, wo doch sonnenklar war, daß es absolut keinen Weg gab, um das Holz von hier wegzubringen. Dachten die eigentlich, wir Europäer könnten zaubern oder Stamm für Stamm mit einem Helikopter ausfliegen? Für mich kippte die ganze Angelegenheit ins Lächerliche um.

»Li fragt, ob du schon einmal einen Tiger aus der Nähe gesehen hast«, hörte ich Yang fragen.

»Nein, aber das wäre ein Highlight!« brummelte ich, obschon der bloße Gedanke, einem Tiger auf kurze Distanz gegenüber zu stehen, meinen Herzschlag verdoppelte.

»Ein Tiger, das ist auch für uns ein Highlight«, entgegnete Li und lachte schmutzig. »Wenn du einen Tiger erlegst, dann hast du für dein ganzes Leben ausgesorgt!« Ein Wortschwall auf chinesisch folgte, den der ganze Trupp mit freudigen Ausrufen beantwortete.

»Ein Tiger, das ist wie auf einen Goldschatz stoßen«, schwärmte Li weiter, »auf dem Schwarzmarkt kannst du alle Teile, von den Schnurrhaaren bis zur Schwanzspitze, zu harten Dollars machen und dir davon ein Haus kaufen, ein eigenes Auto leisten und mit deiner Familie gut leben. Außerdem, für uns ist er ein Heilmittel. Mein Junge, du hast ihn ja gesehen, ist klein und wächst nicht mehr – und er ist mein *einziger* Sohn. Wenn er Medizin von den Barthaaren des Tigers bekommt, wird er weiterwachsen und ein ganzer Kerl werden, so wie sein Vater!«

War Li eigentlich nicht klar, daß er mir gerade eingestanden hatte zu wildern, sich des Diebstahls am Volkseigentum strafbar machte, wenn er den Tiger auf dem Schwarzmarkt verhökerte, daß er also mit der Todesstrafe spielte? Dann traf es mich wie ein Blitz: Der führt was im Schilde gegen mich! Doch als ich ihn ansah, hatte er immer noch diesen verklärten Blick. Stumm betrachtete ich den mir so rätselhaften Mann und streifte auch Yang go Dung – er hatte sich zum perfekten Sprachrohr entwickelt, und manchmal wußte ich nicht mehr, ob er seine oder Lis Meinung wiedergab. Mir jedoch brannte die Frage auf der Zunge, woher Li die Gewißheit nahm, daß die Medizin auch wirkte und nicht bloß alles fauler Zauber sei. Immerhin trug solcher Aberglaube zur Ausrottung dieser Tiere bei.

»Es stimmt, was Li sagt«, nahm Yang das Gespräch wieder auf und stellte sich vor mich hin, fing an aufzuzählen: »In der traditionellen chinesischen Medizin verwenden wir Tigeraugen gegen Krämpfe, die Hoden helfen bei Tuberkulose, Epilepsie und Tollwut, und die Knochen und das Fett lindern Rheuma. Der Schwanz heilt alle Hautkrankheiten und ist gut gegen die Faulheit im Hirn. Das Kostbarste aber ist der Penis; hauchdünn in Scheiben geschnitten, zahlt man in Peking für eine Penissuppe über dreihundert Dollar! Dreihundert Dollar – und ich verdiene 80 Yüan im Monat«, ereiferte er sich.

»Hast du irgend etwas davon schon mal ausprobiert?« fragte ich lauernd.

»Nein!« entrüstete er sich und schlug sich auf die Taschen seiner Jacke: »Aber einen Tigerschädel, den hätte ich schon gerne ... wenn man ihn sich über das Bett hängt, vertreibt er Geister und Dämonen«, kam es leise von seinen Lippen – und ob ich wollte oder nicht, ich mußte einfach lachen. Als ich mich einigermaßen beruhigt hatte, sagte ich im Brustton der Überzeugung: »Yang, dann sollten wir extra für dich einen Tiger schießen und dir den Schädel über deine Pritsche ins Waldhaus hängen, wo du doch jetzt mitten unter ihnen lebst.«

Es dauerte eine ganze Weile, bis Yang reagierte.

»Anjim, mach dich bitte nicht lustig über mich«, stieß er hervor und funkelte mich böse an. Bevor wir weiterstreiten konnten, kamen Rufe von hinten, und der Trupp hielt an.

»Der Koch will endlich was zu essen haben!« übersetzte Yang. Zehn Minuten später hockten wir um den Topf, in dem ein

Gemisch aus Wasser, Gemüse, Kartoffeln und Kräutern köchelte. Während wir die Suppe löffelten und die Mandschus derbe Witze rissen, die wie immer an mir vorbeigingen, schaute ich hinauf in die Baumriesen. Ein mächtiges und doch bizarres Gebilde, durchdrungen von Waldrebe, einer armdicken Schlingpflanze, die durch die Äste kroch, sich um die Stämme schlang und dunkle Tunnel aus ihren Wuchsformen entstehen ließ. Eigentlich war ich ganz froh, nichts dazu beitragen zu können, daß dieses Wunderwerk der Natur verschwand. Satt und gelangweilt sah ich zu, wie der Koch seine provisorische Küche abbaute und in einer Kiepe verstaute. Keiner der Männer kam auf die Idee, ihm zur Hand zu gehen; unter Lis Kommando wurde die strenge Hierarchie eingehalten – der Fahrer fuhr, der Koch kochte, und die Jäger jagten. Es hatte ein wenig gedauert, bis ich das begriff und meine Hilfestellung unterließ.

Ich roch das Brackwasser, noch bevor ich den Flußarm sehen konnte. Die Urwaldriesen hatten wir hinter uns gelassen und kämpften mit dichtem Buschwerk und Schwärmen von Moskitos. Während sich die Mandschus – und sogar Yang – die Plagegeister widerwillig von den Augenlidern wischten, schlug ich wild um mich und handelte mir schadenfrohe Lacher ein. Sollten sie doch ... unverdrossen stapfte ich durch mannshohes Schilfgras, das mir zu allem Übel auch noch die nackte Haut an den Armen aufritzte. Von Sun und Li sah ich weit voraus nur die grünen Schirmmützen. Mir war unbegreiflich, wie beide Brüder auch noch nach Stunden Marsch leichtfüßig durch den Sumpf preschen konnten. Uns anderen machte die hohe Luftfeuchtigkeit zu schaffen; hin und wieder fluchte einer laut oder stöhnte auf. Ich fragte mich langsam, wieso wir uns entlang der Uferregion quälten, anstatt quer durch zum Fluß hinunter zu gehen? Daß Li auch dieses Mal wußte, was er tat, zeigte sich, als eine kleine Hütte auftauchte. Eine Fischerhütte, denn außen an den Wänden hingen Reusen und säuberlich zusammengelegte Netze. Während Li und Sun auf der Bank vor dem Haus saßen und eifrig debattierten, trat ich hinter dem Koch in den schummrigen Raum. Den Wänden entlang zogen sich Holzpritschen, die Platz aussparten für einen Spind und eine Kochstelle. Die Mitte der Hütte nahm ein grob behauener Tisch mit Stühlen ein – das war schon alles an Möblierung, wenn man von Maos

Konterfei – verblichen hinter Glas – und den drei Gewehren an der Wand absah. Mein geschultes Auge hatte sofort erfaßt, daß jemand die Lederriemen, an denen die Waffen aufgehängt waren, frisch eingeölt hatte. Doch bevor ich prüfen konnte, ob sie auch schußbereit waren, steckte Yang den Kopf durch die Tür und winkte mich eilig nach draußen: »Komm schnell, die sind schon losgegangen!«

Auf dem Weg durch das Schilf hörte ich aufgeregtes Rufen und Lis Befehlston.

»Sag mal, wollen die im Fluß etwa schwimmen?« witzelte ich, obwohl ich mir denken konnte, daß wir zum Fischen hier waren; schließlich brauchten wir wieder Fleisch. Yang drehte sich um und machte ein säuerliches Gesicht. Wann würde er endlich meine Art von Humor begreifen und nicht immer beleidigt sein, wünschte ich mir und folgte ihm willig hinunter zum Fluß. Ich wußte, es gefiel ihm, mir zu zeigen, wo es langging.

Hundert Meter flußaufwärts und bis zur Taille im Fluß, wateten Li und Sun durch die braune Brühe. Ihre nackten Oberkörper schimmerten in der Sonne, und ich war ehrlich überrascht, wie kräftig die zwei gebaut waren: kein Gramm Fett, nur gut ausgebildete Muskelpakete unter der dunklen Haut. Kraft brauchten sie auch, denn fast über die gesamte Breite des Seitenarmes spannten sie ein Netz zwischen sich, das von alten Korkschwimmern an der Wasseroberfläche gehalten und von Bleigewichten nach unten gezogen wurde, damit die beiden Männer die Fische vor sich hertreiben konnten. Vor Jahren war ich selbst auf einem Fischkutter mitgefahren und hatte alle möglichen Fangtechniken erlernt – auch was es heißt, als Crew zusammenzuarbeiten. Die beiden jedenfalls waren ein gut eingespieltes Team, hielten sich immer auf gleicher Höhe.

An dem toten Ende des Flußlaufes, einer seichten Bucht, warteten der Koch und der Fahrer auf ihren Teil der Arbeit. Mit gleichmäßigem Tempo näherten sich Sun und Li, zogen das straff gespannte Netz in Richtung Bucht. Wenn die mit Netz arbeiten, muß es viel Fisch geben, überlegte ich und zog mir spontan die Schuhe aus. Wie immer, wenn ich von der Norm abwich, erwartete ich Protest – und der kam: »Anjim, das brauchst du nicht!« vernahm ich Yang, der oben auf dem Ufer stehengeblieben war und schon wieder unglücklich dreinschaute.

»Ich will doch nur mal sehen, welche Fische hier so rumschwimmen«, entgegnete ich und machte einige Schritte ins Wasser. Obwohl aufgewirbelter Schlamm die ohnehin trüben Fluten zusätzlich verdunkelte, entdeckte ich, daß es nur so wimmelte von Wildkarpfen, Weißfischen und Barschen. Sie tummelten sich in Schwärmen im warmen Wasser und ahnten noch nichts von ihrem Schicksal.

»Gib mir doch bitte mal meinen Fotoapparat!« bat ich Yang.

Froh, gebraucht zu werden und mit der neuesten Technik in Berührung zu kommen, hielt er stolz meine Spiegelreflexkamera vor den Bauch und stieg zu mir herunter. Fasziniert verfolgte er, wie ich Sun und Li aus verschiedenen Winkeln fotografierte und mit dem Zoomobjektiv spielte. Um niemanden zu benachteiligen, hielt ich den Sucher auf die zwei Helfer am Ende der Bucht. Als sie bemerkten, daß sie fotografiert wurden, schwenkten sie die Arme und lachten ihr breitestes Lachen. Dann war Yang an der Reihe.

»Ein chinesischer Dolmetscher im Wildniseinsatz!« scherzte ich und wartete einen Moment, bevor ich auslöste. Verschämt ließ er den Kopf auf die Brust fallen, zupfte sich aber doch seine Jacke zurecht; immerhin hatte er hier draußen einen staatlich verordneten Einsatz!

Sun und Li waren inzwischen auf meine Höhe herangekommen, und mit Spannung verfolgte ich, wie einige Karpfen und Barsche es schafften, aus dem Wasser hochzuschießen, über den Netzrand zu springen und sich flußaufwärts in die Freiheit zu retten. Sun keuchte unter der Last der Fische, die zum einen vor dem gespannten Netz hergetrieben wurden, sich aber auch in den Maschen verfangen hatten und in Panik zappelten. Einer plötzlichen Eingebung folgend, machte ich einen Satz ans Ufer und zog mich bis auf meine Unterhose aus.

»Ich helf' euch!« rief ich über den Fluß und griff beherzt den Netzrand. Verwundert sah Sun auf, nickte dann aber als Zeichen seines Einverständnisses. Ich glaube, es gefiel ihm, daß ich mit zupackte – und bei mir kam das gute Gefühl auf, zu etwas nutze zu sein und eine Gelegenheit zu haben, mich in die Gemeinschaft zu integrieren. Bei jedem Schritt gurgelte es im schlammigen Grund, und Blasen stiegen auf, die, wenn sie an der Oberfläche zerplatzten, nach Faulgas stanken. Je näher wir dem Flußende kamen, desto panischer ging es vor dem Netz zu; die in die Enge getriebenen Fische merkten allmählich, daß es kein Entrinnen mehr gab, und schwammen hektisch gegen die Uferböschung. Einige traten den Weg zurück an und wollten sich unbedingt durch die Maschen kämpfen. Ihre wilden Bewegungen übertrugen sich zentnerschwer auf das Netz, und ich spürte, wie die Kraft aus meinen Armen wich. Lange ging das Spiel nicht mehr; wir hatten die Bucht erreicht, Li und Sun beschrieben einen Halbkreis und zogen das Netz zu. Der Wasserspiegel war hier stark abgesunken, und ein Berg zappelnder Fischleiber erhob sich aus dem Schlammwasser. Vor Aufregung über soviel Fische schlug sich der Koch kräftig auf die Wangen und stürzte dann herbei, um das Netz mit ans Ufer zu ziehen. Der Fahrer ließ es geruhsamer angehen, gab sogar dem Koch Anweisung, wo er sich hinzustellen hatte. Li griff ein: Der Fischberg ließ sich kaum noch weiter auf den Schlamm hinaufziehen, und während wir drei die Öffnung des Netzes sicherten, griffen Fahrer und Koch hinein und warfen die glitschigen Fische ans Ufer. Rollte mal einer zurück, bückte sich Yang und beförderte den Fisch aufs Trockene. Bei der Zahl 30 hörte ich auf zählen und fragte mich, wer diese Unmengen eigentlich essen sollte. Wir hatten weder Körbe noch Tragevorrichtungen, um diesen Fang stundenlang zu transportieren. Schweißdurchnäßt arbeitete der Koch wie ein Roboter, und ich hatte den Eindruck, daß er sogar mit jedem seiner Opfer sprach.

»Diese Menge an Karpfen und Barschen; man könnte meinen, wir haben den Fluß total abgefischt!« startete ich einen Versuch, mit ihm ins Gespräch zu kommen. Doch statt einer Antwort zeigte er auf meine Beine. Ich sah an mir herunter, und in dem Augenblick, wo ich die prall gefüllten schwarzen Blutegel erblickte, wollte ich nur noch wegrennen.

»Was sind das für rote Punkte?« fragte ich in Panik. »Sie jucken und brennen wie Feuer, je länger ich an der Luft bin; im Wasser habe ich überhaupt nichts gemerkt.«

Die Antwort konnte ich mir selber geben: Amöben oder andere Parasiten hatten sich mir unter die Haut gebohrt.

»Ich brauche mein Messer!« sagte ich ungeduldig zu Yang, der mich nur entgeistert anstarrte. Doch bevor Yang begriff und sich in Bewegung setzte, schnallte der Koch sein Messer vom Gürtel und reichte es mir. Täuschte ich mich, oder hatte er wirklich ein hämisches Grinsen? Egal, vorsichtig setzte ich die scharfe Klinge an und schabte mir die Haut. Wie Weintrauben fielen die Blutegel ab, und aus jeder Bißwunde blutete es – ich sah aus wie ein Schlachtopfer. Li besah sich die Wunden, und während er mit Yang sprach, nickte dieser nur betreten.

»Du sollst mit dem Koch zur Hütte gehen; er wird dir von dem Wodka geben, um die Bisse zu desinfizieren. Die Parasiten können nämlich Hirnhautentzündung verursachen«, endete er kleinlaut.

»Hirnhautentzündung?« wiederholte ich wie angestochen. Wußte der eigentlich, was er da sagte? Ohne eine weitere Sekunde Zeit zu verlieren, lief ich auf blanken Sohlen quer durch das Schilfgras und verbiß mir die Schmerzen, wenn mir das harte Gras ins Fleisch schnitt. Wieso passierte mir das? Weder Sun noch Li hatten einen einzigen Kratzer – das mußte mit dem verdammten Knoblauch zusammenhängen. Gequält wehrte ich Moskitos ab, die mich in Schwärmen attackierten und sich gierig auf meine offenen Wunden stürzten – alles in mir schrie nach Linderung und lockte meine letzten Kraftreserven hervor. Außer Atem stolperte ich die letzten Meter zur Hütte hinauf – und prallte an der Tür fast mit dem Koch zusammen.

»Beeil dich, das tut verdammt weh!« stieß ich zwischen den Zähnen vor und drängte den Chinesen ins Innere. Die Zeichensprache verstand er und kramte aufgeregt in seiner Kiepe. Ich jammerte und stöhnte, als mir der hochprozentige Alkohol über die Beine rann und rosa verfärbte Schlieren auf den Holzdielen bildete.

»Mehr, schütte mehr Wodka drüber, das tut gut!« sagte ich und seufzte erleichtert, als der Schmerz mehr und mehr abebbte. Aufmerksam las der Koch meine Reaktionen ab, und als ich ruhiger wurde, schraubte er demonstrativ die Flasche zu. Meine Beine jedoch sahen immer noch beunruhigend aus: merklich angeschwollen, übersät mit dicken Beulen und Bissen, aus denen unaufhörlich Blut sickerte. Leg dich hin, sollte es wohl heißen, was er mir eindringlich auf chinesisch sagen wollte, und als ich nicht reagierte, zog er mich am Ärmel zur Pritsche.

»Quatsch, ich brauch' mich nicht hinzulegen!« protestierte ich und versuchte, seine Hand abzuschütteln. Er ließ jedoch nicht locker, und erst als ich mich ausstreckte und unwillig mit den Augen rollte, grinste der Koch zufrieden.

Das Pochen in meinen Beinen ließ nach – und benebelt vom intensiven Alkoholgestank in der feuchten Wärme, fielen mir die Augen zu, und ich döste eine Weile vor mich hin. Wie durch einen Nebelschleier nahm ich die verschiedenen Tierschreie war, die die Luft mit lautem Leben erfüllten, und horchte auf das raschelnde Schilf, in dem der Wind spielte. Frösteln überlief meinen Körper, und erst jetzt bemerkte ich, daß ich nur mit meiner Unterhose bekleidet war. Langsam setzte ich mich auf und tastete meine Beine ab: Beim Druck meiner Hand stach es noch um die Beulen, doch das inzwischen getrocknete Blut verschloß die Bißwunden an den Waden. Gutes Heilfleisch, munterte ich mich auf und fühlte, wie meine alte Energie zurückkam und mich auf die Beine brachte. Doch dieses Mal bahnte ich mir meinen Weg behutsamer durch das Schilf, um meine wiedergewonnene Schmerzfreiheit nicht zu gefährden. Als ich auf das Ufer trat, sah ich die Männer unten an der Bucht arbeiten. Schnell schlüpfte ich in meine Sachen und ging hinüber zu ihnen.

»Anjim, wie geht es dir?« fragte Yang besorgt und legte mir die Hand auf die Schulter.

»Ist schon wieder okay!« antwortete ich und grinste in die Runde. Die Mandschus sahen kurz auf und fuhren fort, die Barsche und Karpfen in Schilfkörbe zu schaufeln.

»Wie habt ihr die so schnell geflochten?« fragte ich Li, der gerade einen Ast von einer Esche abschlug und in Windeseile Zweige und Blätter entfernte, dann steckte er die Tragestange durch die Maschen zweier Körbe.

»Kein Problem, Material ist doch genug da!« sagte er einfach und ließ seinen Arm über den Schilfgürtel kreisen.

»Ho, ho«, hallte es plötzlich zu uns herüber, und laute Paddelschläge klatschten auf das Wasser. Ich starrte auf den alten Holzkahn, aus dem drei Gestalten winkten.

Unter den Mandschus erhob sich Gemurmel, doch sie schienen keineswegs überrascht zu sein. Breitbeinig, die Arme in die Seiten gestemmt, stand Li am Wasser, und seine Backenknochen mahlten unermüdlich.

»Das ist nicht gut, daß die hier auftauchen, gerade jetzt!« flüsterte mir Yang zu. Einer der Männer stand jetzt aufrecht im Boot, brüllte etwas und zeigte auf die Hütte. Li und Sun fingen an zu tuscheln, und der Koch warf jammernd die Arme hoch.

»Was ist hier los?« wollte ich von Yang wissen, dessen Gesicht sich immer mehr verdüsterte. Ich spürte, daß sich etwas zusammenbraute, und beobachtete die Chinesen, die mit dem Boot auf Höhe der Fischerhütte landeten. Komische Typen, wo die bloß herkommen? Nervös sah ich zu Yang, der den anderen an den Lippen hing und keine Anstalten machte, zu übersetzen.

»Hey!« brachte ich mich in Erinnerung und stieß ihn leicht an.

Er reagierte sofort: »Das sind die drei Versprengten!« sagte er in einem Ton, als müßte ich sie kennen, doch dann setzte er hinzu: »Als es vor einiger Zeit Grenzstreitigkeiten gab zwischen China und Rußland und Soldaten in dieses Gebiet geschickt wurden, haben sich die drei abgesetzt und sind einfach hier im Sumpf geblieben. Seitdem schlagen sie sich hier durch. Li meint, das sind elende Schmarotzer und Raufbolde, und ist sauer, weil sie gerade jetzt auftauchen, wo wir all den Fisch gefangen haben«, sagte Yang und lachte plötzlich schadenfroh. »Außerdem beklagt sich der Koch, er hat Angst um den schönen Wodka!«

Ich mußte grinsen, wurde aber sofort wieder ernst: Deserteure waren sie also, die den Grenzkonflikt für sich zu nutzen wußten ... entweder hatten die was auf dem Kerbholz, oder sie wollten einfach frei sein vom Kommunismus. Warum auch nicht ... Ich wußte, was es bedeutete, in den Krallen eines Systems gefangen zu sein, schließlich war ich zu DDR-Zeiten unter Einsatz meines Lebens in den Westen geflüchtet, während sie die Wildnis, das Niemandsland, gewählt hatten. Daher also auch die Gewehre in der Hütte! Komisch, ich wäre nie auf die Idee gekommen, daß außer uns noch jemand in dieser verlassenen Gegend lebte.

»Gehört denen die Hütte?« wollte ich von Yang wissen, der sich anscheinend extra abseits gestellt hatte und skeptisch herüberäugte, wie Li dem Fahrer die erste Fuhre auf die Schultern hob. Die Tragestange bog sich unter dem Gewicht der Körbe und wippte bedenklich, als er sich in Bewegung setzte.

»Alles hier, einschließlich Hütte, ist Eigentum des Volkes!« vernahm ich seine formelle Antwort. Ich nickte beiläufig – und bedeutete Li in Zeichensprache, daß er auch mich »beladen« könne.

»Good, good!« sagte er zu meiner Überraschung in Englisch.

»Du sprichst Englisch?« fragte ich zurück, hin- und hergerissen zwischen der Angst, er könne unsere Gespräche verstanden haben, und der freudigen Aussicht, daß ich mich direkt mit ihm unterhalten könnte. Doch Li wehrte eifrig ab und machte eine Bemerkung zu Yang, dessen Auflachen sehr erleichtert klang.

»Li hat bloß ein paar englische Wörter aufgeschnappt«, entgegnete er ruhig und ließ seinen Blick einen Moment auf mir verweilen. Es gefiel ihm ganz und gar nicht, daß ich mich wie ein Kuli beladen auf den Weg durchs Schilf machte; mißmutig trottete er hinter mir her. Es war nicht so einfach, wie ich gedacht hatte: Bei jedem Schritt hüpften die Körbe an der biegsamen Stange, und ich hatte Mühe, überhaupt die Balance zu halten, obwohl mich ein Gewicht von fünfzig Kilo in den weichen Boden drückte. Fehlte noch, daß ausgerechnet mir, der weißen Langnase, die Fuhre verunglückte. »Vorhin war ich ehrlich erschrocken«, rief ich nach hinten.

»Ich auch!« kam es knapp zurück; dann hing wieder jeder seinen Gedanken nach. Doch ich hielt es nicht lange aus, zuviel bewegte mich.

»Das müssen ja harte Burschen sein, die drei Fremden«, sagte ich und fuhr fort: »Die sind sogar ohne ihre Gewehre losmarschiert!«

»Woher weißt du *das?*« fragte Yang entgeistert.

»Ja, ich hab' den siebten Sinn, bin hellsichtig, mein Lieber!« zog ich ihn auf. Dann wartete ich gespannt, ob mein Manöver gelungen war.

»Anjim, du sollst mich doch nicht immer aufziehen«, bettelte Yang, »aber nun sag mal, woher weißt du das mit den Gewehren?« sagte er bittend.

Ich konnte es mir nicht verkneifen: »Die hingen doch dick und breit in der Hütte! Man merkt, daß du normalerweise wenig draußen bist und einfach viele Dinge übersiehst ... Wenn ich in der Natur bin, werden meine Sinne hell wach – vielleicht so eine Art rudimentäre Überlebensstrategie, die dann zum Vorschein kommt«, erklärte ich diesen Unterschied zwischen uns. Ob Yang schwieg, weil er beleidigt war, oder ob er nur nachdachte, konnte ich nicht ausmachen, denn mich mit den Körben auf den Schultern auch noch umzudrehen hieß, das Schicksal herauszufordern. Vor allen Dingen nicht vor den Augen der »Neuen«: Nebeneinander aufgereiht, hockten sie draußen vor der Hütte und hatten mich im Visier. Der bulligste von ihnen schob sich provozierend langsam an der Wand hoch, grinste dabei breit und machte eine beredte Geste als Anspielung auf meine Armmuskeln. Ich zeigte keinerlei Regung, während ich auf sie zubalancierte, spielte im Geiste aber blitzschnell die verschiedenen Möglichkeiten durch: Sein Grinsen konnte einfach nur »Hallo« bedeuten, oder aber er wollte einen schnellen Einstieg in eine Rauferei. Gelassen und ganz in Kohlenträgermanier ließ ich die Körbe neben der Tür zu Boden gleiten und rieb mir meine Schultern. Die Männer hatten ihre Positionen nicht verändert, nur ihr Gesichtsausdruck zeigte bares Erstaunen. Also doch Neugierde, entschied ich, und um sie vollends zu verwirren, ging ich forsch auf die drei Chinesen zu und hielt ihnen meine ausgestreckte Hand hin und sagte freundlich – extra auf deutsch: »Guten Tag und hallo!«

Sie waren verwirrt und sahen mich an, als sei ich vom Himmel gefallen. Stumm lächelte ich und dachte nicht dran, irgend etwas zu erklären. Yang sprang ein und fing an, mit ihnen zu sprechen. Ihre Mienen hellten sich zusehends auf, und Wißbegierde sprang förmlich aus ihren Augen. Der Bullige wiederholte ständig »Ho, ho, Germany, Germany« und schlug mir, sicherlich in freundschaftlicher Absicht, hart auf die Schulter. Da ich diese Vorstellungsprozedur bereits zur Genüge kannte und keine Lust mehr hatte, wie ein Wunderwesen beglotzt und angefaßt zu werden, mogelte ich mich abseits. Wo Li bloß mit den anderen blieb? Wahrscheinlich deponierten sie die Körbe im fließenden Wasser, um die Fische bis morgen frisch zu halten. Da die Sonne schon ziemlich tief stand, nahm ich nicht an, daß wir bei Dunkelheit unseren Rückmarsch antraten. Wie aufs Stichwort erschien der Koch, von oben bis unten schlammverschmiert. Ohne uns eines Blickes zu würdigen, murmelte etwas vor sich hin und verschwand schnurstracks in der Hütte. Schlagartig schlug die Atmosphäre um – das Gespräch verstummte, und mir schien es jetzt, als lägen die Männer auf der Lauer. Der Drahtige, wie ich den durchtrainiertesten von ihnen nannte, biß sich auf die Fingernägel und blickte mit leeren Augen zum Fluß; sein Interesse an mir war verflogen. Kleines Dach von Hundehütte hockte unruhig zwischen ihnen und überlegte, wie er sich am unauffälligsten entfernen könnte. Ich kam ihm zu Hilfe: »Yang, ich habe Hunger ... schauen wir mal, was der Koch treibt!«

Als wir eintraten, steckten der Fahrer und der Koch die Köpfe zusammen und flüsterten. Ich blieb in der Türe stehen, während Yang vorsichtig über den glitschigen Boden tapste, denn vor der Feuerstelle türmten sich die Fischleiber, und das heiße Fett sprotzte aus der Pfanne.

»Sag ihnen, ich helfe gerne beim Ausnehmen – als alter Hochseefischer, der ich einmal war!« bot ich mich an, denn ich hatte wirklich einen Bärenhunger.

»Wir nehmen nichts aus«, übersetzte Yang den Kommentar des Kochs – und damit landeten auch schon die ersten Barsche im siedenden Öl. Augenblicklich quollen Duftschwaden durch den Raum, die wir mit Freudenrufen quittierten. Ich setzte mich auf eine Pritsche ans Fenster und hielt das Schilf im Auge. Ob Li auf Abwege geraten war und dem Tiger nachspürte? Sogleich verwarf ich diesen Gedanken – zu viele Zeugen, fiel mir ein. Oder zögerte er das Zusammentreffen mit den dreien hinaus? Nein, der war nicht feige, entschied ich und horchte auf: Die Männer hinter der Wand hatten die Stimmen gesenkt, und gleich darauf hörte ich das Schilf rascheln.

Ob sie freundlich miteinander sprachen und sogar scherzten, konnte ich am Ton nicht heraushören, jedenfalls dauerte das Geplänkel eine ganze Weile. Der Fahrer hatte inzwischen Blechnäpfe auf dem Tisch verteilt – und sogar der Wodka fehlte nicht. Nach und nach füllte sich der Raum, die Männer verteilten sich auf die Pritschen oder setzten sich an den Tisch. Li hielt einen Stuhl neben sich frei und winkte mich herüber. Das Palaver begann, und alle redeten durcheinander. Ich hielt mich an Yang, dessen Mimik von einem Moment zum anderen wechselte – und wieder einmal bedauerte ich, daß ich außen vor blieb.

»Was sagen die denn so?« fragte ich ihn und versetzte ihm vorsichtshalber noch einen Stoß mit dem Ellenbogen, um mich in Erinnerung zu bringen.

»Li hat sich erweichen lassen; die drei essen mit uns, werden aber außerhalb der Hütte schlafen. Außerdem wollten sie wissen, wozu Li *dich* im Schlepptau hat«, sagte er und gab mir einen Blick, als wüßte er das selber gerne.

»Und – was hat Li ihnen geantwortet?« hakte ich nach, denn der offizielle Regierungsanlaß hatte sich ja von selbst erledigt.

»Du glaubst es nicht – er hat ihnen erzählt, du sollst den Wildbestand in dieser Gegend aufnehmen, damit Touristen hier jagen können!«

Jetzt war es an mir, große Augen zu machen, und amüsiert über diese Wendung, fragte ich mich, was wohl dahintersteckte. Ich war mir hundertprozentig sicher, daß die drei Burschen gnadenlos wilderten, um zu überleben, doch Li war ja nicht besser. Wildbestand aufnehmen... raffinierter Kerl, wollte er ihnen bloß angst machen und mich dazu benutzen, sie aus »seinem« Revier zu verscheuchen?

»Trink! Lange reicht der nicht mehr«, hörte ich Yang sagen, der mir die Wodkaflasche vors Gesicht hielt. Ich nahm einen tiefen Schluck und reichte sie an Sun weiter. Mit meinem Barsch war ich noch nicht viel weiter gekommen; die Innereien zu umgehen gestaltete sich als aufwendig. Die Mandschus hatten da eine wesentlich einfachere Methode, den Fisch zu verzehren: Mit einem einzigen Schnitt trennten sie das saftige Rückenfleisch ab – und schmissen den üppigen Rest den gierig lauernden Hunden zu. Verschwendungssucht, wie ich fand, denn der Berg Fische verschwand zusehends. Mit hochrotem Gesicht, von dem der Schweiß in Strömen herunterlief, hockte der Koch immer noch vor dem Feuer und schwenkte die Pfanne; zwischendurch stopfte er sich eilig den Mund voll und schüttete einen Schwall Wodka nach. Alkoholdunst, Tabakqualm und Ölschwaden machten die Luft zum Schneiden dick und lösten die Zungen der Chinesen. Worte und wildes Lachen flogen hin und her, heizten die Gemüter auf. Besonders der Bullige und Li schienen in einen Wettbewerb getreten zu sein.

»Die sprechen von dir!« flüsterte Yang mir zu. In diesem Augenblick fühlte ich eine Hand auf meiner Schulter – und sah hoch. Das Kinn ölverschmiert, im Mundwinkel eine russische Zigarette, blickte mich der Bullige mit unergründlichem Ausdruck an. Mich beschlich ein kribbelndes Gefühl.

»Was will der von mir?« fragte ich und merkte, daß der Druck auf meiner Schulter nachließ. Yang beugte sich vor und antwortete: »Die haben eine Wette abgeschlossen, daß dich die drei im Armdrücken niedermachen!«

»Wette – Armdrücken – was ist der Preis?« überlegte ich laut.

»Drei Flaschen Wodka!« platzte Yang heraus und sah mich ehrfurchtsvoll an.

»Für jeden Sieg eine«, spottete ich, und mein befreiendes Lachen löste die angespannten Gesichter. Kaum hatte Yang mein Einverständnis übersetzt, flog sämtliches Geschirr in die Ecke, und bis auf mich sprangen alle von den Stühlen: der Kampf ging los!

»Ich fang mit ... dem da an«, sagte ich und zeigte auf den dritten der Versprengten, der mir am schmächtigsten erschien. Grunzend erhob sich der junge Kerl, schob demonstrativ die Ärmel seines Hemdes hoch und rutschte auf den Stuhl mir gegenüber. Wie eine Mauer schloß sich der Kreis der Zuschauer um uns, als wir beide gleichzeitig unsere Ellenbogen auf die Tischplatte knallten und sich unsere Finger umschlangen. Das erste Hin und Her war nur ein Taxieren der Kräfte des anderen. Ich hatte das bestimmte Gefühl, daß ich den hier auf die Platte zwingen könnte, und plante einen Überraschungsangriff, sowie ich das leiseste Nachlassen seines Druckes spüren konnte. Ich ließ ihn arbeiten, legte noch ein wenig zu, ohne bis an die Grenzen meiner Kräfte zu gehen – und lauerte. Die Mandschus gerieten in Wallung und ballten die Fäuste – dann hatte ich ihn! Für Sekunden hielt ich seinen Arm wie angenagelt auf dem Tisch fest, während mich aus seinen Augen die volle Wut traf. Langsam lockerte ich den Griff und tauchte aus meiner Versunkenheit wieder in die laute Wirklichkeit zurück.

»Anjim«, jubelte Yang, »du hast gewonnen! Hier, trink!« Mit der Geste eines Siegers übergab er mir den Wodka. Während ich noch die Flasche am Mund hatte, setzte sich der Bullige an den Tisch und stierte mich an. In Zeitlupe ließ ich die scharfe Flüssigkeit meine Kehle hinablaufen, um mich auf den Gegner »geistig« einzustellen; der würde nicht so leicht zu bezwingen sein, wenn überhaupt. Bereits nach den ersten Minuten merkte ich, daß der keinen Zentimeter nachgab, so fordernd ich auch drückte – seine fleischige Hand hatte die meine fest im Griff. Mit verbissenen Gesichtern hockten wir einander gegenüber und kamen keinen Schritt voran. Ich krieg' dich, suggerierte ich mir und nahm nur aus der Ferne wahr, wie Yang immer wieder »Anjim, Anjim!« rief. Es dauerte. Mach ihn psychisch fertig, sieh ihm direkt in die Augen, lenk ihn ab und dann ... Ich spürte die Energiewelle, die sich in meinem Körper aufbaute – und in meinen Arm schoß. Sein Mauern brachte nichts: brachial legte ich ihn um! Beim Aufknall seines Armes brach die Hölle los, und ich konnte gar nicht so schnell trinken, wie mir die Flasche an den Mund gesetzt wurde.

»Yang, sag ihnen, ich brauch' mal einen Moment Pause!« durchbrüllte ich die Geräuschkulisse, denn während sich die Mandschus freudestrahlend beglückwünschten, fluchten die anderen drei lauthals und gaben dem Drahtigen gute Tips, wie er es besser machen müßte. Warum nicht, schmunzelte ich in mich hinein, knetete genüßlich meinen Bizeps und demonstrierte Fingergymnastik; mehr als verlieren konnte ich nicht.

Das war ein ganz harter Bursche! Schon der Blick, mit dem er mich fixierte, ging mir durch und durch, und jeder im Raum konnte fühlen, daß er mich besiegen wollte. Dann packte er zu – dick und blau traten die Adern seines Armes hervor, und sein Bizeps sah aus wie eine Stahlkugel. Laß dir nicht am Selbstbewußtsein kratzen, konzentrier dich, befahl ich mir. Keuchend hingen wir über dem Tisch und drückten uns die Seele aus dem Leib – keiner von beiden wich von seiner Position auch nur einen Millimeter ab. Plötzlich jedoch spürte ich ein Nachgeben, hauchdünn zwar, doch genug, um ihn eine Handbreite zur anderen Seite zu kriegen – und da blieben wir, volle zehn Minuten. Er gab nicht auf, streifte mein Gesicht mit haßerfülltem Blick. Der ist zäh, verdammt zäh sogar! Mucksmäuschenstill war es um uns geworden, alle warteten auf den entscheidenden Moment. Doch sosehr ich mich auch anstrengte, sein Arm schien wie festgewachsen. Die ersten Buhrufe ertönten, von wem, konnte ich nicht ausmachen, jedenfalls aktivierten sie meinen Willen – ich drückte bis an die Grenze zum Schmerz. Wirkungslos! Der hat zu kurze Sehnen, den kann ich gar nicht umlegen, erkannte ich plötzlich und wich mit meinem Ellenbogen minimal von der Tischplatte. Der Trick funktionierte, und vollkommen ineinander verkrampft, hielt ich seinen Arm flach auf dem Tisch. Das erwartete Gezeter begann ohne Übergang. Yangs Kopf schwirrte von einem zum anderen, und er versuchte herauszufinden, was eigentlich los war. Mein Gegner hatte sich zurückgelehnt und sah mich stumm an.

»Ich bin etwas vom Tisch abgekommen, und das gilt eigentlich nicht!« klärte ich Yang auf, der wohl versuchte, mich zu verteidigen. Nervös winkte er ab und redete auf Li ein. Plötzlich trat der Bullige dazwischen, und an seinen Blicken, die er abwechselnd auf mich und dann auf seinen Kumpan richtete, las ich ab, daß man es gutsein lassen sollte. Die Männer beruhigten sich allmählich und setzten sich auf die Pritschen. Dann übersetzte Yang: »Anjim, wir haben beschlossen, daß dein Sieg gilt. Du hast gekämpft wie ein Tiger!« bekräftigte er und sah mich stolzerfüllt an. Wie ein Tiger, der kurz in die Falle geraten war, setzte ich leise hinzu, und gerührt bedankte ich mich auf chinesisch, murmelte: »Che che.«

Meine Siegerprämie schob ich bis auf eine Flasche in die Mitte des Tisches und machte eine einladende Handbewegung, die allerdings unnötig war. Wie konnte ich diesen gierigen Augen um mich herum widerstehen?

»Das ist klug von dir, den Wodka *allen* zu spenden«, sagte Yang vertraulich und sah mir dabei zu, wie ich reichlich Alkohol über meine zerschundenen Beine kippte – die Parasiten rührten sich wieder.

»Trotzdem«, entgegnete ich und nahm einen kräftigen Schluck, »möchte ich den Burschen nicht unbedingt alleine in die Arme laufen…«

»So ganz allein sind wir hier nicht. Ich habe mitbekommen, daß am Hauptstrom des Ussuri auf russischer Seite ein Einsiedler lebt. Daher haben die Kerle auch Wodka und Zigaretten, und überdies liefern sie ihm im Winter Felle!« flüsterte er hinter vorgehaltener Hand.

»Nimm die Hand weg, Li schaut zu uns herüber«, zischelte ich und winkte mit den Augen. Verlegen kratzte Yang sich das Kinn und senkte den Blick auf die Tischplatte.

Mit zunehmender Dunkelheit und zunehmendem Wodkakonsum wurde es still in der Hütte. Yang hatte sich auf der Pritsche gleich neben mir ausgestreckt und schien bereits zu schlafen. Ab und an drangen die Stimmen der drei Versprengten durch die offenstehende Tür. Was für ein Tag war das gewesen! Durch das kleine Fensterviereck beobachtete ich den Nachthimmel, der sich mehr und mehr zuzog und das Funkeln der Sterne hinwegwischte.

5

Der Maral

»Keinen Mucks!« schärfte ich Dreibein ein und schlich auf Zehenspitzen hinüber zum Spind: Rucksack und Gewehr waren griffbereit. Gestern abend hatte ich mein Marschgepäck präpariert, um in aller Stille verschwinden zu können. Mit einem letzten Blick durchstreifte ich das Zimmer – und nickte befriedigt: Ich hatte alles dabei, was ich brauchen würde.

»Komm!« befahl ich dem Hund im Flüsterton, öffnete die Tür einen Spalt breit und ließ ihn vor mir hindurchschlüpfen. In dem Gang hing noch penetranter Fischgestank, vermischt mit dem Geruch ranzigen Bratfettes. Für einen winzigen Moment hielt ich inne: Noch war es ruhig im Haus bis auf die schnarchenden Seufzer, die dann und wann aus den Nebenzimmern drangen. Während ich mich vorsichtig zum Ausgang vorarbeitete, hatte ich Mühe, mein ungeheures Glücksgefühl im Zaum zu halten. Die werden sich wundern!, frohlockte ich und stellte mir die verdutzten Gesichter vor, wenn mich Yang zum Frühstück holen wollte und mein Zimmer leer vorfand. Ich verließ das Haus, schlich den Trampelpfad entlang und schlug den Wildwechsel in den Wald ein. Das Knacken kleinerer Äste unter meinen Tritten war der einzige Laut zu dieser frühen Stunde; selbst die Vögel hockten noch stumm in den Bäumen und schliefen. Zwar war es stockdunkel – die Morgendämmerung hatte noch nicht eingesetzt –, und doch wußte ich ziemlich genau, in welche Richtung ich marschierte. Nun zahlte es sich aus, daß ich mir jeden Weg und Steg, auf dem Li uns in die Umgegend geführt hatte, genau eingeprägt und in meinen Karten markiert hatte. Ich würde es finden – »das Tal der Marale«. Beim bloßen Gedanken an das Tal befiel mich die gleiche Aufgeregtheit wie schon vor Wochen.

Obwohl Li sich so sicher gewesen war, daß wir einen Maralhirsch aufspüren würden, hatten wir doch Stunden in der langgezogenen

Senke auf der Lauer gelegen, bis er endlich erschien. Hoch oben auf dem Kamm der Berge tauchte eine Silhouette auf, und gegen die tiefstehende Sonne zeichnete sich sein mächtiger Leib ab. Das Haupt, ganz in Siegerpose erhoben, krönte ein imposantes Geweih. Wie gebannt hatte ich hinaufgestarrt, gefesselt von diesem Anblick. Doch unerwartet hatte der Wind gedreht, und obwohl uns Hunderte von Metern voneinander trennten, bekam das Tier Witterung – und sprengte davon. Dieses Zusammentreffen war mir nicht mehr aus dem Sinn gegangen, und insgeheim hatte ich beschlossen, *allein* in dieses Tal zurückzukehren. Bevor ich mich jedoch gestern abend zu diesem Schritt entschlossen hatte, mußte ich meine letzten Skrupel überwinden. Li war sicher kein besonders liebenswürdiger Zeitgenosse, doch verantwortungsbewußt, das war er – und mein Verschwinden würde einigen Staub aufwirbeln.

»Dreibein, leg einen Schritt zu!« ermunterte ich den Hund, der weit zurückgefallen war. Beim Klang meiner Stimme verfiel er in einen humpelnden Laufschritt. »Du verstehst wenigstens Deutsch!« lobte ich ihn und wartete geduldig, bis er herangekommen war. Ihm zuliebe mäßigte ich nun mein Tempo, und allmählich tauchte ich in die Stille des Waldes ein. Tau lag noch auf den Blättern, und die Wiesen der kleinen Lichtungen schwitzten von der Verdunstungskälte der klaren Nacht. Vor Tagen hatte ich bemerkt, daß der Wind nun aus Norden kam – er brachte den Herbst mit und trieb viele Vögel Richtung Süden, in wärmere Winterquartiere. Noch zwei Monate, um Ende Oktober herum, dann würde der Winter in die Ussuri-Wildnis einziehen – und wir zurück nach Hantong fahren.

Während ich dem Pfad über die Hügel folgte, mich hin und wieder vergewisserte, daß Dreibein »bei Fuß« blieb, schweiften meine Gedanken ab, zurück zum Waldhaus. Wie ein Film spulten sich die Ereignisse der letzten Tage, die das Faß zum Überlaufen gebracht hatten, vor meinem Auge ab: Nach meinem Sieg beim Armdrücken in der Fischerhütte war ich in der Achtung der Mandschus beachtlich gestiegen. Das Gefühl tat mir gut, und ich fühlte mich endlich in ihren Kreis aufgenommen. Jeder gab sich Mühe, mit mir ein paar Brocken Englisch zu sprechen, während ich mit ein paar wenigen chinesischen Vokabeln glänzte. Mich ohne Dolmetscher verständigen zu können brachte Nähe in unser Zusammenleben. Abgesehen davon hatten wir immer wieder einen Grund, herzhaft miteinander zu lachen, wenn ein Ausdruck mal ganz danebenging. Mit einem Wort: Ich fühlte mich rundherum wohl! Und doch, ich hätte mich nicht in Sicherheit wiegen sollen: In dem Maße, wie unser Fischberg abnahm, änderte sich auch die Stimmung im Waldhaus. Nach einer Woche Völlerei, in der nur das saftigste Stück aus den Brassen und Karpfen herausgesäbelt und der Rest den Hunden zum Fraß vorgeworfen wurde, waren wir wieder bei Kohl gelandet. Mißmut und Langeweile kamen auf, und die Mandschus begannen schon nach dem Frühstück mit Kartenspiel und Wodka. Meistens waren sie gegen Mittag betrunken, und ihre Aggressionen entluden sich im Armdrücken mit mir. Lange hielt ich das ewige Gerangel nicht aus, konnte keinen Wodka mehr riechen und verzog mich, trotz ihres heftigen Protestes, immer öfter auf mein Zimmer. Es gab aber auch Tage, an denen wir uns vornahmen, auf die Jagd zu gehen, um endlich wieder Fleisch auf den Tisch zu bekommen. Jedoch blieb es bei bloßem Palaver, und der Wodkarausch siegte über das Jagdfieber. Ich versuchte einzugreifen, um die Mandschus aus ihrer Lethargie zu reißen – und erzählte aus meinem Leben als Jäger und Förster. Li hörte eine Weile durchaus interessiert zu, bis er wieder auf den Punkt kam, an dem sich unsere Geister schieden: *Hier* wird gejagt, um sich an Fleisch satt zu essen und Aphrodisiaka zu ergattern! Ethik und jagdliche Regeln provozierten ihren Unmut, mehr noch, es war jedesmal, als hätte ich eine Mine losgetreten: Beschimpfungen und Hohngelächter war alles, was ich erntete! Jeden Tag schien sich ihr Haß ein wenig mehr aufzubauen, und ich war zerrissen zwischen Flüchten und Standhalten. Yang war in dieser Zeit eine echte Stütze für mich, obwohl er alles daransetzte, neutral zu bleiben. Abends schlich er sich manchmal auf mein Zimmer und versuchte es im Guten: Er gab mir Nachhilfeunterricht im Umgang mit Aphrodisiaka! Doch mir gelang es einfach nicht, meine Aversion gegen jeglichen »Aberglauben« zu überwinden, und ich warb meinerseits um sein Verständnis. Als ich dazu eine Stelle aus einem Buch zitierte, die besagte: »Im Rohzustand hat dieses Volk seine vielfältigen und bizarren Vorstellungen vom Leben, durchzogen vom Kerntrieb Si, dem Eigennutz, dem Versuch, selbst noch mit den Göttern ein Geschäft zu machen und sich vor jeder Verantwor-

tung zu drücken. Das Volk hat keine innere Tendenz zur Tugend!«
nickte Yang zwar und schaute mich mit großen Augen an, doch ich
bezweifelte, daß er den Sinn der Worte begriffen hatte. Und er hatte
nichts von alledem verstanden – das zeigte mir der nächste Morgen.
Wie gewohnt, marschierte er zuerst in die Küche, bevor er an meine
Zimmertür klopfte, um mich zu wecken. Doch an jenem Morgen
war ich bereits hell wach, als ich seine Schritte auf dem Gang hörte,
und folgte ihm in die Küche. An den Türrahmen gelehnt, beobachtete ich, wie Yang einen kleinen Gegenstand aus der Hosentasche kramte, sich vom Koch ein Glas geben ließ und behutsam
etwas hineinlegte. Dann goß er heißes Wasser darauf – und wartete.
Zuerst dachte ich, er müsse Tabletten einnehmen, und da ich ihn
nicht brüskieren wollte, überlegte ich, unbemerkt zu verschwinden.
Doch die Art, wie er das Glas in beiden Händen hielt und darauf
stierte, hatte mich neugierig gemacht. Der Koch war über seine
dampfenden Töpfe gebeugt und bereitete pfeifend das Frühstück
vor. Jetzt bemerkte mich Yang, der andächtig winzige Schlucke der
klaren Flüssigkeit schlürfte, wobei sein Adamsapfel auf und ab
hüpfte. Geheimnisvoll blinzelte er mich an und setzte das Glas ab;
mit einem Anflug von Röte reichte er mir den Rest des mysteriösen
Trunkes. Auf dem Boden des Glases entdeckte ich eine hauchdünne
Scheibe: Wie ein zarter Opal wirkte die Struktur des aufgesägten
Knochens – nur der Streifen Fell außen herum störte mich. Yang ermunterte mich zu trinken – und ich trank. Reines Wasser war alles,
was ich schmecken konnte – und das sagte ich ihm auch. Nachdem
er seine Enttäuschung einigermaßen verwunden hatte, klärte er
mich auf, daß es sich um ein Amulett aus dem kostbaren Bastgeweih
eines Maralhirsches handelte. Der Trunk, allmorgendlich genommen, fördere die Potenz des Mannes. Unbeeindruckt, doch amüsiert erwiderte ich, daß potenzfördernde Mittel in der Wildnis nur
unnötige Schwierigkeiten brächten. Damit allerdings hatte ich mir
den letzten Freund vergrault. Für mich gab es nur noch die Flucht
nach vorn: Es mußte mir gelingen, Fleisch herbeizuschaffen!

»Dreibein!« zischelte ich und drückte den Hund zu Boden: Durch
das mannshohe Gestrüpp dort unten schaukelte ein kleines Geweih! Ohne uns bemerkt zu haben, zog der Maral durch »sein Tal«

und äste friedlich an den Gräsern. Wie steht der Wind? war alles, was ich denken konnte. Rasch leckte ich an meinem Finger und prüfte die Richtung – der Wind war ungünstig und würde unseren Geruch bald zu ihm tragen. Meine Routine siegte über meine Aufgeregtheit, und mit einem Blick erfaßte ich die Situation: Links und rechts der langen Senke zogen sich bewaldete Hügel hin. Da würde ich ihn zwar schlecht treffen ... sollte er aber das Tal entlang flüchten, würde ich zwischen all den Büschen und Laubbäumen bloß seine Geweihstangen zu sehen bekommen. Wie angewurzelt blieb ich stehen – und wartete ab. Lange konnte es nicht mehr dauern, bis der Hirsch gewarnt war. Fieberhaft überlegte ich, wie ich dem Tier dennoch beikommen konnte. Doch meine Ausgangsposition war denkbar schlecht: Um aus dem Wind herauszukommen, hätte ich das ganze Tal umschlagen müssen. Und selbst wenn ich vorsichtig pirschte – er würde mich mit Sicherheit hören. Unversehens hob der Maral den Kopf und sicherte. Ich hielt den Atem an und traute meinen Augen nicht: Das Tier äste ruhig weiter. Vielleicht hatte ich doch noch eine Chance. Behutsam stellte ich meinen Rucksack auf einem Moospolster ab und nahm das Gewehr von der Schulter. Als ich den Zielstock in den Boden bohrte, warf ich Dreibein einen warnenden Blick zu und ging in Anschlag – keine Sekunde zu früh. Der Maral hatte uns in die Nase bekommen und war alarmiert. Einen Moment verharrte er mit erhobenem Haupt – und jagte in Panik links von mir den Hang hinauf. Im Dickicht der Bäume und Büsche bekam ich seinen Körper immer nur für Augenblicke zu sehen. Trotzdem hoffte ich darauf, ihn irgendwann in voller Gestalt erwischen zu können. Ich fuhr mit der Waffe mit. Meter um Meter zog das Tier den Berg hinauf und entfernte sich damit immer weiter von mir. »Bleib stehen, verdammt noch mal«, fluchte ich leise, das Auge am Zielfernrohr. Tatsächlich, der Maral blieb stehen und äugte zu uns herüber. Jetzt hatte ich ihn! Unverdeckt von nur halbhohem Buschwerk, erschien sein Körper im Fadenkreuz; zweihundert Meter Distanz, das ist zu schaffen – und da brach auch schon der Schuß los! Durch das Tal hallte die Detonation, und ich sah, wie der Maral sich überschlug und den Hang hinunterstürzte. Äste knackten, das dumpfe Aufschlagen des mächtigen Tierkörpers ... er kam kurz auf die Läufe, brach jedoch sofort zusammen – und kugelte im wilden Fall talwärts. Auf einmal war es totenstill; ich hörte nur noch das harte Klopfen meines Herzschlages. Minuten verstrichen, und ich fing wieder an zu denken: Die Gruppe Erlen, dort ungefähr müßte er aufgekommen sein. Atemlos bahnte ich mir meinen Weg durchs Gestrüpp, und wirklich – fast genau an dieser Stelle lag der leblose Körper. Ich kniete mich neben den jungen Hirsch, der an die zwei Jahre alt sein mochte – es war mein erster Maral! Das Tier hatte glänzend braunes Fell, in dem bereits dichte Winterhaare wuchsen, und um seine Augen entdeckte ich eine schöne, graue Zeichnung. Er sah anders aus als die Hirsche in der Eifel – und doppelt so schwer war er. Das sah ich, als ich um das Tier herumging: Zweihundert Kilo Hirschfleisch würden sogar für die verfressenen Mandschus eine Weile vorhalten. Plötzlich vermißte ich den Hund; sicher hatte ihn der Knall völlig verschreckt. Ich machte einige Schritte zurück in die Richtung, aus der ich gekommen war, und rief laut seinen Namen.

Es dauerte, bis sich die Grasbüschel teilten und Dreibein angehumpelt kam.

»Du bist wirklich nichts für die Jagd!« bescheinigte ich ihm, doch er wedelte nur freudig mit dem Stummelschwanz und ließ sich in einiger Entfernung nieder; der tote Hirsch interessierte den Hund überhaupt nicht. Kim kam mir in den Sinn: Was für ein Theater würde meine Jagdhündin veranstalten; nur mit Gewalt wäre sie davon abzuhalten, sich auf den Maral zu stürzen. Ratlos sah ich mir den Hirsch an – sollte ich ihn hier an Ort und Stelle aufbrechen und zerlegen, um ihn Stück für Stück den langen Weg zurückzuschaffen? Allein die Vorstellung dieser Mühsal genügte, um zu beschließen, die anderen zur Hilfe zu holen. Aufbrechen sollte ich ihn aber schon, denn die Sonne hatte noch genug Kraft, um dem Fleisch zu schaden, also machte ich mich ans Werk. Erst beim zweiten Anlauf gelang es, das Tier auf den Rücken zu drehen; Schweiß tropfte mir auf der Stirn. Mit einem kraftvollen Schnitt öffnete ich die Bauchdecke bis zum Brustbein, schnitt dann den Hals auf bis zur Gurgel. Routiniert trennte ich die Speiseröhre von der Luftröhre und verschloß sie mit einem festen Knoten, damit das Fleisch nicht durch Verdauungsreste verunreinigt würde. Wiederkäuer stoßen ständig auf und würgen ihr Futter hoch, bis es endgültig im Labmagen landet. Das fehlte mir noch: Ich schieße meinen ersten Hirsch und schleppe verdorbenes Wildbret an! Ganz vorsichtig löste ich die Milz vom Pansen und zog ihn mitsamt der lange Speiseröhre durch den Brustkorb heraus. Der anderen Innereien entledigte ich mich, in dem ich sie einfach im hohen Bogen in die Büsche warf. Lungenlappen, Herz, Hoden und Penis landeten ebenfalls in der Wildnis. Nun brauchte ich bloß noch den Brunftfleck am unteren Bauch herauszuschneiden. Er roch stark nach Urin, da sich der Hirsch in der Zeit der Brunft permanent darauf bepinkelt; dieser Gestank sollte nicht ins Fleisch einziehen. Den geöffneten Maral wuchtete ich nun auf die Seite und sammelte Äste, um ihn abzudecken. Vorsichtshalber rupfte ich noch Grasbüschel aus, um den Kadaver vor den scharfen Augen der Greifvögel zu verbergen. Dreibein, der bisher still in der Sonne gelegen hatte, wurde unruhig und stellte sich auf.

»Genau, wir gehen! Trotzdem, du bist wirklich nur ein ganz normaler Hund. Kim hätte längst die Büsche durchforstet und alles Freßbare verschlungen – und wenn's sein müßte, sogar die Erde mit der Nase durchwühlt! Die hat etwas von einem Staubsauger, der das kleinste bißchen aufspürt und so wegschluckt!« Dreibein tat, als ginge ihn das alles nichts an, und gähnte ausgiebig. Ich warf einen letzten Blick auf das Tal, nahm rasch den ersten Hügel und paßte auf, daß mir Dreibein folgen konnte. Das Herzklopfen steigerte sich, je näher ich dem Waldhaus kam, doch gleichzeitig war mir ein wenig bang.

Die Türme waren das erste, was ich durch die Blätter sah – und ich fing an zu laufen. Noch bevor ich den Fuß der Treppe erreicht hatte, stand Li im Türrahmen: breitbeinig und grimmig!

»Yang«, brüllte ich, »komm übersetzen. Ich habe einen Hirsch geschossen!« Dabei sah ich Li freudestrahlend an. Er verstand zwar kein Wort, doch spürte er, daß etwas Besonderes vorgefallen war; seine Gesichtszüge glätteten sich. Ich genoß diese Minuten und setzte eine undurchdringliche Mine auf. Das verräterische Zucken um meine Mundwinkel konnte ich allerdings nicht verhindern.

»Anjim! Wo warst du?« Yangs Kopf tauchte hinter Li auf.

»Alles in bester Ordnung!« Ich wollte sie noch ein wenig schmoren lassen und nahm betont langsam Rucksack und Gewehr von der

Schulter. Das machte Li nervös; mir entging nicht der ärgerliche Unterton, mit dem er Yang ausfragte.

Ich hingegen wartete ruhig ab – bis es dann endlich aus meinem Dolmetscher heraussprudelte:

»Anjim, was ist passiert? Wo warst du? Warum bist du bei Nacht abgehauen? Weißt du nicht, daß Li große Schwierigkeiten bekommt, wenn du in der Wildnis verlorengehst? Wie konntest du das tun? Er wollte schon einen Suchtrupp losschicken!«

Da ich weder vorhatte, mir ein schlechtes Gewissen einreden zu lassen, noch mich zu verteidigen, ließ ich die Katze aus dem Sack:

»Sag ihm, daß ich im ›Tal der Marale‹ einen jungen Hirsch geschossen habe!«

Mißtrauen und Neugier waren in den Gesichtern zu lesen, und für einen Moment herrschte Stille.

»Pah!«

»Nix ›pah‹. So ist es!« Kurz und unmißverständlich bot ich Li Paroli. Es war das allererste Mal, daß *ich* mich in der besseren Position wähnte, und ich fuhr im gleichen Ton fort:

»Also, zweihundert Kilo Hirsch warten im ›Tal der Marale‹ auf uns, und ich schlage vor, daß wir zusammen das Fleisch abtransportieren!«

Endlich kapierten sie: breites Lachen und Augen, aus denen pure Abenteuerlust blitzte. Li lief zur Hochform auf und brüllte seine Kommandos ins Haus – für mich hörten sie sich an wie: Alle Mann an Deck, der große Catch wird eingeholt!

Johlen antwortete, und einer nach dem anderen stürmte zu mir heraus. Auf einen Schlag war ich umringt, wurde als Held gefeiert. Aller Haß schien vergessen, und ich hatte wieder das Gefühl, einer der Ihren zu sein. Als Herr Han, behangen mit Seilen und Körben, eilig über den Vorplatz kam, gefolgt von der aufgeregten Hundemeute, rissen ihm die Männer die Utensilien fast aus den Händen. Sie brannten darauf, den Zwei-Stunden-Marsch hinter sich zu bringen und den Maral zu Gesicht zu bekommen. Wie eine Horde fielen sie in die Ruhe des Waldes ein, waren uns in kürzester Zeit weit voraus. Yang, der sich neben mir auf dem Wildwechsel durch die Büsche schlug, berührte wie zufällig meinen Arm.

»Anjim, das hast du wirklich gut gemacht!«

»Ich mußte mir ja auch dringend etwas einfallen lassen ...«, dann lachten wir los – und es war ein befreites Lachen, das da tief aus unseren Kehlen kam. Als wir uns einigermaßen beruhigt hatten, beschleunigte ich meinen Schritt: Hinter dem nächsten Hügel mußte das Tal sein. Yang keuchte, doch er hielt mein Tempo. Rufe waren zu hören: Sie mußten den Maral entdeckt haben. Fast gleichzeitig rannten wir beide den Abhang hinunter, stolperten durch das Buschwerk zu der Stelle, wo sich die Mandschus bereits zu schaffen machten. Mit vereinten Kräften drehten sie den Hirsch auf den Rücken, als plötzlich betretene Stille einsetzte. Ich sah Li an, verstand nicht, warum er so entsetzt dreinschaute. Er hockte sich hin, klappte mit beiden Händen die Bauchdecke des Tieres auseinander und zeigte auf die leere Brusthöhle:

»Wo ist das Herz?«

»Das Herz?« Mein Stammeln schienen sie zu überhören.

Sun trat mit dem Fuß in den Tierkörper und schrie:

»Wo ist der Penis, wo sind die Hoden?«

Ich war einfach sprachlos: Langsam dämmerte es mir, daß ich einen Fehler begangen hatte, dennoch stieg kalte Wut in mir hoch, die mir den Mund verschloß.

»Anjim, wo hast du bloß all das gelassen?« riß mich Yang in die Wirklichkeit zurück.

»Irgendwo hier in die Büsche geworfen!« sagte ich lapidar und malte einen großen Kreis in die Luft.

»Bist du wahnsinnig! Wie kannst du das tun?« schleuderte er mir entgegen. In mir bebte es: »Das Zeug stank wie die Pest! Sollte ich das schöne Fleisch verderben lassen? Die Innereien *mußten* raus!«

Totenstille. Meine Unbehaglichkeit wuchs mit jedem Moment, daher beeilte ich mich zu versichern:

»Ist doch kein Problem – das finden wir alles wieder: Herz, Lunge, Pansen, Hoden, Penis!«

»Penis! Penis!« riefen die Männer, schlossen plötzlich einen Ring um mich und zupften wie wild an meiner Jacke.

»Hey, was ist denn mit euch los? Seid ihr übergeschnappt?« schrie ich dazwischen, obwohl die Situation auch etwas Lustiges hatte. Vor allem, wie schnell hatte sich das Blatt gewendet ...

»Anjim«, meldete sich nun Yang lautstark und hielt sogar meinen Arm fest: »Kann ich den Penis haben?«

»Du? Was willst du denn mit dem Penis, ist doch sowieso keine Frau hier!« verhöhnte ich ihn und prustete los.

»Anjim, ich meine das ernst! Ich kann ihn auf dem Schwarzmarkt verkaufen – dann können meine Frau und ich endlich heiraten!«

»Du hast eine Frau?«

Statt zu antworten, nickte er nur heftig mit dem Kopf. Zitternd vor Aufregung stand er vor mir und sah mich beschwörend an.

»Yang, laß das, du kommst bloß in den Knast ... das kannst du doch gar nicht – betrügen. Du doch nicht!« entgegnete ich.

»Ich will aber ... ich brauche das Geld. Bitte, Anjim!«

Mit Spannung hatten die anderen unseren Wortwechsel verfolgt. Als ich nichts mehr erwiderte, Yang keine Silbe in ihre Sprache übersetzte, besannen sie sich und schwärmten aus in die Büsche. Li wurde als erster fündig – er fand den Penis und schwenkte die Trophäe durch die Luft. Dann kam er auf mich zu, um mir vierzig Zentimeter schlaffen Muskel zu offerieren.

»Was soll *ich* damit? Ich will ihn nicht!«

Ungläubig wanderte sein Blick von mir zu dem Penis in seiner Hand. Dann jedoch ging eine Änderung in ihm vor: In seine Augen kam ein eigenartiger Glanz. Plötzlich rebellierte mein Gerechtigkeitssinn. Ich hatte den Maral geschossen, also bestimmte auch ich, was mit ihm geschah! Entschlossen tat ich einen Schritt nach vorn und legte meine Hand auf die Kostbarkeit und verkündete mit Blick auf Yang: »Den könnt ihr in gleiche Stücke teilen, dann hat jeder etwas davon!«

Des einen Leid, der anderen Freud. Ich jedenfalls fand meine Entscheidung salomonisch, auch wenn Lis grimmiger Gesichtsausdruck eine andere Sprache sprach. Doch er fügte sich, und während er den Penis aus der Hauthülle herausholte, ihn sorgfältig mit dem Messer entfettete, sagte er, daß erst im Waldhaus geteilt würde. Sun hatte inzwischen unter lautem Freudengeschrei die Hoden aufgespürt und deponierte sie neben dem Penis auf der Erde. Im stillen amüsierte es mich, mit welcher Ehrfurcht die Brüder ihre »Beute« betrachteten. Als fühlte Li sich von mir ertappt, kniete er sich neben den Kopf des Tieres und begann, das Schmalz aus den Augen zu drücken. Sorgsam strich er die Masse in einen kleinen Lederbeutel.

»Was macht der denn mit dem Bezoar?«

»Für seinen Sohn, damit er wächst!« antwortete Yang; anscheinend kannte er sich aus, er, der von Jagen und Erlegen keine Ahnung hatte. Wieder einmal war es an mir, überrascht zu sein.

Plötzlich hörten wir wütendes Schimpfen: Wie ein Rächer stand Sun inmitten des Tales und hielt anklagend das blutige Herz hoch. Aus der riesigen Aorta, die noch mit den Lungen verbunden war, tröpfelte Blut. Yang wurde kreidebleich, und Li, hoch aufgerichtet, starrte auf seinen Bruder.

»Was habe ich denn jetzt schon wieder falsch gemacht?« fragte ich entnervt; langsam wurde mir dieses Theater zuviel.

»Das Herzblut! Sun versteht nicht, warum du die Aorta nicht abgebunden hast, damit das Blut in den Kammern bleibt. Die Männer wollten das Blut trinken!« wütete Yang.

»Trinken? Wozu?«

»Anjim, wer das Blut aus dem Herzen trinkt, nimmt die ganze Kraft des Tieres in sich auf!«

Er hatte fast mit Engelszungen zu mir gesprochen. Ich aber stöhnte nur leise auf. Sun kam heran, in Begleitung des Fahrers und des Kochs, und legte seinen Fund ins Gras. Säuberlich trennte er die Lungenflügel ab, machte dann einen tiefen Schnitt in das Herz. Mit eigenen Augen konnte ich mich davon überzeugen, daß die Gefäße so gut wie leergelaufen waren. Die Mandschus fluchten, schauten mich wütend an. Plötzlich beugte sich Sun über das Herz und saugte schmatzend den Rest des kostbaren Rots aus. Mich würgte es.

»Eigentlich stünde es dir zu, diese Kraft zu trinken!« sagte Yang. Beneidete er Sun? Mit Befremden schaute ich auf die blutverschmierten Lippen.

»Das ist schon in Ordnung«, beeilte ich mich zu sagen und unterstrich meine Worte mit einer wahrhaft generösen Handbewegung. Eigentlich hatte ich erwartet, daß man mir meine Verlegenheit ansah, doch die Chinesen schienen eher dankbar zu sein; also wurde ich wieder mutiger: »Aber gut rauspräpariert war es, oder? Ein Chirurg hätte bestimmt seine Freude dran gehabt!« Doch außer mir schien niemand meinen Scherz zu verstehen.

»Wir müssen den Maral woandershin bringen, um ihn zu zerlegen!« mischte sich Li im üblichen Befehlston ein. Ich gab ihm recht, denn dort, wo der Hirsch den Abhang heruntergestürzt war, lag er in krautigem Sumpf. Ohne lange zu zögern, suchte er die umstehenden Eschen ab und schnitt in Windeseile kräftige Äste zurecht. Wir anderen entwirrten inzwischen die Seile. Entschlossen, mein Können unter Beweis zu stellen, griff ich eines der Taue und begann, die Vorderläufe des Tieres zusammenzubinden.

»No, no!«

Sun riß mir das Seil aus den Händen und schlang es vorne um den Bauch des Hirsches. Der Fahrer sprang hinzu und brachte das zweite Seil am hinteren Teil des Leibes an. Als Sun Kopf und Geweihstangen an der Seilkonstruktion befestigte, mußte ich grinsen: Der Hirsch war verschnürt wie ein Postpaket.

»Meinst du, wir können den überhaupt von der Stelle bewegen?« Yang legte seine Stirn in Falten.

»Na klar«, sagte ich nur und sah Li zu, wie er die Stangen durch die Seile schob: Die Mandschus wollten den Hirsch in aufrechter Position wegtragen, damit der Rücken nicht durch den Busch schleife und den Transport noch erschwere.

»Wir beiden sollen an die hintere Stange«, kommandierte mich Yang und stellte sich in Position; unglücklich schaute er drein.

»Jetzt kommst du ans Arbeiten!« witzelte ich – und packte beherzt mit an. Das hier war nichts für einen feingliedrigen Dolmetscher aus Peking, aber den Penis wollte er haben. Ich mußte lachen: »Ich habe mir gerade vorgestellt, wie du an einer Ecke des Platzes des Himmlischen Friedens stehst und den Vorbeihuschenden zuwisperst: Penis, schöner Penis. Wollen Sie vielleicht ein kleines Stückchen – bloß tausend Dollar das Gramm?«

Yang verzog keine Miene, warf mir einen seiner beredten Blicke zu und konzentrierte sich auf seine Füße. Man mußte wirklich genau hinschauen, wo man hintrat, um in dem filzigen Buschwerk nicht zu stolpern. Außerdem war Gleichschritt angesagt, denn der Koch und der Fahrer waren ans äußerste Ende unserer Stange beordert worden. Der Maral schaukelte bei jedem Schritt, fast so, als liefe er zwischen uns. Die Brüder legten ein beachtliches Tempo vor und führten uns immer weiter in das Tal hinein. Nach ungefähr einem halben Kilometer stießen wir auf die steinübersäte Fläche eines ausgetrockneten Bachlaufs. Der kennt hier wahrhaftig jedes Fleckchen, schoß es mir durch den Kopf.

»Ho!« rief Li, was soviel hieß wie: Genau das ist der richtige Ort für unsere Arbeit. Sichtlich erleichtert, massierte sich Yang die Schulter, während wir anderen die Seile lösten; dann drehten wir mit vereinten Kräften das Tier auf den Rücken. Es konnte losgehen.

»Laßt mich den Hirsch aus der Decke schlagen, ihm sozusagen das Fell über die Ohren ziehen!« schlug ich vor und zog mein Jagdmesser aus der Scheide. Unzählige Male hatte ich dieses Handwerk schon ausgeübt und hoffte, daß meine Routine den Mandschus imponieren würde. Doch als ich zum Schnitt ansetzte, drängte mich Li plötzlich zur Seite und schüttelte den Kopf.

»Die Mandschus machen das nicht so!« warf Yang ein. Ich war empört über diese neuerliche Zurückweisung, doch gleichzeitig auch neugierig, was sie wohl anders machen würden – und trat zur Seite. *Durch das Fell* hindurch lösten die Messer die kiloschweren Keulen heraus, trennten die Läufe ab, zerteilten den Körper in Windeseile. Sun präparierte den Kopf heraus – Schulterblatt, Kopf und Geweih blieben dabei ein Stück! Ich hingegen hätte Kopf und Schulter voneinander getrennt und auch noch das Geweih abgesägt. Mit geschickten Schnitten legte der Koch die Rückenstränge frei, um sie Yang wortlos über die Schultern zu legen. Es dauerte einen Moment, bis dieser seine Hände endlich auf das nackte Fleisch legte und sich die Portion zurechtschob. Lis Kommandos waren kurz: Wortlos packte sich jeder seinen Teil auf und folgte ihm durch das Tal zurück in den Wald. Auf meinem Rücken schaukelte der Kopf mit dem sperrigen Geweih, meine Hände hielten das Schulterblatt.

»Hast ja Glück, daß du nur die Rückenstränge tragen mußt!« sagte ich zu Yang, der vor mir her auf dem schmalen Wildwechsel ging.

»Blutig genug!« entgegnete er und zog eine Grimasse.

»Stimmt! Deine Jacke ist schon durchtränkt. Damit würdest du auf dem Schwarzmarkt in Peking aber keinen guten Eindruck machen. Die denken noch, du hast einen umgebracht – oder bist ein Wilderer!«

»Anjim, laß das!« begehrte er auf. Es machte mir doch immer wieder Spaß, ihn zu provozieren.

Zwei Stunden Rückmarsch durch den Wald ließen die Männer immer wortkarger werden; die Last drückte schwer auf die Schultern. Immerhin, wir würden für eine ganze Weile Fleisch zu essen haben – und damit hoffentlich auch Frieden im Haus!

Das gurgelnde Geräusch von Wasser riß mich aus meinen Gedanken.

»Der Bach ... wir haben es fast geschafft!«

»Ich kann auch bald nicht mehr«, sagte Yang und schnaufte demonstrativ.

»Übrigens, aus dem, was du gerade schleppst, will ich einen Riesenlappen Filet – und zwar am Stück!«

»Aha!« kam es trocken zurück.

»Ich weiß, für euch Chinesen besteht der Genuß ausschließlich in Kleingehäkseltem«, konterte ich bissig.

»So ist es. Das ist nun einmal so Sitte in China!«

»Leider«, knurrte ich. »Bei uns in Deutschland braucht man etwas, in das man die Zähne kraftvoll hineinschlagen kann, zubeißen, weißt du, etwas, an dem man richtig zu kauen hat!«

»Ich verstehe«, sagte Yang, was ich jedoch bezweifelte.

Sein Tonfall war von distanzierter Höflichkeit, und meine Gelüste waren sicher die schiere Barbarei für ihn. Ich ließ es dabei bewenden und widmete mich dem Flüßchen: Strudel hatten sich um die abgeschliffenen Flußsteine gebildet, in denen sich Äste und dünne Stämme drehten. Vorsichtig stapfte ich von Stein zu Stein, um trockenen Fußes durch den Bach zu kommen. Vor mir, am anderen Ufer, erklomm Yang die rutschige Furt hinauf zum Wildwechsel; er strauchelte einige Male, fing sich jedoch immer wieder. Mir erging es nicht besser, dazu verhakten sich noch die Geweihstangen in dem dichten Gestrüpp, das bis in den Pfad hineinwuchs.

Hundegebell: Der erste von uns hatte das Waldhaus erreicht. Stolz und Freude loderten wieder in mir auf, und ich legte an Tempo zu. Als ich den Waldpfad verließ und auf den Vorplatz zumarschierte, sprangen die Hunde laut kläffend zwischen uns Männern hoch. Es hagelte derbe Fußtritte, denn die Hunde waren außer sich und versuchten, im Sprung an das blutige Fleisch zu gelangen. Sogar Dreibein hatte eine Attacke gewagt, die allerdings völlig mißglückte.

»Kriegst nachher was Leckeres von mir!« sprach ich beruhigend auf ihn ein, und Dreibein verstand – zumindest gab er Ruhe und humpelte aus der Gefahrenzone. Schon im Gang empfing mich Tumult: Alle Mann standen zusammengepfercht in der Küche, redeten durcheinander und lachten. Ich hatte kaum Platz, mich zwischen sie zu drängeln und meine Fuhre auf die Fliesen klatschen zu lassen. Zufrieden besah ich mir mein Werk: Der Fleischberg konnte sich sehen lassen!

»Anjim, du hast uns Reichtum gebracht!«

»Mit dem mickrigen Häufchen da?« Dabei zeigte ich auf die freigelegten »Potenzteile«. Yang nickte. Für einen Moment überlegte ich, ob ich nachfragen sollte, wieviel Yüan sie für das Aphrodisiakum einheimsen würden, entschied mich aber zu schweigen. Statt dessen half ich dem Koch dabei, die Keulen aus dem Fell zu schneiden. Li arbeitete neben mir: Er entfettete schon wieder den Penis – und zwar mit unendlicher Hingabe. Wieder und wieder strich er mit dem Messer selbst allerkleinste Spuren von dem Glied. Vor meinem geistigen Auge stapelten sich eher Koteletts, Steaks und saftige Braten. Mit einem Mal wurde es laut in der Küche: Die Männer stellten sich im Kreis um Li, der mit dem Aufschneiden des Penis beschäftigt war – und kommentierten anscheinend jeden seiner Schnitte. Amüsiert beobachtete ich ihre Gesichter, auf denen sich blanke Freude spiegelte. Außer Yang schienen alle zufrieden zu sein.

»Was machst du denn für ein Gesicht?«

Er zögerte, wurde verlegen.

»Was ist los?« hakte ich nach.

»Mir gibt er das kleinste Stück!« preßte Yang hervor – und in seinen Augen standen tatsächlich Tränen. Dieses Schlitzohr! Ob ich einschreiten sollte ... schließlich hatte ich auf meinen Anteil verzichtet, und dadurch bekam ohnehin jeder mehr. Doch es war zu spät: geschnitten ist geschnitten. Während Li einem nach dem anderen seinen Anteil aushändigte, hatte ich einen Entschluß gefaßt:

»Ja, hätte ich das gewußt ... In Deutschland habe ich so an die dreißig Hirsche geschossen – dreißig – und außer dem Fleisch und den Geweihen nichts genutzt! Unglaublich, welchen Reichtum ich habe verrotten lassen.«

Noch während Yangs Übersetzung trat Schweigen ein, und ich wußte, daß ich etwas Falsches gesagt hatte. Sie bestürmten Yang, warfen mir wütende Blicke zu, der Koch spuckte sogar aus vor mir! Ich war zu weit gegangen, und statt Yang hilfreich in die Seite zu springen, hatte ich ihn nur trauriger gemacht.

»Anjim, weißt du, daß ein Hirsch *zwei Jahresgehälter* wert ist?«

Ich wand mich, überlegte fieberhaft, wie ich da wieder rauskommen konnte – und beeilte mich zu versichern: »Damals kannte ich euch ja noch nicht, sonst natürlich ...« Als die Worte im Raum standen, wurde mir ihre Fadenscheinigkeit bewußt. Doch zu meiner Überraschung ebbten die Boshaftigkeiten ab, und die Mienen hellten sich auf. Li griff als erster wieder zum Messer und begann, die Sehnen aus den Läufen herauszupräparieren. Auch Sun hatte sich besonnen und löste die Schalen aus den Hufen, der Fahrer sägte das Geweih ab, und der Koch machte sich an den Drüsen zu schaffen. Eine Weile schaute ich ihnen zu und war beeindruckt von der Akribie, mit der die sonst eher schludrigen Männer arbeiteten. Vor allem aber faszinierte mich, daß sie jedes Teil des Tieres ausschlachteten. Plötzlich wollte ich auch meinen Anteil, zwar nicht als Wunderheilmittel, sondern schlicht als Schmuck.

»Ich nehme mir die Grandeln, die Eckzähne!« sagte ich in die Stille hinein und fuhr mit dem Finger in das Maul des Marals. Li sah mich groß an, grinste. Anscheinend waren die Zähne das einzig Wertlose, und sie waren froh, daß ich sonst nichts beanspruchte. Mir war es egal. Yang hockte sich neben mich und sah zu, wie ich die Zähne aus dem Kiefer brach.

»Was machst du damit?« wollte er wissen.

Ich hielt ihm einen dieser flachen, abgerundeten Zähne hin, die wie Perlen aussahen, und machte ihn auf die schöne Färbung aufmerksam – Ringe in Braun, Weiß und Gelb.

»Wir setzen sie in Fingerringe oder Anstecknadeln ein.«

Yang nickte, nahm einen Zahn in die Hand und gab meine Erklärung weiter. Die Mandschus kicherten, blickten sich verstohlen an. Sollten sie nur – ohne mich aus dem Konzept bringen zu lassen, arbeitete ich weiter. Natürlich hätte ich mir auch einfallen lassen können, daß wir die Zähne unters Kopfkissen legen, um böse Geister fernzuhalten, doch das wäre wieder ein Affront gegen Yang gewesen. Ich schwieg also und genoß unser gemeinsames Tun. Der Koch ließ Wasser in den Kessel laufen, und während er die Teeschalen bereitstellte, begann auch schon der Fahrer damit, die äußerste Spitze einer Geweihstange abzusägen. Eifrig raspelte er den Knochen zu Pulver und gab es in das sprudelnde Wasser. Yang hatte mitbekommen, wie interessiert ich zugesehen hatte.

»Das gibt einen ganz besonderen Tee!« sagte er geheimnisvoll.

»Das glaub' ich unbesehen!« entgegnete ich. Doch mich interessierte mehr das Praktische, zum Beispiel die vielen Fliegen, die sich auf dem Fleisch niedergelassen hatten. Wie könnte man das Fleisch am besten konservieren? Immerhin gab es einen Vorratsraum mit Fliegengitter. Dann hatte ich die Idee!

»Außer daß ich heute ein superdickes Steak möchte – und zwar in einem Stück«, sagte ich und sah dabei den Koch auffordernd an, »könnte ich vor dem Haus einen kleinen Räucherofen aus Steinen bauen, mit Sand und Lehm verschmieren und das Fleisch zwei Tage in den Wacholderrauch hängen. Danach könnten wir es in der Vorratskammer lagern – und hätten wesentlich länger von dem Hirsch. Was haltet ihr davon?«

»*Das* kannst du?« Li war hellhörig geworden und ließ sein Messer sinken. Fast körperlich spürte ich, wie sich Anerkennung im Raum breitmachte.

6

Verrat

Aufgereiht wie an einer Perlenschnur, stiegen Blasen in dem moorigen Wasser hoch. Selbst im seichten Uferbereich des Sees war es derart trübe, daß sich die Fische nur durch dieses äußere Zeichen verrieten; beim Aufwühlen des Grundes nach Nahrung lösten sie die verräterischen Hinweise aus. Uns nützte das jedoch nichts. Seit einer ganzen Weile hielt jeder seine selbstgebastelte Angel ins Wasser, den kräftigen Haken bestückt mit einem saftigen Regenwurm, und hoffte darauf, daß endlich ein kapitaler Wels oder ein Karpfen den Fehler seines Lebens beging. Wenige Meter neben mir hockte Yang und starrte unverwandt auf den Schwimmer, der vor sich hindümpelte. Hin und wieder gellten die Rufe der Adler durch die herbstliche Luft, und ein leichter Wind fuhr raschelnd in den gelb verfärbten Blätterwald. Mir gefiel die Stille, und es tat gut, den Blick frei schweifen zu lassen. Drei größere Teiche lagen eingebettet in der sumpfigen Ebene, und obwohl sie von Bächen und Rinnsalen gespeist wurden, die kristallklares Wasser führten, waren sie moderig.

»Ho, ho, ho!« rief der Koch auf einmal; er zappelte vor Aufregung. Mit einem kräftigen Schwung zog er seine Angel aus dem Wasser, holte rasch die Schnur ein und besah sich seinen Fang. Enttäuscht ließ er das Ganze fallen und brüllte zu Li hinüber.

»Was hat er?« fragte ich. Yang verfolgte lachend den Wortwechsel: »Der hat keine Lust mehr. Holz hat er gefischt, und sein Regenwurm ist schon wieder abgefallen.«

»Die Fische sind einfach nicht in Beißlaune!« frotzelte ich und begann ebenfalls die Schnur einzuholen. Ich würde es weiter zur Mitte hin versuchen, dort wo die Blasen jetzt vermehrt aufstiegen. Mit Blick nach hinten holte ich zum Wurf aus – doch dann fror meine Bewegung in der Luft ein: eins, zwei, drei Schüsse! Wie Granaten detonierten die Kugeln im See, und augenblicklich schossen braune Wasserfontänen hoch. Entgeistert sah ich zu Li, der langsam das Gewehr sinken ließ und die Wasseroberfläche beobachtete. Wozu hatte er ins Wasser geschossen? Ich konnte mir keinen Reim darauf machen und folgte neugierig seiner Blickrichtung. Dann tat sich etwas: Ich meinte sogar das »Plopp« zu hören, mit dem ein kleiner Karpfen auftauchte. Bäuchlings trieb er auf den Wellen, schlug zaghaft mit dem Schwanz. Ich glaubte es nicht! Lauthals meldete sich der Fahrer zu Wort und zeigte auf eine andere Stelle im See, an der sich Blasenketten zeigten. Sofort riß Li das Gewehr an die Schulter, zielte und feuerte sein Stakkato ab. Dieses Mal hatte ich genauer hingeschaut: Vierzig Zentimeter vor der ersten Blase gingen die Kugeln ins Wasser, und es dauerte keine zwanzig Sekunden, bis der nächste Fisch bauchoben schwamm. Dieser ausgebuffte Hund! Er konnte sogar die Geschwindigkeit und Tiefe einschätzen, mit der sich der Fisch am Grund vorwärtsbewegte. Durch die Unterwasserexplosion platzte dem Fisch die Schwimmblase und trieb ihn nach oben. Inzwischen hatten wir die Angeln beiseite geworfen, waren auf Jagd nach den aufsteigenden Blasen. Doch die Zeitabstände wurden immer größer, da die Explosionen die Fische vertrieben, zumal sich Li auf einen Radius von fünfzehn Metern vom Ufer aus beschränkte, da nur dann seine Methode erfolgreich war.

»Brutal, aber wirksam, Fische mit dem Gewehr zu jagen... ich wäre nie auf diese Idee gekommen!« konnte ich mir nicht verkneifen zu sagen. Die Mandschus brachen in Gelächter aus und sahen kopfschüttelnd zu mir herüber, während sie versuchten, die treibenden Welse und Karpfen mit einem Ast ans Ufer zu ziehen. Für mich gab es nichts zu tun, da die meisten Fische zur Seemitte hintrieben, und ich fragte mich, wie wir an sie herankommen wollten. Anscheinend hatte keiner so rechte Lust, in dieses Sumpfwasser zu steigen. Als hätte jemand einen guten Witz gemacht, fingen plötzlich wieder alle an zu lachen – außer mir und Yang. Mich machte das unruhig: »Könntest du mir mal übersetzen, worum es hier geht?«

Yang zögerte, dann sagte er fast entschuldigend: »Anjim, das war nicht klug, Li zu kritisieren. Die machen sich über dich lustig – über die ›Weißhaut‹, sie wollen, daß du die Fische rausholst.«

Leise stöhnte ich vor mich hin: Da hatte ich ins Fettnäpfchen getreten – und schon fielen sie wieder über mich her!

»Kein Problem!« rief ich in Lis Richtung und begann mich auszuziehen.

Erstaunlich warm war das Wasser, während ich langsam in den See hineinging. Bei jedem Schritt wühlte ich Faulgase im schlammigen Grund auf und fühlte, wie die Blasen an meinen Beinen hochblubberten. Die Brühe war durchsetzt mit winzigen Partikeln, und dicht über der Wasseroberfläche surrte es nur so vor Insekten. Das hatte ich vom Ufer aus nicht gesehen, dennoch marschierte ich weiter zur Seemitte. Rufe tönten über den See, Gekicher folgte. Ohne darauf einzugehen, packte ich die Welse und Karpfen in den Kiemenbögen und zog sie hinter mir her zum Ufer. Verdammt! Brennender Schmerz durchfuhr mich: Verschreckt ließ ich die Fische los und rieb die schmerzende Stelle.

»Anjim, was hast du?« hörte ich Yangs besorgt klingende Stimme.

»Irgend so ein verdammtes Vieh hat mich gestochen! Wer weiß, was hier alles drin schwimmt«, brüllte ich zurück. Herzhaftes Lachen vom Ufer – anscheinend amüsierten sich die Mandschus gut auf meine Kosten. Mich ärgerte es, mir diese Blöße gegeben zu haben, und ich versuchte, das immer stärker werdende Kribbeln an den Beinen zu ignorieren. Beherzt griff ich mit beiden Händen nach einem Karpfen und warf ihn im hohen Bogen ans Ufer. Einige Schwimmstöße, dann hatte ich einen Wels, der platschend im seichten Wasser landete. Mit zusammengebissenen Zähnen ertrug ich die Angriffe der Insekten unter Wasser. Mit der Zeit war mir, als würden sich die Tiere unter meine Haut schrauben, doch ich kratzte mich nicht, wollte das hier erst zu Ende bringen. Danach würde ich mich um meine Wunden kümmern. Zwischen meinen Würfen unterdrückte ich mein Stöhnen, so gut es eben ging, und wirbelte fast panisch durchs Wasser. Ich kämpfte mit den glitschigen Fischen, die ich allmählich verfluchte, schlug mir auf die Oberschenkel, um die frischen Bisse zu betäuben. Auf die Mandschus am Seeufer achtete ich längst nicht mehr. Vollkommen außer Atem schmiß ich den letzten Fisch aufs Trockene – und hatte nur noch einen Gedanken: Raus aus dieser unheimlichen Sumpfbrühe. In Riesensätzen hechtete ich zurück ans Ufer. Yang stürzte mir entgegen, völlig aufgeweicht: »Anjim, das war ja schrecklich!«

Meine Zähne hatten sich so fest in meine Unterlipppe gebohrt – ich brachte meinen Unterkiefer nicht mehr auseinander, um zu antworten. Es war auch nicht nötig: Dicke Beulen, rot angelaufen in den Kniekehlen, Einstiche überall auf der Haut und Blutegel, die voll mit meinem Blut herabhingen.

»O Mann, ich glaub', ich hab' mir was eingefangen«, jammerte ich und schrabbte eilig mit der Messerklinge die Parasiten von meinem Fell. Es tat höllisch weh, doch war das nichts im Vergleich zu den Schmerzen in den Kniebeugen; die Haut schwoll weiter an, zum Zerreißen gespannt, und tief innen pochte es wie wild. Stillzustehen und meine Haut zu bearbeiten kostete mich alle Mühe. Zittern durchflutete meinen Körper. Die anderen kamen heran. »Du ißt nicht genug Knoblauch!« übersetzte mir Yang Lis einzigen Kommentar, nachdem er sich meine Beine angesehen hatte.

»Wenn ihr doch wißt, was hier kreucht und fleucht, wieso schickt ihr *mich* ins Wasser, ihr Schweine!« zischte ich, während ich hastig in meine Schuhe stieg. Mit einem Griff schnappte ich mir meine Hose – und fing an zu rennen.

»Ich brauche Wodka, ich halte das nicht mehr aus!« brüllte ich nach hinten und lief los, als sei die gesamte Dämonenwelt hinter mir her. Ohne weiter auf den Weg zu achten, rannte ich querfeldein, spürte mit Erleichterung, wie die kühle Luft meinen Schmerz linderte. Bloß nicht anhalten, weiter... hämmerte es pausenlos in meinem Kopf – und ich lief, hatte den Eindruck, daß meine Augen vor Anstrengung fast aus dem Kopf quollen, doch ich stoppte nicht, rannte einfach weiter, hörte den Bach, platschte in Riesensätzen hindurch, nahm die Anhöhe und strauchelte den Wildwechsel entlang, bis ich endlich beim Waldhaus war.

»Aus dem Weg!« raunzte ich Dreibein an, der zur Begrüßung anhumpelte und sich an mich drücken wollte. Mit letzter Kraft jagte ich durch den Gang zum Eßraum: Die Wodkaflasche stand noch auf dem Tisch, und es bedurfte nur eines Griffes, dann strömte das Antiseptikum über meine malträtierten Beine. Rasselnder Atem entrang sich meiner Brust, und ich zitterte wie Espenlaub. Dann ließ der Schmerz nach – und damit legte sich auch allmählich meine Panik. Die Flasche noch in der Hand, humpelte ich zu meinem

Zimmer. Behutsam legte ich mich auf das kalte Bettlaken und goß mir Wodka durch die Kehle. Mein Körper zuckte unkontrolliert, und ich spürte noch, wie ich das Bewußtsein verlor.

Verzweifelt ringe ich nach Atem – die Luft hier oben ist so dünn, daß ich meine, ich müßte doppelt soviel davon aufnehmen, um den notwendigen Sauerstoff zu erhalten. Doch mit der Zeit gewöhne ich mich an die extremen Verhältnisse auf dem »Dach der Welt«. Der Himmel ist in das zarteste Blau getaucht, das ich jemals zu Gesicht bekommen habe. Vielleicht ist es auch bloß der Kontrast zu den schneebedeckten Kuppen und Gletschern des Himalaja, die mir diese Illusion vorgaukeln. Der Königspalast des Mir ruht am Fuße des grauen Felsens. In unzählige Falten gelegt, schroff und abweisend, wird der Fels vom Volk der Hunzas respektvoll »Ultar« genannt. Die Hunzas sind von kleiner Gestalt, gerade so, als verbeugten sie sich unaufhörlich vor der Grandiosität der Naturgewalten um sie herum. Dennoch scheinen sie eins zu sein mit ihnen, strotzen nur so vor Vitalität und Gesundheit – strahlen pure Freude aus.

»Die Hunzukutz sind ein Volk ohne Krankheiten, denn sie ernähren sich ausschließlich von dem, was die Kargheit der Landschaft hergibt«, meinte stolz ihr König. Warmer Wind pfeift durch die Säulengänge, umspielt das lichtblaue Gewand des Mir. Ich schaue in die Ferne, hinab auf den tosenden Hunzafluß, der sich seinen Weg durch den Granit aus Urzeiten »gebissen« hat, versunken in den Anblick von Jahrtausenden. Über die filigrane Hängebrücke, die in die kleine Stadt führt, tasten sich Menschen, schwankend, wie Käfer auf einem Blattgerippe. Gedankenverloren knabbere ich an getrockneten Aprikosen, nippe an köstlichem Maulbeerwein.

Tagelang war ich mit dem Mountainbike der legendären Seidenstraße gefolgt, die sich durch riesige Geröllhalden entlang der Gebirgskette windet, begleitet von milchig blauen Gletscherflüssen. Das erste Grün empfing mich erst wieder vor Baltit. Ein winziges Dorf, erbaut aus fensterlosen Steinhäusern, lag eingebettet in Aprikosenhainen. Von den Terrassen im Fels leuchteten die schweren Früchte in den Bäumen – saftig und goldrot vor dem Hintergrund der weißen Gletscherberge. Nach all dem staubigen Grau wirkten die Farben wie eine Offenbarung purer Lebenslust. Bunt gekleidete

Frauen und Mädchen grüßten mich, reichten mir frisches Quellwasser. Fröhliche Menschen winkten mir von den Dächern ihrer Häuser zu, auf denen sie zusammenhockten und Berge von Aprikosen entsteinten, um sie in der Hitze des Sommers zu dörren. Doch ich stieg weiter auf in die atemberaubende Gebirgswelt, kam dem Himmel so nah wie nie zuvor, um mich herabrollen zu lassen in die weite Ebene Chinas. Ich durchflog Serpentinen, und jede Gerade bot mir den Ausblick auf die unendliche Takla-Makan-Wüste, die es zu durchqueren galt. »Verpasse keines der Rasthäuser, denke an Wasser!« Deutlich hatte ich die Worte des Zöllners im Ohr, spürte die Sonne, die unbarmherzig auf mich niederbrannte. Durch den flimmernden Sand führte sie mich geradewegs auf eine Fata Morgana zu – einen smaragdgrünen See, umstanden von Maulbeerbäumen und rotgoldenen, saftigen Aprikosen …

»Anjim, Anjim«, kam es aus weiter Ferne, und ich fühlte etwas Feuchtes auf meinen ausgedörrten Lippen.

»Anjim, wach auf!«

In meinem Kopf war nichts als Watte, die mein Bewußtsein erst durchdringen mußte. Jeder einzelnen Windung meines Gehirns folgte ich – einem Irrgarten, aus dem es anscheinend keinen Ausgang gab. Eine Hand legte sich schwer auf meine Stirn.

»Anjim!« flüsterte es wieder. »Bitte, mach die Augen auf!«

Nur langsam sickerten die Worte zu mir durch, begannen zu meiner Verwunderung Inhalt und Gestalt anzunehmen: Ein flimmernden Spalt tat sich auf. Je weiter ich die Augen öffnete, desto unerträglicher blendete mich gleißendes Licht. Mit einem erlösenden Gefühl verschloß ich mich der Helligkeit und ließ meine Lider wie einen Vorhang herab.

»Du mußt unbedingt etwas trinken!« drang es erneut in mich ein. Instinktiv öffnete ich meinen Mund, doch sobald der erste Schluck durch meine Kehle rann, liefen mir eisige Schauer über den Körper. Hart schlugen meine Zähnen aufeinander, und in meinen Gliedern stachen mit einem Mal tausend feine Nadeln – mein ganzer Körper fühlte sich an wie eine einzige große Wunde. Aufhören, sie sollten aufhören, begehrte ich auf.

»Mach den Mund auf! Du mußt trinken, du trocknest sonst aus!«

Wenn sie doch bloß nicht so schreien würden: Dröhnende Hammerschläge sausten auf mich nieder, pflanzten sich fort durch meine Innereien. Hinter meinen geschlossenen Augenlidern sprangen mich pulsierende, schwarze Gebilde an, wurden zu Kreisen und schraubten mich in eine gefühllose Leere. Auf einmal umfing mich lichtes Blau, und ich sah meinen Körper, wie er sich willenlos auflöste: Unendlich friedlich war es hier.

»Anjim!«

Gnadenlos holte mich die Stimme zurück in meine Schmerzen.

Etwas Kaltes legte sich auf meine Stirn, und mit einem Schlag fror es mich fürchterlich. Heiße Schauer überzogen mich, kämpften vergeblich gegen die unbarmherzige Kälte an, und ich verspürte nur noch das Verlangen, mich in mich selbst zurückzuziehen. Ganz von selbst ließ mich die Wirklichkeit los ...

Schemenhaft zeichneten sich die Gegenstände im Zimmer ab – ich erkannte die Umrisse des Stuhles vor dem Tischchen, dahinter in der Ecke den kantigen Spind. Vom Gang her fiel ein matter Schein durch die Tür, die einen Spalt breit offenstand. Hilfesuchend blickte ich in die Richtung, aus der das Licht kam, wollte meinen Kopf wenden und rufen: Gebt mir Wasser! Doch meine Zunge klebte fest am Gaumen, kein Wort kam über meine Lippen, und meinen Kopf konnte ich keinen Millimeter vom Kissen hoch bringen. Ermattet lauschte ich in die Stille, hoffte auf Stimmen oder Schritte – doch das einzige, was ich vernahm, war der harte Pulsschlag in meinen Ohren, in den sich Rauschen eines Wasserfalls mischte. Trinken, ich wollte trinken. Mit flackerndem Blick tasteten sich meine Augen durch das Zimmer. Als sie endlich haltmachten auf dem Nachttisch neben mir, sah ich ein Glas. Ratlos starrte ich eine Weile auf die schimmernde Flüssigkeit. Versuch es noch einmal, du brauchst dich doch nur auf die Seite zu rollen und mit dem rechten Arm danach zu greifen. Ich nahm meinen ganzen Mut zusammen. Nichts geschah – meine Arme blieben, als seien sie in Stein gemeißelt, auf der Decke liegen. Angstschweiß schoß mir aus allen Poren, und ich kämpfte gegen einen fürchterlichen Gedanken an, der Herrschaft über mich gewann: Du kannst dich weder bewegen noch sprechen! Diese Erkenntnis war so ungeheuerlich, daß ich nach Atem rang. Das gab es doch nicht! Was war nur mit mir geschehen?

»Tea, good tea«, flüsterte es an mein Ohr, und jemand rüttelte mich sanft an der Schulter. Stechender Schmerz durchlief mich, und ich blickte erschrocken auf. Neben meinem Bett stand der Koch und hielt mir eine Schale hin – er lächelte mild. Schluck für Schluck gab er mir zu trinken. Trotz der Dunkelheit sah ich das Mitleid, aber auch völlige Ratlosigkeit, die sich in seinem Gesicht widerspiegelten. Eine geraume Zeit schauten wir uns einfach nur an; es gab nichts zu sagen – er, der meine Sprache nicht sprach, und ich, der ich plötzlich zum stummen Invaliden geworden war. Ich lauschte auf das Schlurfen seiner Schritte, als er aus dem Zimmer ging und die Tür leise hinter sich schloß. Tränen schossen unter meinen Lidern hervor; hemmungslos weinte ich in abgrundtiefer Trauer: Nie wieder würde ich durch den Wald laufen, über Bäche springen und Hügel hinaufjagen, nie mehr mit meiner geliebten Kim herumtollen. Ich lag hier, Tausende von Kilometern fort von zu Hause, am Ende der Welt, wie ein Verbannter mitten in der Wildnis, wo es weit und breit keinen Arzt gab. Schlafen, bloß noch schlafen wollte ich, um nicht mehr denken zu müssen.

Mein pochender Körper betäubte meine Sinne, versetzte mich in einen Zustand zwischen Wachen und Dahindämmern, in dem meine Gedanken immer wieder die gleichen Bilder zeichneten: Insekten, die in Scharen über mich hinwegkrochen, sich durch meine Haut fraßen und ihre todbringende Brut in mir ablegten. Dann wieder sah ich ganz deutlich Zecken, die sich aus den Bäumen auf mich herabstürzten. Mein ganzes Denken konzentrierte sich auf einen Punkt: Du hast Hirnhautentzündung, dein Gehirn weicht unaufhaltsam auf, verzehrt alles Bewußtsein, und dein Leben als Ich existiert nicht mehr. Elend überkam mich, bodenlose Verlassenheit.

Irgendwann jedoch wich die Finsternis, und das erste Licht fiel durch das Fenster.

»Anjim!« Schlaftrunken erkannte ich Yang, der vor mir stand; ich hatte ihn nicht einmal kommen hören. Meine Lippen formten seinen Namen, doch ich brachte keinen Ton heraus. Er beugte sich über mich, verfolgte jedes kleinste Zucken in meinem Gesicht: »Du hast Dschungelfieber, warst drei Tage ohne Bewußtsein!«

Es dauerte, bis seine Worte mein umnebeltes Gehirn durchdrangen. So lange also ... mein Kopf begann zu schmerzen, und für einen Moment schloß ich die Augen. Wie aus der Ferne hörte ich, daß er ans Fenster ging, spürte durch die geschlossenen Lider, wie es schummrig wurde im Zimmer.

»Anjim, es tut mir so leid«, begann er und setzte sich vorsichtig neben mich auf die Bettkante. »Leider haben wir keine Medizin, außer Tee und Amulettwasser.« Meine Kehle war plötzlich wie zugeschnürt, und meine Augen füllten sich mit Tränen. Yang nahm meine Hand, doch ausgerechnet diese menschliche Geste ließ mich zusammenzucken: Der Druck, die Wärme... ich fühlte etwas! Durch meine Adern schoß Adrenalin: Wenn noch Leben war in meinen Gliedern, konnten sie nicht *wirklich* gelähmt sein. Aufgewühlt von dieser Erkenntnis, fing ich an zu hecheln, meine Brust hob und senkte sich.

»Anjim, was ist mit dir?« Yang war aufgesprungen und versuchte aus meinem Gesicht zu lesen, was mich in diese plötzliche Erregung versetzt hatte. Ich wollte ihm zurufen: Das Antibiotikum, dort drüben in meiner Kulturtasche unter dem Spiegel – doch außer verzweifelten Lippenbewegungen brachte ich nichts zustande. Aufgeregt beobachtete mich Yang.

Irgendwie mußte ich ihn dazu bringen, daß er an meine Tabletten kam: Ich fing seinen Blick ein und lenkte ihn Richtung Waschbecken. Unsicher machte er einige Schritte darauf zu und drehte sich vergewissernd zu mir um. Ich blinzelte ihm ein »Ja« zu. Er griff die Tasche und leerte sie auf meinem Bett aus. Ungeduldig wartete ich, bis er endlich die kleine braune Flasche hochhielt, sie aufschraubte und den Inhalt in seine Hand schüttete: sechs kostbare Kapseln!

Mit der Hoffnung eines Ertrinkenden schluckte ich das Antibiotikum, doch mein Immunsystem war kaum zu besänftigen. Fieberschübe, Gliederstechen und Dumpfheit hielten mich fest im Griff. Selbst noch am dritten Tag, nachdem die Tabletten aufgebraucht waren, ging es mir nicht viel besser.

»Dich hat es hart getroffen! Die Gegend hier ist wirklich nichts für dich«, übersetzte Yang, und beide, er und Li, schauten sorgenvoll drein. Klarer als sonst im Kopf, wälzte ich das Gesagte hin und her, wußte nicht, ob ich Lis Worte als Mitleidsbezeugungen oder als versteckten Angriff werten sollte. Doch meine Aufmerksamkeit ließ wieder nach, und ich bedeutete ihnen mit den Augen, daß ich allein sein wollte. Als sie gingen, ließen sie die Tür offenstehen – für mich ein untrügliches Zeichen, daß sie meinen Zustand immer noch besorgniserregend fanden ... Tee und Amulettwasser – welch arme Medizin gegen diese hinterhältige Krankheit. Meine Gedanken schweiften umher, bis ich wieder die Bilder am See vor Augen hatte; Lichtjahre entfernt schienen mir die Geschehnisse, die mich zum Krüppel gemacht hatten. Ich sah an mir herunter, auf meine leblosen Gliedmaßen, war aufgewühlt von Bitterkeit und Haßgefühlen. Wenn die Mandschus doch wußten, daß nur der vor den tückischen Insekten gefeit war, der auch genügend Abwehrkräfte besaß, wieso waren sie überhaupt das Risiko eingegangen und hatten ausgerechnet mich wie einen Hund in diese Brühe gejagt? Doch sosehr ich mich auch anstrengte, ich fand keine andere Erklärung dafür als Hinterlist und Verachtung. Ich versuchte, mein heißes Gemüt zu beruhigen, und redete mir ein, daß sie dennoch besorgt waren, daß ich ihnen nicht ganz gleichgültig war. Doch kaum hatte ich mich in diesen tröstenden Gedanken eingelullt, schob sich ein anderer dazwischen: Die können dich hier draußen nicht so einfach verrecken lassen – die Parteiführung in Hantong! Aufgelöst und wieder den Tränen nahe, dümpelte ich in diesem Gedankennetz – und fühlte mich von aller Welt grausam im Stich gelassen.

Klägliches Winseln, und das Schlecken auf meiner Hand weckten mich: Dreibein! Als ich den Hund vor mir sah, fragte ich mich, wieso ich ihn total vergessen hatte. Alle Innigkeit, deren ich fähig war, legte ich in meinen Blick – es sollte wie ein Streicheln sein. Unruhig tänzelte Dreibein hin und her, wackelte mit seinem Stummelschwanz und fing an, liebevoll an meiner Hand zu knabbern.

»Ach, Dreibein«, jammerte ich. Starr vor Schreck, horchte ich auf den Klang meiner *eigenen* Stimme und, als könnte ich das Wunder nicht fassen, wiederholte zaghaft: »Dreibein!«

Der Hund sah auf und tappelte zum Kopfende des Bettes. Nach seiner ihm eigenen Gewohnheit stemmte er mir seine Schnauze in die Schulter. Bei den Göttern des Nordens, ich konnte tatsächlich wieder sprechen! Beflügelt von diesem ungeheuerlichen Erfolg, wagte ich mich einen Schritt weiter – und konzentrierte mich auf meine rechte Hand. Zittrig und schlaff wie ein Fremdkörper, ging sie in die Höhe. Dann, mutig geworden, spreizte ich die Finger und winkelte vorsichtig den Arm an. Mit angehaltenem Atem beobachtete ich, wie jeder Befehl meines Gehirns ausgeführt wurde. Tränen liefen mir übers Gesicht, und in fast kindlicher Freude probierte ich die Beweglichkeit meiner Beine, Füße und Zehen aus. Also doch kein Rollstuhl... das wäre für mich fast noch schlimmer als der Tod gewesen. Seitdem ich mit angesehen hatte, wie der versierteste unserer Waldarbeitertruppe beim Köpfen hoher Fichten abgestürzt war und den Rest seines Leben als menschliches Wrack verbringen mußte, saß mir diese Angst ständig im Nacken. Ich verscheuchte die Erinnerung – und für eine ganze Weile blieb ich still liegen, als fürchtete ich, das neugewonnene Leben zu verschrecken. Die Hundeschnauze unter meiner Schulter hatte beruhigende Wirkung auf mich, und ich fühlte mich zutiefst verbunden mit dieser Kreatur.

Wütendes Schimpfen riß mich aus meiner Einkehr. Augenblicklich zog Dreibein seine Schnauze unter mir hervor und duckte sich. Erschrocken sah ich auf Li, der in der Tür stand und dem Hund unter Fluchen noch einen Fußtritt versetzte. Dreibein jaulte auf, und ich hörte ihn über den Gang hetzen.

»Bist du total verrückt geworden?« ereiferte ich mich, merkte aber, daß meine Stimme elend und kraftlos klang. Ich wollte mich aufsetzen, doch ich knickte sofort wieder weg, war im Nu in Schweiß gebadet. Li, mit ungerührter Miene, trat an mein Bett und befühlte meine Stirn; angewidert drehte ich den Kopf zur Seite: Er sollte bloß die Finger von mir lassen. Für einen Moment wurde Li unsicher und machte auf dem Absatz kehrt; draußen rief er in unwirschem Ton nach Yang.

»Sag ihm, er soll gefälligst den Hund in Ruhe lassen«, knurrte ich, als Yang endlich ins Zimmer getürmt kam. Ohne auf meine Worte einzugehen, rief er: »Du kannst ja wieder reden.«

»Ja, seit Dreibein zu mir ins Zimmer kam. Und sieh mal, meine Glieder funktionieren auch wieder.« Freudig demonstrierte ich meine neue Beweglichkeit. Yang sah mir fasziniert dabei zu, wie ich meine Arme über der Brust kreuzte und mit den Zehen wackelte.

»Gut, Anjim, sehr gut!«

Ich sah ihm an, daß er sich wirklich freute, und vermied, auf den Vorfall mit Dreibein zurückzukommen. Was konnte er auch schon gegen Li unternehmen.

»Ich sag' es den anderen, daß du bald wieder gesund bist!« beteuerte er und rannte aus meinem Zimmer, noch bevor ich Einspruch erheben konnte.

Wie auf dem Präsentierteller lag ich in meinem Bett, bestaunt von den Männern.

»Yang, ich glaube, ich muß mal aufs Klo«, sagte ich beschämt; es war mir unangenehm, gerade jetzt um Hilfe bitten zu müssen. Doch wie selbstverständlich hievten mich der Koch und Yang aus dem Bett und manövrierten mich eine Tür weiter. Jeden Moment rechnete ich damit, daß mir schwarz vor Augen wurde und ich einfach absackte. Alle paar Minuten fragte Yang durch die geschlossene Tür, ob alles in Ordnung sei. Als ich endlich wieder in meinem Bett lag, die Decke bis zum Kinn gezogen, war mir, als hätte ich den Mount Everest bestiegen. Die Stimmen wurden mehr und mehr zu einem murmelnden Hintergrundgeräusch.

Klar, völlig klar waren meine Sinne, als ich erwachte. Die Morgensonne erhellte den Raum, und ich kam mir vor, als könne ich Bäume ausreißen. Ich setzte mich auf, merkte jedoch sofort, wie mir verdammt flau in der Magengegend wurde und alles Blut in die Beine sackte. Aber ich blieb sitzen – schließlich mußte sich meine Muskulatur erst wieder aufbauen. Bei meinem Mordsappetit würde ich schnell wieder zu Kräften kommen. Aus der Küche hörte ich das allmorgendliche Geklapper, sogar die Pekingoper stand wieder auf dem Programm.

»Guten Morgen!« rief ich Yang munter entgegen und rieb meinen Bauch, als er auf seinem Weg zur Küche hereinschaute. Er lachte.

»Schön, daß es dir bessergeht, viel besser sogar, wie ich sehe.«

»Mann, bin ich froh, wieder unter den Lebenden zu sein. Ich muß unbedingt was Richtiges zu essen haben, möglichst schon gestern, ich fall' um vor Hunger!«

»Das glaub' ich«, sagte er grinsend und verschwand. Erwartungsvoll lauschte ich auf die Geräusche und versuchte zu erraten, was mir der Koch wohl Besonderes zubereiten würde – immerhin war ich krank. Als kleiner Stöpsel hatte ich in solchen Fällen immer Rührei mit einer großen Scheibe Bauernbrot, dick mit Butter bestrichen, ans Bett gebracht bekommen. Das war für mich das Schönste am ganzen Kranksein gewesen.

»Good morning, good morning!« schallte es durch die Tür. Li und der Fahrer schauten kurz herein, lächelten mir freundlich zu. Jetzt, wo ich wieder am Leben im Haus teilnahm, schien auch die düstere Stimmung verschwunden. Wahrscheinlich freuten sich die Männer, daß es mit der Rücksichtnahme vorbei war und sie wieder ungehindert lärmen konnten. Mir war es nur recht: Ich wollte so schnell als möglich auf die Beine kommen. Yang hatte sein Bestes getan und erschien mit Schüsseln, aus denen es verheißungsvoll dampfte. Den Gerüchen nach gab es Kartoffeln, Kohl und Fleischbällchen. Er hockte sich aufs Bett und sah mir dabei zu, wie ich Portion um Portion verdrückte. Zwischendurch grinste er und schüttelte ungläubig den Kopf, während ich ungeniert weiterschaufelte.

»Das war auch nötig!« grunzte ich zufrieden und lehnte mich in die Kissen zurück.

»Ich sorge dafür, daß du dreimal am Tag was zu essen kriegst«, versicherte Yang – und wir beiden lachten uns verschwörerisch an. Und da mittenhinein platzte Sun. Die Hände in den Taschen seiner Hose vergraben, kam er langsam auf uns zu und baute sich regelrecht vor dem Bett auf. Was hat der denn, durchzuckte es mich, und augenblicklich befiel mich ein ungutes Gefühl.

»Gib mir mal dein scharfes Messer!« übersetzte Yang und machte eine ebenso ratlose Miene wie ich.

»Wozu braucht er das?« ließ ich zurückfragen. Die beiden redeten kurz miteinander, und ich sah, wie alle Farbe aus Yangs Gesicht gewichen war. Mein Herz begann wild zu klopfen – und ich wußte nicht einmal, warum.

»Anjim«, sagte er und suchte förmlich nach Worten. »Sun ... er hat ... er braucht es zum Abziehen.«

Mit kaltem Blick sah Sun mich an, während Yang verlegen mit seinen Fingern knackte.

»Zum Abziehen von was?« fragte ich ihn.

»Er hat einen der Hunde getötet«, antwortete Yang tonlos.

»Ich habe gar keinen Schuß gehört«, sagte ich, und mir fiel auf, daß meine Stimme zitterte. Yang sprach auf Sun ein, der ihm ruhig antwortete – und mich dabei ansah.

»Er hat ihn mit einem Knüppel erschlagen; eine Kugel ist für einen Hund zu schade.«

Ich schnappte nach Luft: »Welchen?«

»Deinen!« kam es gepreßt.

»Dreibein?« flüsterte ich, und meine Blicken flogen von Yang zu Sun.

»Das ist ein Scherz!«

Ohne mich zu beachten, ließ Sun übersetzen: »Krieg' ich jetzt dein Messer!«

Ich war wie gelähmt, und nur tropfenweise sickerte die schreckliche Gewißheit durch: Der meinte das tatsächlich ernst. Doch in mir sträubte sich alles, diesen Gedanken zuzulassen. Sun sah mich ganz harmlos an, machte vielleicht wirklich nur einen schlechten Scherz – ich mußte mich selbst davon überzeugen. Obwohl mir der Schreck in die Glieder gefahren war, mich noch gebrechlicher gemacht hatte, schlug ich entschlossen die Decke beiseite und krabbelte aus dem Bett. Yang sprang sofort hinzu und hielt mich fest. Auf seinen Arm gestützt, schleppte ich mich durch den Gang und rief Dreibeins Namen – kein Bellen, kein Humpeln. Im Haus war er also nicht; hastig stieg ich die Stufen hinab und schlug den Weg zur Schlachtecke ein, wo die Tiere küchenfertig gemacht wurden – wieder rief ich nach ihm, hoffte inständig, Dreibein würde jeden Moment um die Ecke humpeln. Doch als wir hinter dem Haus anlangten, sah ich die Schweinerei: Dreibein lag im Gras, der blutige Knüppel neben ihm. Benommen wandte ich mich ab, machte mich unwirsch von Yang los und taumelte zurück ins Haus. Mit letzter Kraft ließ ich mich auf mein Bett fallen, schaute wie irre im Zimmer umher – und schrie meinen ganzen Zorn hinaus:

»Verdammt noch mal! Wißt ihr eigentlich, was ihr getan habt? Meinen besten Freund habt ihr abgemurkst.«

»Anjim, beruhige dich bitte, Anjim!«

»Beruhigen? Am liebsten würde ich Sun an die Kehle gehen«, sagte ich haßerfüllt. Yang sah mich entsetzt an: »Aber ... es doch nur ein Hund.«

»Was? Du fällst mir auch in den Rücken?« schrie ich zurück.

»Nein. Ich weiß ja, daß du an dem Hund gehangen hast, aber ...«

»Was heißt hier ›gehangen‹. Ein Freund war er, ein echter Freund!« Meine Stimme war dabei, sich zu überschlagen, wurde jedoch immer leiser, bis ich das Schluchzen nicht mehr unterdrücken konnte.

»Ich hole uns Wodka, das hilft«, sagte Yang und ging leise hinaus. Ich fühlte absolute Hilflosigkeit und konnte bloß noch denken: Das vergesse ich diesem Sun niemals, niemals in meinem ganzen Leben! Und ich war mir sicher, daß Dreibein noch leben würde, wenn ich nicht krank geworden wäre.

»Hier, trink!« Yang reichte mir die Wodkaflasche, nachdem er selbst einen tiefen Schluck genommen hatte, dann setzte er sich auf mein Bett. Mit Verachtung setzte ich die Flasche an, ließ den Alkohol durch meine Kehle laufen.

»Anjim... hör mal«, sagte Yang stockend. Ich hielt die Flasche umklammert, beachtete ihn nicht, sah stur geradeaus.

»Ich verabscheue, was Sun getan hat, aber bei uns ist das anders. Du mußt wissen, Tiere sind vor allem dafür da, zu arbeiten oder um gegessen zu werden. Trotzdem haben wir auch Sinn für Schönheit, schließlich halten wir uns Singvögel und Goldfische...«

»... Singvögel und glotzaugige Goldfische?« fiel ich ihm hämisch ins Wort – und völlig aufgewühlt setzte ich hinzu: »Aber keine Hunde, was!«

Yang gab auf; er verließ den Raum, ohne mich noch eines Blickes zu würdigen. Nun, da ich allein war, weinte ich still um Dreibein... wie würde ich ihn vermissen, abends, wenn er ausgestreckt neben meinem Bett lag, und morgens, wenn mich seine Schnauze weckte. Es war eine Schande.

Wie lange ich so gelegen hatte, wußte ich nicht, doch es dämmerte bereits, als Yang sich wieder zu mir hereintraute.

»Ich bringe dir was zu essen«, sagte er und stellte die Schüsseln auf dem Tischchen ab.

»Ich will nichts!«

»Nur Kartoffeln und Kohl«, antwortete er und setzte sich.

»Wieso ißt du bei mir?«

Er druckste herum: »Die anderen essen... Hundefleisch. Aber ich, ich will keinen Bissen davon!« beeilte er sich zu beteuern.

Nun tat es mir leid, daß ich ihm gegenüber so mürrisch war; es freute mich, daß er sich solidarisch zeigte.

»Dann ist dieser Geruch nach Schweinefleisch, der durchs Haus zieht, also Dreibein.« Ich merkte, wie es mich würgte, als ich seinen Namen aussprach, doch ich beherrschte mich. Yang hatte meine Reaktion mitbekommen, schien zu überlegen, ob er weitersprechen sollte; dann sagte er: »Weißt du, es war einfach skurril, wie sie den halben Hund in den Topf gesteckt haben, die zerhackte Rippenhälfte guckte raus und das Bein, das nicht im Topf bleiben wollte ...« Yang schüttelte sich noch nachträglich: »Bei uns in Peking habe ich noch nie Hundefleisch gegessen!«

Das tröstete mich überhaupt nicht, und mein Magen krampfte sich zusammen.

»Du kannst dem Koch sagen, daß ich nur noch vegetarische Kost möchte«, sagte ich entschieden – und mehr für mich bestimmt, setzte ich leise hinzu: »Wer weiß denn, wann sie den Rest von Dreibein verarbeiten, und der Gedanke, ich esse noch von meinem Hund, macht mich völlig fertig.«

Yang runzelte nachdenklich die Stirn: »Aber du brauchst Fleisch, damit du wieder zu Kräften kommst.«

»Das regele ich schon, also vegetarisch, okay?«

»Vom Hirsch sind noch Reste da«, warf er ein.

»Nein. Hier wird alles durch den Fleischwolf gedreht, wie soll ich wissen, wann ich wen esse?«

Darauf hatte auch Yang keine Antwort, und über seine Schüsseln gebeugt, stocherte er lustlos im Kohl. Auf einmal hatte ich wieder Suns Gesicht vor Augen, diesen herablassenden Mund, die Kaltschnäuzigkeit, mit der er meine Gefühle verletzt hatte, und die kalte Wut stieg in mir hoch: »Übrigens, die nächsten Tage will ich allein sein. Sag Li und den anderen, daß sie mich in Ruhe lassen sollen!«

Überrascht schaute Yang auf: »Meinst du mich auch damit?«

Ich überlegte einen Augenblick, bevor ich nickte. Als er ging, sah er mich traurig an. Ausgestreckt auf meinem Bett, reifte in mir der Entschluß: Unter allen Umständen und so schnell wie möglich mußte ich mich erholen, körperlich und seelisch.

Da ich nun niemanden mehr hatte, dem ich mein Leid mitteilen konnte, erinnerte ich mich an mein Tagebuch. Beim Durchblättern fiel mir auf, daß meine Eintragungen während der letzten Wochen äußerst spärlich waren. Zu sehr war ich mit dem täglichen Überleben beschäftigt gewesen. Heute, am 14. September, schrieb ich über den Tod meines Freundes Dreibein – und auch darüber, daß ich von nun an eigene Wege gehen würde. Schluß mit der Anpassung! Dick unterstrich ich diesen Merksatz und spürte dabei, wie der alte Andreas, der unerbittliche Kämpfer, langsam wieder Gestalt annahm. Immer wieder kam ich auf meinem Lebensweg an Punkte, an denen ich meine Richtung verlor. Doch ich tröstete mich damit, daß es vielleicht notwendig war, sich in Umstände hineinzubegeben, die das Selbst forderten, um zu überprüfen, wo man eigentlich stand. Und daß ich jetzt neben mir stand, bedeutete, daß ich wieder zu mir zurückfinden würde.

Mit diesem Gedanken wachte ich am nächsten Morgen auf und beschloß, einen Genesungsgang zum Bach zu machen. Extra früh verließ ich das Haus, um den anderen nicht zu begegnen, und schlug den Weg in den Wald ein. Tief inhalierte ich die frische Herbstluft, schaute den Wolken nach, die schnell über den Himmel zogen, und lauschte auf die Rufe der Vögel. Am Flüßchen angekommen, verbrachte ich Stunden damit, einen Fisch an den Haken zu bekommen, und fühlte mich allmählich wieder im Einklang mit der Natur. Depressive Stimmung überfiel mich nur, wenn ich allein in meinem Zimmer hockte, schmerzlich die Nähe des Hundes vermißte und mich fragte, warum ich überhaupt hier war. Einziger Lichtblick waren meine selbstgefangenen Mahlzeiten: War ich erfolgreich gewesen, bereitete mir der Koch widerspruchslos die Fische oder Haselhühner zu, die ich ihm brachte – und stellte mir heilenden Kräutertee bereit, wenn ich mein Essen dann aus der Küche abholte. Wir sprachen kein Wort miteinander, und für die Männer war ich Luft, wenn ich ihnen auf dem Gang begegnete – außer für Yang. Sein bitterer Blick löste manchmal den Wunsch in mir aus, mich wieder mit ihm zu unterhalten, doch dazu konnte ich mich noch nicht überwinden. Ich hatte einfach keine Lust, die Kommentare der Mandschus zugetragen zu bekommen und mich aufzuregen. Meine körperliche Verfassung ließ noch zu wünschen übrig, obwohl ich mich ausruhte, nur kurze Gänge machte und vernünftig aß. Dinge brauchen manchmal Zeit, und ich ließ mir diese Zeit – eine ganze Woche lang. Dann erfaßte mich die seltsame

Unruhe, die ich im Haus spürte – und es nagte an mir, daß ich nicht wußte, was los war. Daher beschloß ich eines Abends, Yang auf dem Flur abzufangen und in mein Zimmer zu bitten.

»Die sprechen nur noch vom Tiger«, raunte Yang; mit gekreuzten Beinen hockte er auf meinem Bett und beobachtete mich.

»Auch wenn du dabei bist?«

»Ja!«

»Ihnen bleibt nicht mehr viel Zeit...«, dachte ich laut.

»Ich glaube, es paßt ihnen gut, daß du noch zu schwach bist, um mitzugehen. Dann brauchen sie sich keine Entschuldigung einfallen zu lassen...«

»Könnte gut sein, denn wenn ich dabei wäre und Fotos machte...« Ich ließ den Rest des Satzes in der Luft hängen. Yang ahnte, daß meine Macht genau darin lag. Ihm wurde unbehaglich zumute, und er räusperte sich, bevor er seine Befürchtungen aussprach: »Aber was ist mit mir? Wieso spielt es jetzt plötzlich keine Rolle mehr, ob ich Bescheid weiß?«

Einen Augenblick überlegte ich, holte mir all die Heimlichkeiten ins Gedächtnis zurück, mit denen sie ihr Interesse an dem Tiger zu verschleiern suchten. Keine Sekunde zweifelte ich daran, daß der Abschuß der eigentliche Grund für diese Expedition war. Von wegen forstwirtschaftliches Interesse, daß ich nicht lachte. Dieser Li... wie raffiniert, sich die Jagd auch noch aus öffentlichen Geldern finanzieren zu lassen. Ob die Parteibonzen eingeweiht waren, vielleicht sogar am Verkauf der Beute beteiligt, oder ob Li auf eigene Rechnung arbeitete? Ich sah, daß Yang an meinen Lippen hing, auf eine Antwort wartete.

»Ich glaube, du konntest ihnen nur gefährlich werden, weil du dich mit mir verständigen, mir von ihren Absichten erzählen kannst. Doch jetzt, da ich zu schwach bin, um mitzugehen...«

Kaum hatte ich diesen Gedanken laut ausgesprochen, wurde mir die Ungeheuerlichkeit meiner Situation bewußt: Die Mandschus hatten mich genau zu diesem Zweck in den See gejagt!

»Diese Schweine!« stieß ich zwischen den Zähnen hervor und ballte die Fäuste.

In Yangs Augen flackerte Angst: »Anjim«, jammerte er, »besser, du hältst dich da raus.«

»Mir wird nichts anderes übrigbleiben«, erwiderte ich, doch in meinem Inneren kochte Wut. Wie ein Häufchen Elend saß Yang da, und ich brachte es nicht fertig, ihm die ganze Wahrheit zu erzählen. Wozu auch? Zudem war ich davon überzeugt, daß Li und seine Kumpane ihm nichts antun würden, dazu war er viel zu unwichtig. Ängstlich und feige, wie er war, würde er sich lieber mit einem bißchen Aphrodisiakum zufriedengeben, als auf die Barrikaden zu steigen.

Plötzlich zuckten Lichterkegel durch die Dunkelheit.

»Da draußen ist jemand«, flüsterte ich, sprang vom Bett auf und ging zum Fenster: Kegel von Taschenlampen wischten über den Waldboden. Yang stand hinter mir, schaute über meine Schulter. Es hatte angefangen, heftig zu regnen.

»Was treiben die da?« fragte ich ihn.

»Sie sprachen davon, Frösche einzufangen«, sagte er und reckte den Hals, »wollten mal wieder was Vernünftiges essen.«

Ich hütete mich zu fragen, ob auch der Rest von Dreibein schon durch ihren Magen gegangen war. Allein der Gedanke daran verursachte mir Übelkeit.

»Da drüben ist der Koch«, bemerkte Yang und war auch schon auf dem Sprung. Erwartungsvoll sah er mich an.

»Eigentlich ...«, ich war noch unentschlossen, jetzt schon meinen Schweigebann zu brechen und mit den Männern Kontakt aufzunehmen. Doch Yang ließ nicht locker und machte eine ermunternde Kopfbewegung.

»Okay, mein Friedensstifter«, gab ich klein bei und lächelte – seit langer Zeit mal wieder.

Aus allen Richtungen suchten Lichter die Grasflächen ab; anscheinend beteiligten sich alle Mann an der Froschjagd. Still ging es zu – außer gelegentlichen Freudenausrufen war nur das Rauschen des Windes in den kahl gewordenen Bäumen zu hören. Da ich weder Eimer noch Körbe erkennen konnte, fragte ich mich, wo die Mandschus ihren Fang ließen. Die auffällig weiße Kochmontur stach aus der Finsternis hervor, und ich bedeutete Yang, er solle dort hinüber gehen. Die Magie der Dunkelheit hatte ihn voll im Griff, denn er blieb mir verdächtig nah. Es sah gespenstisch aus, wie die schmächtige Gestalt des Koches, bewaffnet mit einem langen Stock, wieselgleich umherhüpfte.

»Er hat schon gute Beute gemacht!« übersetzte Yang das Geplapper zur Begrüßung, denn stolz hielt uns der kleine Chinese den Stab hin. Frosch an Frosch zappelten an dem Holz, dickbäuchige Kreaturen, die alle viere von sich streckten und wild in der Luft ruderten.

»Das ist ja brutal ... bei lebendigem Leib aufgespießt!« sagte ich entgeistert. Zu meinem Erstaunen hob Yang die Brauen und sah mich befremdet an.

»Die werden doch eh gleich gekocht...«, entgegnete er und zuckte mit den Achseln. Ich schwieg, um nicht schon wieder in eine mit Sicherheit ungut endende Debatte verwickelt zu werden. Statt dessen beobachtete ich den Koch: Er schwelgte im Jagdfieber, und sowie sich das Gras bewegte und ein Frosch versuchte, vor dem hellen Lichtstrahl zu flüchten, stieß er gnadenlos zu und schob das zappelnde Tier über eine kleine Gabelung am unteren Ende des Holzes. In allernächster Gesellschaft mit seinen Leidensgenossen, hatte der quakende Frosch keine Chance, in die Freiheit zurückzurutschen. Plötzlich ertönten von überall her Rufe, und ein Licht nach dem anderen verlosch.

»Die haben genug!« verkündete Yang und schloß sich dem Trupp »Jäger« an, die schwatzend im Haus verschwanden.

Obwohl ich mir lebhaft vorstellen konnte, was in der Küche vor sich ging, packte mich die Neugier. Herr Han, der in seiner typischen Hockstellung auf der Treppe verharrte, rappelte sich umständlich auf, als ich an ihm vorbeiging, und strahlte mich an.

»Chautsche, chautsche!« sagte er. Es war wohl das erste Mal überhaupt, daß er mit mir sprach. Dennoch war meine Erwiderung: »Chautsche, toi!« was soviel hieß wie: »Schmeckt sicher sehr gut, ja«, nicht ganz ernst gemeint. Herr Han nahm sie aber für bare Münze und klopfte mir tatsächlich auf die Schulter. Eine derart intime Geste hätte ich diesem reservierten Mann niemals zugetraut, und mir blieb nichts weiter übrig, als nun meinerseits eine Verbeugung des Wohlwollens anzudeuten. Fast ein wenig schüchtern beeilte ich mich, in die Küche zu kommen. Das Bild, das sich mir bot, übertraf alle Erwartungen: Neben dem Herd lehnten vier Stäbe, dicht bepackt mit zappelnden Fröschen. Der Koch zerrte die armen Viecher vom Stock und warf sie in einen Eimer, der vor Leibern überquoll. Dann goß er kaltes Wasser hinein und streute eine Handvoll Salz darauf – zum Schleimlösen, wie mir Yang erklärte. Nach wenigen Minuten trübte sich die Brühe, und einige der Frösche, die ganz obenauf schwammen, glaubten entkommen zu können. Mit ihren langen Beinen klammerten sie sich am Rand des Gefäßes fest und machten alle Anstrengungen, hinauszuhüpfen. Der Fahrer hatte inzwischen einen zweiten Eimer mit Wasser gefüllt und schaufelte mit beiden Händen die Tiere dort hinüber. Ich nahm an, man spülte nun den Schleim ab. Fett sprotzelte in der Pfanne, dazu das jämmerliche Froschkonzert und die lauten Lacher der Männer: Es herrschte eine Atmosphäre wie auf einem Jahrmarkt. Eigentlich bin ich nicht zimperlich und kann einem angeschossenen Tier aus nächster Nähe den erlösenden Fangschuß geben, ihm dabei sogar ins Auge blicken ... doch das hier war schlichtweg Tierquälerei. Von meinem Standort in der Nähe der Tür beobachtete ich, wie der Fahrer in ausgelassener Stimmung das Wasser abschüttete und wie einige der Frösche dabei auf dem Boden landeten. Sofort fingen sie an, in der Küche umherzuhüpfen – und zwar quicklebendig, trotz ihrer durchbohrten Körper. Das war das Zeichen für die Mandschus: Die Männer stürzten sich auf die Frösche, grabschten nach den fliehenden Tieren, tunkten sie kurz in kaltes Wasser, um sie dann mit Schwung in das heiße Fett zu werfen. Es sprotzte und zischte, und im Nu stand die Küche unter dichtem Qualm. Allmählich wurde es eng in der riesigen Pfanne. Mit hochrotem Kopf harrte der Koch vor dem lodernden Feuer aus – er war ganz in seinem Element –, und probierte doch noch mal ein Frosch, diesem Inferno zu entkommen, wurde er kurzerhand mit der Kelle betäubt. Einer nach dem anderen gab auf: Das Zucken der Beine wurde weniger, die Froschkörper streckten sich auf volle Länge, blähten sich auf, bis schließlich jede Bewegung erstarb. Unter Rühren warf der Koch noch eine Handvoll Gewürze in den Sud – und betrachtete stolz sein Meisterwerk.

Die Vorfreude auf diese Delikatesse versetzte alle in Hochstimmung – außer mich. Meine Zurückhaltung war durchaus angebracht, denn als wir bei Tisch saßen, die Pfanne in der Mitte, erinnerte ich mich an die Szenen unserer ersten gemeinsamen Mahlzeit: an die nackten Hühnerbeine. Doch Frösche schmecken nicht schlecht – bloß, daß diese hier noch ihr komplettes Innenleben enthielten! Die Mandschus rissen den gegarten Fröschen zuerst Arme und Beine aus, von denen sie das Fleisch abknabberten. Dann steckten sie sich den Leib in den Mund, lutschten eine Weile auf dem Kopf herum – bis sie ihn abbissen und unter den Tisch spuckten. Noch mehr Wodka wurde nachgeschenkt, schließlich saßen schon dicke Fettpolster für den Winter unter der Froschhaut, weißgraues Fett, das verdaulicher gemacht werden mußte. Ich beschränkte mich darauf, Kohl und Reis zu essen, was den Mandschus im Eifer des Gefechts entging, denn immer wieder landeten Frösche auf meinem Teller. Wortlos schaufelte ich sie zu Yang hinüber.

Genüßlich stocherten sich die Chinesen die Reste ihrer Mahlzeit aus den Zähnen und rülpsten ausgiebig. Mir fiel auf, daß erstaunlich wenig bei Tisch gesprochen wurde; niemand verlor ein Wort darüber, daß ich wieder bei ihnen saß. Beklemmend spürte ich die Brüchigkeit unseres Friedens. Bisher hatte ich jeglichen Augenkontakt mit Sun und Li vermieden und mir vorgenommen, die Runde nach dem Essen sofort zu verlassen. Die sollten nicht meinen, daß ich ihnen die Sache mit Dreibein so schnell verziehen hatte. Dennoch spürte ich hin und wieder Lis Blick und war nicht erstaunt, als Yang mir übersetzte: »Du siehst zwar wieder besser aus, aber gesund bist du noch nicht.«

Für einen Moment sah ich von meinem Teller auf, direkt in Lis unterkühlte Miene – und nickte bedächtig. In meinem Hirn jedoch arbeitete es: Möglicherweise bedeutete dieser Spruch, denn als solchen empfand ich seine Feststellung, daß sie auf jeden Fall ohne mich auf Tigerjagd gehen würden. Mit Blick auf Yang, der offensichtlich auf eine Erwiderung wartete, stand ich vom Tisch auf und murmelte: »Good Luck!«

Weder hielt mich jemand zurück, noch wurden weitere Erklärungen abgegeben, und ich fühlte mich schon ein bißchen als Ausgestoßener. Doch ich selbst hatte auch dazu beigetragen, gestand ich mir ein, während ich auf meinem Bett lag. Nach einer Weile drangen lauthals geführte Reden zu mir herüber; wahrscheinlich ereiferten sich die Mandschus über ihre bevorstehende Jagd. Als Yang auftauchte und berichtete, daß die Männer bereits morgen in aller Frühe losziehen wollten, war ich nur wenig überrascht, konnte mich nicht enthalten zu sagen: »Die haben es ja verdammt eilig!«

»Stell dir vor: Ich kann mit!« sagte Yang kurz angebunden und schielte zu mir rüber.

»So, dich lassen sie also mitgehen – wieso eigentlich?«

»Nur wenn ich mithelfe, hat Li bestimmt, bekomme ich auch meinen Anteil am Aphrodisiakum.«

»Also, für Geld gehst du auf solch eine gefährliche Jagd?«

»Gefährlich? Sun, Li und der Fahrer sind doch erfahrene Jäger«, warf Yang ein, wobei er seine unterschwellige Angst nicht verbergen konnte.

»Yang, du hast doch schon vor der Dunkelheit Angst ... kannst du dir das überhaupt vorstellen, wenn so ein sibirischer Tiger in voller Größe auf dich zukommt?«

Ich hatte ihn nachdenklich gemacht, denn sein Kiefer mahlte unentwegt. Nach geraumer Zeit hatte er sich besonnen und fragte:

»Hättest du auch Angst?«

»Ja.«

Auf einen Schlag hellte sich sein Gesicht auf: »Gut, daß ich mit dir gesprochen habe – ich werde mitgehen!«

»Dann bleibe ich mit dem Koch hier zurück ... das kann ja lustig werden.«

»Er macht dir Tee, er macht dich gesund, und ich richte ihm alle deine Wünsche aus, bevor ich aufbreche. Außerdem, lange wird es nicht dauern, ein paar Tage vielleicht«, versicherte mir mein Dolmetscher mit sichtbar schlechtem Gewissen. Daran hatte ich nicht einmal im Traum gedacht, daß er meine Worte als Vorwurf werten könnte. Lachend winkte ich ab: »Danke, aber ich komm' schon zurecht, hab' ja inzwischen Übung darin, mich mit Händen und Füßen verständlich zu machen. Und für dich – viel Glück, und paß auf dich auf!«

Yang klang erleichtert, als er sich an der Tür noch einmal umdrehte und sagte: »Ich muß noch packen.«

Ganz so selbstlos und jovial, wie ich vorgegeben hatte, war ich nicht: Mich wurmte es, daß ich nicht bei der Jagd auf den Tiger dabeisein würde. Außerdem fühlte ich mich nicht mehr so krank, daß ich den lieben langen Tag hier herumlungern mußte. Nun, wo ich bald unfreiwillig allein sein würde, gefiel mir diese Idee nicht mehr; was konnte ich auch schon mit dem Koch oder Herrn Han anfangen? Das Gerumpel im Haus, das mich endgültig aus meinen Gedanken riß, war nicht mehr zu überhören: Die Männer bereiteten ihr Abenteuer vor. Unruhe packte mich, und ich schaute auf die Uhr – zwei Uhr nachts... bis zum Morgengrauen blieben ihnen noch gute drei Stunden. Die Decke über die Ohren gezogen, beruhigte ich mein aufgeregt pochendes Herz: Wie gerne würde ich mit ihnen ziehen. Die Anspannung hielt mich zwischen Wachen und Schlafen, und ich hätte schwören können, daß ich kein Auge zugetan hatte.

Als ich dann aber die Sonne in meinem Zimmer gewahrte, wußte ich, daß ich den Aufbruch verpaßt hatte. Die ungewohnte Ruhe im Haus schläferte mich ein; erst als die Tür vorsichtig geöffnet wurde und der Koch sich über mich beugte und mich mit seinem fröhlichen: »Good morning!« weckte, fand ich in den Tag zurück. Im Dreierbund, er, Herr Han und ich, saßen wir beim Frühstück im Eßraum, und außer einem aufmunternden Lächeln, das wir uns gelegentlich zukommen ließen, fand keine Kommunikation statt. Schon zu diesem Zeitpunkt streifte mich die Idee, ich könnte etwas für mich tun, etwas Besonderes. Zunächst einmal ging ich hinaus und machte Liegestütze und Kniebeugen, um den Schwächezustand meiner Muskeln wegzutrainieren. In Schweiß gebadet, kroch ich reumütig zurück ins Bett und verschlief den Rest des Tages, bis abends der Koch auftauchte, um mir das Essen zu bringen. Ich gab nicht auf: Auch am nächsten Tag trainierte ich, und es ging schon besser. Zufrieden hockte ich vor dem Haus in der Sonne und genoß die letzte Wärme des Herbstes. Während ich darüber nachdachte, wie lange die anderen wohl fortblieben, öffnete sich eine Tür in meinem Bewußtsein. Plötzlich stand mir klar vor Augen, was ich wollte: Ich würde aufbrechen und versuchen, den Einsiedler, von dem die Männer in der Fischerhütte erzählt hatten und der am Ufer des Ussuri auf sibirischem Boden lebte, zu finden! Der Plan weckte meine Lebensgeister: Allein mit der Natur zu sein konnte meine Gesundheit nur fördern. Ich würde im Zelt schlafen, Fische angeln oder Haselhühner schießen und mich irgendwie zu dem Einsiedler durchschlagen. Ich war so besselt von meinem Gedanken, daß ich nicht an mich halten konnte – und geradewegs in die Küche marschierte. Obwohl nur wir drei zu versorgen waren, stand der Koch schon wieder vor dem Herd und trällerte eine Oper. Wie konnte ich ihm verständlich machen, daß ich Reis, Kartoffeln, Salz, Tee und noch einen kleinen Topf haben wollte? Von hinten tippte ich ihm auf die Schulter und sagte: »Hallo, I go!«

Er runzelte die Stirn und sperrte den Mund auf. So ging es also nicht. Ich startete einen neuen Versuch und zeigte mit dem Finger auf mich, machte ein paar Schritte zur Tür, zeigte nach draußen und tippelte mit den Fingern in der Luft. Er verstand und entblößte lächelnd seine Zähne. Das ist noch nicht alles, sagte ich leise auf deutsch und überlegte, wie ich weiter vorgehen konnte. Der Koch hing gebannt an meinen Lippen – ich hatte also seine volle Aufmerksamkeit. Nun zog ich ihn zum Fenster und zeigte auf die Sonne, er nickte. Mit den Händen malte ich das imaginäre Rund nach, und zwar zehnmal hintereinander; das sollte bedeuten, ich werde für zehn Tage fortgehen. Der Koch überlegte: Zunächst hellte sich sein Gesicht in Erkenntnis auf, dann verdüsterte sich seine Miene, und bestürzt fing er an zu lamentieren. Ich verstand immer nur »Li«, den Rest konnte ich mir zusammenreimen: Geh nicht fort, Li erschlägt mich, wenn dir etwas passiert!

7

Im Bann der Bärin

Wellen schlugen an meine nackte Brust, schwappten hinauf bis zu meinen Schuhen, die ich mir um den Hals geknotet hatte. Hoch über dem Kopf balancierte ich meine Habseligkeiten durch die schnelle Strömung. Beim Durchqueren entdeckte ich dicke Forellen, die in den ruhigeren Zonen des Flusses standen, davonstoben, sobald sie mich gewahrten. Ein wunderbarer Platz, jubelte ich still und preschte auf das Ufer zu. Bereits von der Flußmitte aus hatte ich eine lichte Stelle in dem dichtbewachsenen Laubwald entdeckt, wo ich mein Zelt aufschlagen wollte. Sobald ich aus dem Wasser auftauchte, packte mich die schneidende Kälte des Windes, kühlte meinen Körper noch mehr aus. Ich zwängte mich in die Schuhe – noch gute hundert Meter hatte ich durch das struppige Buschwerk zu gehen, um an den windgeschützten Platz zu gelangen. Zu meiner Freude entpuppte sich die kleine Lichtung als idealer Zeltplatz; sie war ebenerdig – eine seltene Formation in dieser hügeligen Wildnis, und überall lag Bruchholz herum, trockene Äste, die der Wind von den Bäumen gerissen hatte. Als allererstes mußte ich mir ein Lagerfeuer machen, um wieder warm zu werden. Seit drei Tagen war ich praktisch durchmarschiert, hatte nur wenig Rast gemacht. Ich schätzte, daß ich hundert Kilometer Luftlinie geschafft hatte. Es war ein ständiger Kampf gegen meine körperliche Schwäche gewesen, und die Kraft dazu gab mir der unbedingte Wille, mich so schnell wie möglich vom Waldhaus zu entfernen. Dabei war ich ständig auf der Hut, Li und seinen Männern nicht in die Arme zu laufen. Der Fluß, an dem ich nun angelangt war, mündete laut Karte in den Ussuri und wies mir den Weg – zum Kargan. Lust am Abenteuer, mich allein durchzuschlagen, löste auf einmal ein unheimliches Glücksgefühl aus, und ich atmete tief, sog sozusagen die Natur in mich ein. Dieser erhebende Zustand dauerte allerdings nicht lange, dann nämlich wurde mir bewußt, daß ich am ganzen

Körper zitterte, also hockte ich mich vor mein verschnürtes Bündel und begann es mit fliegenden Händen zu entwirren. Zelt, Schlafsack, meinen Rucksack, der Beutel mit den Lebensmitteln und das Gewehr lagen ausgebreitet auf dem Boden. Ich grinste: Es war wirklich nicht viel, was ich zum Leben brauchte. Als erstes kramte ich das Handtuch hervor, rubbelte mich kräftig trocken und stieg wieder in meine Kleidung. Danach organisierte ich mein Camp.

Als ich, das Zelt im Rücken, am prasselnden Feuer saß und den heißen Tee schlürfte, hatte ich ein Gefühl von Zu-Hause-Sein. Wäre es nach dem Koch gegangen, hätte ich einen Träger gebraucht, um all den Proviant zu transportieren, den er mir vorsichtshalber mitgeben wollte. Ich schüttelte die Gedanken an das Waldhaus ab, konzentrierte mich auf meine neue Umgebung. Dankbar nahm ich das Gurgeln und Rauschen des Flusses in mich auf, schaute den Gänsesägern nach, die vom Wasser abhoben, eine Schleife über die Laubkronen zogen, um sich sanft zurück auf die Wellen gleiten zu lassen. Hier konnte ich eine Weile bleiben, mich ausruhen, von den Forellen leben und vielleicht mal eine der Enten schießen, die weiter flußabwärts schnatternd ihr Revier behaupteten.

»Schade, daß du nicht bei mir bist«, murmelte ich und schaute neben mich. Wie vollendet wäre mein Dasein, wenn Dreibein mit mir am Feuer läge, mich mit seinen treuen Augen anblickte und mir einfach das Gefühl gäbe, ich sei nicht allein. Dieser Gedanke versetzte mich wieder in Unruhe, und ich rappelte mich auf, um meine quälenden Gefühle in Aktion umzusetzen – das half immer. Noch ein wenig steif, stakste ich über umgefallene Bäume, ließ meine Finger durch riesige Farne gleiten und wunderte mich, daß unter den Erlen die Büsche so dicht wuchsen, daß ich kaum den Waldboden erkennen konnte. Hin und wieder fand ich Büschel von Blaubeeren, die ich systematisch aberntete und mir auf der Zunge zergehen ließ. Im Licht der letzten Sonnenstrahlen, die durch das Laubdach der Bäume fielen, drang ich immer tiefer in den Wald ein. Erst jetzt fiel mir auf, daß ich unablässig nach Moskitos schlug, die zahlreicher geworden waren – und aggressiver. Im Laufe des Sommers hatte ich mich fast schon an sie gewöhnt – wobei der enorme Knoblauchverzehr sein Übriges tat und sie mir weitgehend vom Leib gehalten hatte. Doch in diesem Teil der Wildnis schien sich die

Brut wohl zu fühlen und die Millionengrenze erreichen zu wollen. Manchmal hielt ich an, um zu kontrollieren, ob ich den Fluß immer noch hören konnte. Ich wußte, daß der Urwald einen verschlingt, wenn man orientierungslos drauflosmarschiert. Einigermaßen beruhigt setzte ich meinen Erkundungsgang fort. Äste knackten laut unter meinen Sohlen, machten mir die totale Stille bewußt, und ich spürte, wie ich allmählich ruhiger wurde. Umkehren würde ich, sobald das Licht abnahm, denn dieser Busch war die reinste Stolperfalle. Obwohl ich bei Dunkelheit noch gut sehen konnte, wollte ich kein unnötiges Verletzungsrisiko eingehen. Ein dickes Büschel Beeren lockte mich an, auf das ich schnurstracks zuging. Schade, daß ich kein Gefäß mitgenommen hatte, um die Zucker- und Vitaminspender eine Weile aufzubewahren. In Gedanken versunken, machte ich einen großen Schritt über sperriges Astgewirr – und trat beinahe in einen dunklen Haufen: Das war der Kot eines Bären! Aufgeregt durchwühlte ich mit einem Stock das Gemenge aus Blaubeerresten, Fischschuppen und anderem undefinierbarem Zeugs. Der Haufen war noch nicht zerfallen, was soviel hieß, daß der Bär vor nicht allzu langer Zeit hier in der Gegend war. Während ich langsam weiterging, hielt ich meinen Blick auf den Boden geheftet – und tatsächlich, an einer Stelle, wo sich ein Rinnsal seinen Weg gebahnt und die Erde aufgeweicht hatte, entdeckte ich Tatzenabdrücke ... Na klar, nicht nur ich fand den Fluß mit seinen Forellen und Enten attraktiv! Meine Sinne waren hellwach, und als ich den Wald weiter durchstreifte, blieb ich immer öfter stehen, um zu lauschen. Unerwartet öffnete sich vor mir der Urwald und gab den Blick frei auf eine steilaufragende Felswand: Das einsetzende Abendlicht beleuchtete einzelne Erlen. Auf dem ansonsten kargen Plateau hob sich ihr goldgelbes Blattwerk geradezu malerisch gegen das Blau des Himmels ab. Da oben, so überlegte ich, hätte man bestimmt einen grandiosen Ausblick auf die Landschaft. Vielleicht konnte ich von dort den Lauf des Ussuri sehen? Das werde ich mir bei Gelegenheit aus der Nähe anschauen, beschloß ich und freute mich schon jetzt auf den Ausflug. Wollte ich mich in ihr heimisch fühlen, mußte ich eine Gegend mit allen Sinnen in Beschlag nehmen. Und dafür brauchte ich einen definierten Punkt in der unendlichen Weite.

Der Rückweg erschien mir weniger weit – wahrscheinlich, weil ich mich am stetig lauter werdenden Flußrauschen orientierte. Auf einmal tauchte mein Zelt zwischen den Büschen auf. Das Feuer kokelte noch vor sich hin, und ich verwandelte es im Nu wieder in knisterndes Flammenwerk. Zwei Stunden, so schätzte ich, war ich unterwegs gewesen, allemal Zeit genug für einen Bären, sich in meinem verlassenen Lager umzutun. Doch es schien unberührt, und Spuren gab der trockene Boden ohnehin nicht preis. Nachdem ich mein Abendessen ausgewählt hatte, hängte ich meinen Proviantsack sicherheitshalber einige Meter vom Camp entfernt weit hinauf in die Astgabel einer Erle. Wehmütig gestimmt, kaute ich auf dem letzten Zipfel des getrockneten Hirschfleisches, tunkte es in den klebrigen Reis und sah dem Farbenspiel der Abenddämmerung über dem Fluß zu. Als die letzten Sonnenstrahlen in den Wolken endgültig erloschen waren und rabenschwarze Dunkelheit auf Wald und Fluß lag, kroch ich in meinen Schlafsack. Das leise Knacken des in sich zusammenfallenden Feuers nahm ich noch wahr, schlief irgendwann ein mit Gedanken an Dreibein. Die Nacht hindurch wälzte ich das Geschehen in meinen Träumen – und zwar so lebendig, daß ich am nächsten Morgen den Reißverschluß meines Zeltes öffnete und nach dem Hund rief. Die Enttäuschung versetzte mir einen Stich ins Herz. Ohne lange nachzudenken, stapfte ich zum Fluß, schaufelte mir eiskaltes Wasser ins Gesicht und füllte dann den kleinen Topf. Mein Blick wanderte über den Fluß, auf dem Enten friedlich paddelten und Forellen nach Insekten schnappten. Entweder werfe ich heute die Angel aus – oder mache mich auf den Weg zu dem grandiosen Plateau. Daß ich eine Wahl hatte, hob meine Stimmung gewaltig und weckte den Wunsch, mich heute morgen mal zu rasieren. Während ich in der Hocke vor dem kleinen Spiegel saß, den ich an der Firststange des Zeltes aufgehängt hatte, und mir meinen Viertagebart vom Gesicht schabte, fiel mir die Unsinnigkeit meines Tuns auf. Wen interessierte es hier draußen, wie ich aussah? Trotzdem, ich fühlte mich einfach besser – und außerdem kam es mir so vor, als würde ich mit diesem Ritual auch die letzten Anzeichen meiner Krankheit beseitigen. Ich lächelte meinem Spiegelbild zu und nickte mit dem Kopf: Ich war bereit, es mit allem aufzunehmen! Sogar mit dem ekelhaften Knoblauch-

Flaniermeile in Hantong, die einzige asphaltierte Straße der Stadt

Der Markt

Chinesische Spezialitäten: der Hundemarkt ...

... Knoblauch, Peperoncini und – getrocknete Teichfrösche

Extraktionen im Freien – der stolze Zahnarzt mit seinen zahllosen Trophäen

Vogelhändler auf dem Markt

Abschied von Hantong: Erinnerungsbild vor dem Forstamt

Ausblick ins verheißene Land

Auf halbem Weg zum Waldhaus

Beim Fischen mit meinem »Feind«

Spiel mit Dreibein, meinem Hund. Das letzte Bild vom Gefährten

Endlich wieder Fleisch! Der Hirsch wird ins Lager getragen

Männersport in der Mandschurei: Keilerjagd mit dem Messer

Jagdglück

Das »Traumgesicht« im Fieberwahn – unwirklich schöne Erinnerung an den Himalaja

»Meine« Bärenfamilie. Schnappschuß mit Zweitkamera und Selbstauslöser

Der letzte Tag mit der großen Bärin

Endlich am Ziel der Sehnsucht – erster Blick auf den Ussuri

Kargan, der Einsiedler am Grenzfluß

Unwirkliche Stimmung am Fluß

Sonnenuntergang am Ussuri

Jagd bis zum letzten Tag: noch immer stellen die Mandschus dem Tiger nach

Der letzte Blick zurück – wo mag der Tiger seine Fährte ziehen?

Abschied von China – ein traumverhangener Blick durch die Große Mauer

geschmack am frühen Morgen, setzte ich hinzu und machte mich über den Rest der Reispampe her, die ich mit einer kleingeschnittenen Duftzwiebel angereichert hatte. Dazu trank ich einige Becher Tee und gestand mir ein, daß ich heute viel lieber eine Scheibe Brot mit Butter und Blaubeermarmelade gehabt hätte. Ich beschloß, heute zu dem Plateau zu wandern; auf dem Rückweg könnte ich Blaubeeren sammeln. Ich könnte sie im Topf mitnehmen; darum wusch ich ihn sorgfältig im Fluß aus, ebenso Löffel und Becher, um ja keine Essensgerüche zurückzulassen. Dann steckte ich ihn in den Rucksack zu der Fotokamera. Die glimmenden Holzstücke trat ich aus, schulterte das Gewehr und warf einen letzten prüfenden Blick auf mein Camp – es konnte losgehen. Im Morgenlicht sah der Wald ganz anders aus, und ich versuchte mich zu erinnern, welche Hauptrichtung ich gestern eingeschlagen hatte. Als ich den Bärenhaufen wiederfand, wußte ich, daß ich auf der richtigen Fährte war. Wie eine Insel erschien mir heute die Fläche, auf der nichts als hohe Gräser standen. Kurz danach müßte sich der Wald lichten, und ich müßte meine Felswand sehen können. Unter herabhängendem Astgewirr schlängelte ich mich hindurch, bis die Laubkronen weniger wurden. Unentschlossen suchte ich das unzugängliche Gelände ab, versuchte auszumachen, wie ich am einfachsten an die Felswand herankommen könnte. Nicht einmal die Spur eines Wildwechsels war zu erkennen, und mir blieb nichts anderes übrig, als mich durch das verfilzte Dornengestrüpp zu schlagen.

Stunden schienen vergangen zu sein, als ich endlich in die Nähe meines Zieles kam. Erschöpft setzte ich mich auf einen umgestürzten Baum, zog mir die Jacke aus und ließ mich von der leichten Brise abkühlen. Das war ein Fehler: Die Moskitos erkannten ihre Chance, und wie aus dem Nichts sirrte plötzlich eine dichte Wolke um meinen Kopf. Lange hielt ich dieses aggressive Geräusch nicht aus und setzte mich fluchend wieder in Bewegung. Mich tröstete, daß ich bald in die Höhe hinaufsteigen und die Blutsauger hinter mir lassen würde. Als ich wieder aufsah, um die Entfernung abzuschätzen, entdeckte ich in weitem Abstand eine rabenschwarze Wolke, die zwischen kleinen Laubbäumen auf und ab tanzte: Das mußten Millionen von Moskitos sein, die Blut gerochen hatten. Vielleicht kreisten sie über einem großen Tier, einem Kadaver?

Neugier und Aufgeregtheit trieben mich vorwärts, und je näher ich der Stelle kam, desto deutlicher war das Summen zu hören. Als ich noch überlege, um welches Tier es sich handeln könnte, erstarre ich mitten im Lauf: ein Bär! In derselben Sekunde sieht er auch mich. Nur zwanzig Meter ist er von mir entfernt, auch er ist erschrocken und rührt sich nicht, sieht mir direkt in die Augen, und sein stechender Blick jagt mir Angstschauer über den Rücken. Instinktiv setze ich einen Fuß nach dem anderen rückwärts, weiche wie in Zeitlupe zurück. Unverwandt sehen mich die schwarzen Augen an. Im gleichen Tempo, in dem ich nach hinten ausweiche, beginnt er, auf mich zuzukommen. Ich rutsche auf einer Wurzel ab, gucke hinter mich – bloß nicht stolpern und fallen! Plötzlich stößt der Bär schnelle Schnalzlaute aus, ohne dabei das Maul zu öffnen. Meine Angst steigert sich zur Panik. Ich versuche sie zu unterdrücken, doch ich werde schneller, will nur noch aus der Reichweite des Bären kommen. Nun verfällt der Bär in einen bedrohlichen, wiegenden Gang, schnalzt und folgt mir lautlos durch das Gestrüpp. Langsamer geworden, taste ich mich weiter, spüre einen großen Stein – und sehe mich um: Ich sitze in der Falle! Ich kann nicht mehr weiter nach hinten ausweichen. Hinter mir Granitfels, da kann ich nur noch hinaufklettern. Ich bleibe stehen, fixiere den Bären. Auch er verharrt nun auf der Stelle, sieht sich jedoch nach hinten um. Ich reiße das Gewehr von der Schulter, lege an, entsichere und ziele. Der Lauf zittert in meinen Händen, Schweiß bricht mir aus: Habe ich die Waffe überhaupt geladen? Ich öffne die Waffe, sehe in jedem Lauf eine Patrone. Mit fliegenden Fingern klappe ich das Gewehr wieder zu und lege erneut an. Das metallische Klicken hat den Bären irritiert: Er fixiert mich, beginnt, ganz langsam auf mich zuzukommen, und ich kann bloß noch denken: Der erste Schuß muß sitzen, der erste Schuß *muß* sitzen! In Windeseile erfasse ich seine enorme Größe, das zottelige braune Fell, den wuchtigen Kopf mit den kleinen Augen. Wieder sieht er sich um, bleibt stehen, hebt die Nase und wittert. Ich drehe meinen Kopf zum Steilhang, suche im Fels fieberhaft nach Ritzen oder Spalten, an denen ich mich hochziehen könnte. Doch meine Nerven spielen nicht mit, lassen es nicht zu, daß ich mich konzentriere: Ich muß den Bären im Auge behalten! Sofort erkenne ich, daß die Distanz zwischen uns geringer geworden ist. Trotzdem flüchte ich mich noch einmal in den wahnwitzigen Gedanken, über den Felsen entkommen zu können. Sekunden dauert es nur, dann wird mir klar: Der Bär ist sowieso vor dir da oben – du kannst nur noch schießen! Unbedingter Überlebenswille durchflutet mich. Ich nehme den Kopf des Bären ins Visier. Keine sieben Meter sind mehr zwischen uns. Bedrohlich sich wiegend, kommt er weiter auf mich zu – dreht seinen Kopf schon wieder nach hinten. Alarmiert folge ich seiner Bewegung, sehe, wie sich das hohe Gras bewegt: Ein zweiter Bär, jetzt hast du absolut keine Chance mehr! Nicht ein zweiter großer Bär kommt heran, sondern zwei Jungbären. Eine Bärin, du hast eine Mutter vor der Büchse... Ohne weiter auf ihre Jungen zu achten, sieht mich die Bärin mit hypnotisierendem Blick an, kommt auf mich zu. Ich will leben... ziel ihr zwischen die Augen, schieß doch, noch kannst du es! Wenn du sie aber nicht tödlich triffst, reicht ihr ein Sprung, und sie packt dich, bevor du den zweiten Schuß raus hast. Unkontrollierbare Angst befällt mich, in meinem Kopf ist ein Vakuum. Ich spüre meinen Rücken am harten Felsen, versuche die Wand hochzukommen, merke, wie ich wieder herunterrutsche. Es muß doch gehen... ich drehe mich um, versuche mit einer Hand, festen Griff im gezackten Gestein zu finden, realisiere, daß das unmöglich ist – und wende mich in Zeitlupe der Bärin zu, erwarte, noch in der Bewegung zu Boden gerissen zu werden. Doch sie steht zwei Armlängen vor mir und giftet mich mit ihren Augen an, schnalzt. Zu Tode erschrocken, lasse ich das Gewehr fallen und ducke mich unter ihrem Blick, ziehe die Schultern zusammen und sinke langsam in die Knie. Mein Atem geht keuchend. Mit letzter Anstrengung lege ich beide Arme schützend um meinen Kopf und drehe meinen Rucksack gegen die Bärin. Ich fühle, daß meine Kopfhaut brennt, und habe das Gefühl, mich in eine unauflösliche Starre zu verkrampfen. Gleich, gleich wird sie zubeißen... Die Angst raubt mir fast die Besinnung, mein Atem geht stoßweise, ich gebe jammernde Laute von mir. Zusammengerollt liege ich da, kann mich nicht mehr kontrollieren, wage es nicht, aufzuschauen. Die Bärin ist jetzt sehr nahe. Mein Hecheln wird schneller, vermischt sich mit dem Raubtieratem. Mein Hirn analysiert alten Fisch, Pinkel, schwitzig scharf, säuerlich, ekelhaft. Dem Tier ausgeliefert, erwarte ich mein Ende; spüre, wie die Zeit aus meinem Empfinden schwindet, bin bloß noch blanke Angst. Die Bärin stößt nun kleine Laute aus, streicht mit der Nase über meinen Rucksack, und ich fühle ihren Atem auf meinem Rücken.

»Scheiße, Scheiße, Scheiße«, wimmere ich und zittere wie Espenlaub. Plötzlich spüre ich den Atem der Bärin von der andern Seite her, unwillkürlich mache ich die Bewegung mit, drehe meinen Körper, halte wieder den Rucksack hin. Die Atemluft haucht über meinen Körper, ich schiele von unten zwischen meinen Armen in das Bärengesicht. Das Maul steht ein wenig offen, zeigt ein weißes, bedrohliches Gebiß. Die Lefzen sind von innen violett, die Nasenlöcher rosig und mit dicken Adern durchzogen. Die Tiefe der Atemzüge, mit denen jedesmal eine kaum zu ertragende Duftwolke ausgestoßen wird, verändert sich nicht. Die Augen der Bärin rücken in mein Blickfeld, und ich habe alle Mühe, nicht hineinzuschauen. Mit gespannter Wahrnehmung erkenne ich an den Augenlidern kurze Wimpern von der gleichen Farbe wie das Fell. Dann schließe ich die Augen, übermannt von meiner Qual. Aus heiterem Himmel überfällt mich das Bedürfnis, einen Schnaps zu trinken und dazu eine dicke Zigarre zu rauchen. Im nächsten Moment beginnt die Bärin, meine Arme und den Kopf abzusaugen – mir stockt der Atem, und ein eisernes Band legt sich um meine Brust. Jetzt ... jetzt! Meine Lungen scheinen zu platzen, ich ringe nach Luft – und bin wie betäubt: Die Sauggeräusche haben aufgehört. Erstarrt liege ich da, in meinem Kopf beginnt es zu arbeiten: Du wirst nicht gefressen ... nicht getötet ... die hat dich nur beschnuppert. Ohne einen Laut von sich zu geben, hat sich die Bärin von mir zurückgezogen. Behutsam löse ich die Arme von meinem Kopf und wage hinzusehen: Behäbigen Schrittes geht die Bärin zu ihren Jungen hinüber, die wenige Meter von mir im Gras sitzen. Mit einem Laut scheucht sie die Kleinen auf, dreht mir kurz den Kopf zu und zieht langsam durch die Büsche. Die geht wirklich, dämmert es mir, und sofort fängt mein Körper an, unkontrolliert zu zittern. Mein Oberkörper hebt sich, geschüttelt von krampfigem Würgen, und ich erbreche mich, bis nur noch zäher Schleim aus meinem Mund tropft. Schwer keuchend, hocke ich auf der Erde, sehe ihr nach, wie sie hier und dort rote Beeren von den Sträuchern zupft und dabei zu mir hinüberschaut. Obwohl ihr Blick nun etwas völlig Uninteressiertes hat, bin ich noch immer voller Angst, lasse meiner Spannung freien Lauf: Unablässig rollen Tränen über meine Wangen. Du lebst noch, denke ich verwirrt, ein so großes Raubtier hat sich dir bis auf zwei Zentimeter genähert und dich nicht umgebracht. Was wollte sie mir nur klarmachen? Wollte sie mich bloß aus ihrem Revier vertreiben – aber sie war doch überhaupt nicht aggressiv! Das Ganze macht keinen Sinn, und wieder stelle ich mir die Frage: Wieso verhält sich ein wildes Tier mir gegenüber so »freundlich«? Obschon ich mich elend und schwach auf den Beinen fühle, spüre ich Unruhe, denn die Bärengruppe zieht langsam aus meinem Gesichtsfeld. Es ist gefährlich, ihnen zu folgen, und doch treibt es mich herauszufinden, wohin sie gehen. Das Gewehr geschultert, pirsche ich vorsichtig durch die hügelige Landschaft, und jeder Windhauch, der Bewegung bringt, läßt mich erschreckt zusammenfahren. Warum kehre ich nicht einfach um, laufe zurück zu meinem Camp? Sie hat dich nicht getötet! ist das einzige, was ich denken kann, was mir Auftrieb gibt, mich weiter vorzuwagen. Nach einer Weile erreiche ich eine felsige Anhöhe, von der aus ich einen guten Ausblick auf das Gelände habe. Angestrengt durchforste ich den tieferliegenden Laubwald, dringe mit meinen Augen bis in die Schattenzonen der Bäume vor – vergebens. Vielleicht ist es gut so, daß sie aus meinem Leben verschwunden ist, aus diesem neu geschenkten Leben, sinniere ich und lasse meine müden Augen zum Horizont schweifen, wo sich Erde und Himmel treffen. Meine innere Einkehr wird plötzlich aufgewühlt von einem neuen Gedanken: Vielleicht haben sie die Richtung geändert, sind zum Fluß gelaufen. Schon meldet sich meine Bereitschaft, den Bären auf die Spur kommen zu wollen. Es ist ein schwerwiegender Fehler, den Bären hinterherzulaufen.

Und genau das tat ich. Als ich nämlich auf einem angeschwemmten Baumstamm, der vom Ufer in den Fluß hineinragte, Ausschau hielt, hatte ich sie wieder. Weit hinten, auf einem ausgetretenen Pfad zwischen den Büschen, sah ich die Bärin mit ihren zwei Jungen flußaufwärts ziehen. Ich wußte, daß das nicht unser letztes Zusammentreffen war. Mein Herz begann zu flattern, mir wurde es feucht unter meiner Jacke, und ich schleppte mich die paar hundert Meter bis zu meinem Camp. Erschöpft rollte ich mich in voller Montur in meinen Schlafsack und hatte nur noch den einen Wunsch – alles Geschehene zu vergessen. Doch der Schlaf wollte mich nicht erlösen.

Ich stand wieder auf, nahm meine Angel und setzte mich auf eine Wurzel am Ufer des Flusses. Nichts mehr denken – für endlose Zeit schaute ich auf den kleinen Schwimmer, den die Wellen hüpfen ließen, ihn so weit abtrieben, bis sich die Schnur spannte. Hin und wieder verhakten sich treibende Äste daran, kamen auf unerklärliche Weise wieder los und wurden von der Strömung mitgenommen. Meine Betrachtungen waren die eines völlig Unbeteiligten; das Ende der Angelrute schien in meinen Händen festgewachsen ... warum hatte sie nicht zugebissen, mir keinen Schlag mit der Pranke versetzt? Plötzlich sah ich wieder die schwere Tatze und die Krallen: scharf und lang, sie konnten alles und jeden durchdringen. Die Todesangst stieg nochmals in mir auf, und ich fing an, heftig zu atmen. Tränen drängten in meine Augen; ich ließ sie einfach laufen, schniefte und fühlte mich schrecklich allein. Dieses Gefühl würde ich mein Lebtag nicht loswerden. »Dreibein«, flüsterte ich, wollte mich in meinen Schmerz verkriechen, als plötzlich die Rutenspitze abtauchte und Zug auf die Schnur kam. Hell wach geworden, sprang ich auf die Füße, gab den kämpfenden Bewegungen des Fisches nach – und wartete ab. Ein silbrig glänzender Fischleib schoß aus dem Wasser, riß die Schnur beim Eintauchen mit sich in die Tiefe. Mit viel Gefühl begann ich die Forelle einzuholen, sie Zentimeter um Zentimeter zum Ufer hin zu ziehen. Während ich den Haken aus dem Maul löste und die schöne Zeichnung des Fisches betrachtete, kam es mir wie ein zweites Wunder vor: Bei aller Unaufmerksamkeit hatte ich tatsächlich eine dicke Char-Forelle gefangen. Ich schnitt den Fisch auf und warf die Innereien zurück in den Fluß; irgendein Tier würde sie schon fressen. Der Fluß als Lebensader für Tier und Mensch – auch für Bären, setzte ich still hinzu.

Sollte ich nicht doch besser mein Zelt hier abbrechen und in die Berge weiterziehen? Dort wäre ich bestimmt sicher vor ihnen. Immerhin, besänftigte ich mich, hatte sie mich einmal verschont. Warum sollte sie es nicht auch weiterhin tun? Außerdem, auch ich mußte mich ernähren, und es war so einfach gewesen, an diesen herrlichen Fisch zu kommen, der bestimmt für zwei Mahlzeiten reichte. Trotz der guten Argumente blieb Angst zurück. Als ich am Feuer saß und der Wind den verlockenden Geruch des kochenden Fisches verbreitete, wurde ich wieder unruhig. Zuerst essen, beschloß ich, denn wenn man etwas im Magen hat, fühlt man sich gleich besser – und ist imstande zu denken. Ich konzentrierte mich ganz auf das Essen. Aber das leiseste Knacken im Wald löste sofort Alarmstimmung aus, und mein Blick irrte in Panik umher. Wütend packte ich mich selbst am Schopf und las mir die Leviten: Entweder lernst du, gelassen zu bleiben, oder wirst als Nervenbündel durch den Wald irren. Der Trick funktionierte für eine Weile, bis es anfing, dämmrig zu werden. Ich wußte, daß es nicht mehr lange dauerte, dann würde stockfinstere Nacht über mich herfallen. Mechanisch legte ich Zweige auf das Feuer, um es am Leben zu halten – und sprang plötzlich auf: Das war es! Mein Blick war auf die umgestürzten Bäume in der Nähe meines Zeltes gefallen, in denen ich auf einmal einen natürlichen Zaun erkannte. Wenn ich da noch zusätzlich sperriges Astwerk hineinsteckte, hätte ich eine Palisade. In kürzester Zeit hatte ich ein stabil aussehendes Bollwerk geschaffen. Ich war in Schweiß gebadet, doch noch hatte ich mein Werk nicht beendet. Aus meinem Rucksack klaubte ich ein paar stinkende Socken, die ich in Eingangsnähe in die Zweige hängte ... Das war schon mal nicht schlecht ... und dann fiel mir noch eine andere Taktik ein: Duftmarken setzen wie die Tiere, mein Revier abgrenzen. Rund um das Zelt tröpfelte ich Urin auf meinen Zaun, wähnte mich in Sicherheit, bis sich mein Verstand zu Wort meldete: Das ist lächerlich, ein Schlag mit der Pranke, und dein Zaun fliegt im hohen Bogen davon. Ich vergrub mein Gesicht in den Händen, sah durch die Ritzen meiner Finger den Schein der Flammen, die in der Dunkelheit züngelten. Mich fröstelte, aber ich hatte Angst davor, in den warmen Schlafsack zu kriechen, hatte Horror vor einer langen Nacht mit Alpträumen.

Meine Sorge war umsonst gewesen: Ich hatte geschlafen wie ein Stein! Noch ganz benommen, horchte ich auf dicke Tropfen, die auf die Zeltbahnen niederprasselten – was für ein Wetter. Ich beschloß zu bleiben, wo ich war, und wachte Stunden später auf, weil mein Magen laut knurrte. Eingepackt in meine Regenhaut, sammelte ich im Dickicht trockene Äste, fand in einiger Entfernung eine ausladende Fichte, unter der ein Feuer Überlebenschancen hatte. Die Nässe zog mir allmählich durch die Knochen, und mißmutig kauerte ich unter dem Nadeldach, wich immer wieder Regentropfen aus, die durchzusickern begannen und zischend in den Flammen verdampften. Der einzige trockene Ort war mein Zelt; ich nahm heißen Tee und Fisch mit hinein, wickelte mich in meinen Schlafsack und wartete auf das Ende des Sauwetters. Gedankensplitter zogen mir durch den Kopf, ließen sich nicht greifen. Mir war es nur recht; weder wollte ich mich an die Sache mit Dreibein noch an die Bären erinnern. Nur die Geräusche, dieses verdammte Heulen des Windes, machten mir zu schaffen. Die Bäume ächzten, überall knirschte und knackte es. »Es sind bloß Äste«, hörte ich mich sagen, wenn Zweige über mein Zelt ratschten. Doch meine Angst ließ sich nicht beruhigen: Vielleicht war es ein Tier, das mich da draußen umschlich und versuchte, den Zaun niederzutrampeln. Ich zwang mich, so lange liegenzubleiben, bis ich die Ungewißheit nicht mehr aushielt. So schlich ich mich aus dem Zelt und leuchtete mit der Taschenlampe die Umgebung ab. Überall abgerissene Äste, aber kein einziges Tier weit und breit. Es wurde dunkler und dunkler, der Sturm nahm zu und schickte wahre Sturzbäche vom Himmel. Der unaufhörliche Regen höhlte mich aus, der Verzweiflung nahe, zog ich mir den Schlafsack über den Kopf und preßte meine Hände auf die Ohren.

In diesem Zustand vegetierte ich drei Tage lang dahin; dann endlich legte sich der Sturm, und Regen fiel nur noch in dünnen Bändern vom Himmel. Um meinen depressiven Gemütszustand zu verscheuchen, unternahm ich kleine Waldgänge. Anzeichen für die Anwesenheit der Bären fanden sich in Hülle und Fülle: Die Rinde vieler Stämme war aufgerauht oder gar abgeraspelt von Bärenkörpern, manche Kratzspuren reichten bis zu einer Höhe von zwei Metern siebzig! Weiter flußaufwärts, bloß einige hundert Meter von meinem Camp entfernt, stieß ich im Unterholz auf eine riesige, flachgewalzte Kuhle, in der sich die Bären anscheinend zur Ruhe legten. Auf Bärenhaufen trat ich überall – alte und frische. Einen rechten Schock versetzten mir klodeckelgroße Trittsiegel, die sich, messerscharf in ihren Konturen, in den aufgeweichten Boden eingegraben hatten. Ich pfiff durch die Zähne, maß dann zwei meiner eigenen Schrittlängen als Distanz zwischen ihnen und schloß daraus: Das mußte ein wahrer Koloß von Bär sein. Mein Herz überschlug sich regelrecht bei der Erkenntnis, daß diese Abdrücke nicht sehr alt sein konnten, sonst hätte sie der sintflutartige Regen in den vergangenen Tagen bestimmt fortgewaschen. Mein Mut, es doch irgendwie mit den Bären aufzunehmen, den ich mir in der Abgeschiedenheit meines Zeltes aufgebaut hatte, fiel in sich zusammen. Wie um mich zu quälen, erinnerte ich mich an eine Passage aus dem russischen Bärenbuch meiner Jugendzeit. In ihm wurde beschrieben, wie die Bären bei Anbruch des Frühlings aus den Bergen herunterkamen und auf den Schlachtfeldern die auftauenden Soldaten fraßen: Sie waren ihre erste Nahrung nach der langen Winterruhe. Es ist nicht Winter, und die Bären haben Fische im Überfluß! ermahnte ich mich. Und außerdem, meine Bärin hatte mein Leben verschont, aus welchem Grund auch immer. Aber dieser Riesenbär, wie würde er auf mich reagieren, falls wir uns begegneten? Das Schicksal herausfordern wollte ich um keinen Preis; schnellstens mußte ich meine Lebensmittel in sicherer Entfernung von meinem Zelt aufbewahren. Ich untersuchte die Stämme der Bäume nach Kratzspuren; dabei fiel mir auf, daß die Rinde der Erlen unbeschädigt war. Glatt, wie sie war, bot sie wenig Angriffsfläche für Fell und Krallen. Ich suchte mir einen besonders hohen Baum aus, hatte nun für jeden Happen eine ganze Strecke zu laufen und noch zehn Meter zu klettern. Diese Sicherheit gab mir ein gutes Gefühl, wenn auch Tannenhäher und Eichelhäher versuchten, durch das Gewebe meines Säckchens Reiskörner herauszupicken. Ohnehin würde ich nur noch ein paar Tage am Fluß bleiben.

Vorher aber wollte ich die Bärin mit den Jungen wiederfinden. Meine Chancen standen gut, denn ich konnte den nassen Boden wie eine Karte lesen: Aus dem Wald führten Wechsel der Bären zum Ufer. Ihre Tatzenabdrücke hatten zu beiden Seiten den Bewuchs plattgewalzt, während das Gras in der Mitte hoch stand. Entlang dieser Route fand ich neben frischgesetzten Kothaufen auch viele alte, was meine Theorie einer regelrechten »Bären-Laufstraße« bestätigte. Immer stärker wurde mein Wunsch, auf die Bärin zu treffen, Wißbegierde überdeckte die Angst. Wie würde sie reagieren?

Würde sie mich wiedererkennen und sich daran erinnern, daß sie mich schon einmal hatte davonkommen lassen? Ich stand am Fluß, suchte den angrenzenden Wald und die Ufer mit dem Fernglas ab. Mitten im Fluß, auf einer Kiesbank vor der nächsten Biegung flußabwärts, sah ich ihre Jungen. Wo aber war die Alte? Im Schutz der Büsche pirschte ich mich näher, konnte nun erkennen, daß die Jungen etwas in sich hineinschlangen. Sie waren so mit Fressen beschäftigt, daß ich mich unbemerkt an ihnen vorbeischleichen konnte. Ich hielt die Luft an, hoffte, daß sie mich nicht entdeckten, bevor ich mich nicht der Bärin zu erkennen gegeben hatte. Denn wenn sie schrien, würde die Mutter denken, ich bedrohte ihre Kinder – und das könnte tödliche Folgen haben. Vor lauter Angst sah ich mich nicht ein einziges Mal um, fixierte nur die nächste Kurve des Flusses. Als ich in die Biegung einsehen konnte, zögerte ich einen Moment: Sollte ich ihr zurufen oder mich ruhig verhalten? In der Flußmitte, auf einem großen Stein, um den die schnelle Strömung herumwirbelte, stand die Bärin! Den Rücken zu mir gewandt, verharrte sie reglos auf dem Felsen, beobachtete konzentriert das Wasser. Schnell stellte ich fest, daß der Wind aus meiner Richtung wehte, ihr also meinen Geruch zutrug. Ich war gewappnet: Für einen winzigen Moment ließ sie sich stören, sah auf, guckte zu mir herüber – und beobachtete wieder ihre Beute. Die hat dich gesehen und keine Anstalten gemacht, jubelte ich innerlich. Doch dann kam Bewegung in die Bärin, sie wiegte sich, spannte ihren Körper und sprang in die Fluten. Das Wasser spritzte auf, und ich konnte hören, wie sie auf dem Kies des Grundes aufkam. Wasser peitschte auf – sie kämpfte. Plötzlich verharrte sie reglos, tauchte im nächsten Augenblick auf, und das Wasser lief in Strömen aus dem Fell. Im Maul zappelte ein Char, der sicher zehn Pfund schwer war. Sie nahm den Fisch in die Pranken und biß ihm den Kopf ab; Blut lief an ihrem Fell herab. Sie begann ihn zu zerfetzen, biß, riß und schmatzte – ein urgewaltiges Schauspiel: die Kraft des Körpers, die Eleganz der Bewegung. Geschrei drüben von der Kiesbank lenkte mich ab. Die Jungen hatten Hunger und bettelten lautstark um Futter. Der Mutterinstinkt siegte über die Freßlust, die Bärin preschte durchs tiefe Wasser zur Kiesbank. Der Kräftigere der beiden schnappte sich sogleich die Portion, die die Bärin auf den Strand geworfen hatte, umklammerte sie mit den Tatzen, drehte seinem Geschwister demonstrativ den Rücken zu und fing an zu fressen. Während die Mutter nun gemächlicher zurück zu ihrem Stein watete, schrie ihr das leer ausgegangene Junge hinterher. Da sich niemand um den kleinen Bären kümmerte, startete er einen Angriff, und im Nu wälzten sich die zwei auf dem Boden. Von dem Stück Fisch blieben nur mehr Fetzen übrig, die jeder, so schnell er konnte, einsammelte und sich ins Maul stopfte. Manchmal stürzten sie sich auch auf dasselbe Stück Fisch, dann kugelten die zwei Streithähne über die Kiesbank. Die Bärin schien diese Zeit für sich zu nutzen; bis zur Brust im Wasser, saß sie aufrecht in der Strömung und fraß in aller Ruhe ihre Forelle. Der Friede hielt nicht lange an. Während ich dem Fütterungsritual eine ganze Zeitlang zusah, dabei die Nähe zu den Bären genoß, überlegte ich, daß auch ich mich mit Fisch versorgen sollte. Vorsichtig erhob ich mich von dem Baumstamm, auf dem ich gesessen hatte. Ich traute mich nicht, einfach wegzugehen, der Bärin den Rücken zuzudrehen; so ganz geheuer war mir die Situation nicht. Sprich mit ihr, gewöhne sie an deine Stimme, damit sie weiß, daß du es bist.

»Ich gehe jetzt, komme morgen wieder!« rief ich in ihre Richtung. Sie hob den Kopf, schaute zu mir hin, doch ihr kurzer Blick war nichtssagend, fast uninteressiert. Einen Fuß nach dem anderen setzte ich rückwärts, schlich mich aus ihrem Blickfeld. Als ich in Höhe der Kiesbank war, wurden die Jungen auf mich aufmerksam. Blankes Entsetzen auf ihren Gesichtern, trippelten sie ein paar Meter zurück und grunzten ärgerlich. Jede Minute konnte die Mutter auftauchen, um nachzusehen, wer ihre Kleinen bedrohte; also blieb ich abwartend stehen. Tatsächlich kam sie ein Stück weit in die Biegung, erkannte mich offenbar und drehte wieder ab. In diesem Moment war mir, als hätte ich eine Prüfung bestanden. Fast unbeschwert angelte ich in Höhe meines Camps, kochte dann Fisch mit Wildkräutern, ignorierte die einbrechende Dunkelheit im Schein meines Feuers und freute mich schlicht, auf der Welt zu sein.

Hatte ich geglaubt, meine Ängste durch das gewollte Zusammentreffen mit der Bärin in den Griff bekommen zu haben, so zeigte mir die Nacht, daß ich mich getäuscht hatte. Wind knarrte in den Bäumen, Äste knackten, letzte Regentropfen fielen platschend auf mein Zelt. Die Bärin beunruhigte mich weniger; es waren die großen Tatzenabdrücke, die mir nicht aus dem Sinn gingen. Geräusche, auf die ich eine ganze Zeit gelauscht hatte, nahm ich mit in den Schlaf, baute sie in meine Traumphantasien ein, bis ich von meinen eigenen Schreien erwachte. Wie tief einen doch manche Erlebnisse treffen können, bis in die Wurzeln des Seins!

Erst als ich meine Spannungen abgebaut hatte und zehn Meter hinauf in die Erle geklettert war, um mein Frühstück zu holen, fühlte ich mich für den neuen Tag gewappnet.

Der Traum der vergangenen Nacht hatte mir gezeigt, wie es in mir aussah. Trotzdem machte ich mich auf den Weg zu den Bären. Mit dem wegziehenden Regen waren auch wieder die Moskitos aktiv geworden, so daß ich mich von den Büschen fernhielt, in der Nähe des Flußufers blieb, wo eine leichte Brise ging. Da der Wind heute in meine Richtung wehte, begann ich schon von weitem zu rufen: »Hallo, ich bin's!« Mit Herzklopfen passierte ich die Kiesbank, wo die Jungbären sofort anfingen zu grunzen.

»Ihr kennt mich doch schon, hört auf mit dem Theater«, rief ich ihnen zu, verschlimmerte damit aber die Lage. Jetzt schrien sie regelrecht um Hilfe. »Wollt ihr wohl aufhören!« zischelte ich und ging schneller, ohne jedoch zu laufen, um in Sichtweite der Bärin zu kommen. Sie kam mir bereits entgegen, witterte aufgeregt.

Zwischen uns, so schätzte ich, lagen höchstens fünfzig Meter. »Ich tue ihnen nichts«, sagte ich mit tiefer, ruhiger Stimme, machte vorsichtshalber noch ein paar Schritte rückwärts. Das zeigte Wirkung: Die Bärin nahm mit ihren Jungen Augenkontakt auf, und der Lärm verstummte. Mir gab sie einen warnenden Blick, dann schien ich wieder Luft für sie zu sein. Mein Puls raste, ließ mich die Angst und Respekt spüren, aber auch Stolz, daß sie mich weder angegriffen noch verjagt hatte. Still hockte ich mich in die Nähe des Ufers und versuchte, meine Nervosität zu unterdrücken. Dieses Mal gelang es mir, ihre Fangtechnik genau zu beobachten: Von ihrem erhöhten Standpunkt aus wartete die Bärin auf Forellen, die sich im ruhigeren Kehrwasser des Felsens aufhielten. Die Pranken vorgestreckt, stürzte sie sich ins Wasser und drückte den Fisch auf Grund. Dann tauchte sie ab, packte ihn mit ihren Fangzähnen und holte den schweren Fisch mit bloßer Kieferkraft heraus. Welche Wucht in diesen Kiefern; es lief mir kalt den Rücken herab. Innerhalb einer halben Stunde hatte sie drei Forellen gefangen, fraß zunächst selbst und fütterte dann ihre Kleinen. Je länger ich ihnen zuschaute, desto selbstverständlicher erschien mir mein Hiersein, und ich bildete mir ein, ihre Reaktionen fast voraussagen zu können. Daher erstaunte mich, daß die Jungbären trotz des reichlich vorhandenen Fischs anfingen zu schreien. Die Bärin wirkte irritiert, sprang vom Felsen und schaufelte sich eilig durchs Wasser. Sobald sie die Kiesbank erreichte, beschnupperte sie ihre Kinder und lief auf allen vieren voraus. An einer seichten Stelle führte sie die ängstlichen Jungen durch die Strömung zum Ufer, eilte hinauf zu einer stämmigen Fichte. Nachdem sich die Bärin ausgiebig die Parasiten vom Fell gescheuert hatte, setzte sie sich, drückte sich an den Stamm. Als sie die Arme einladend ausbreitete, sah ich ihre dicken Zitzen. Was ich nun zu sehen bekam, überwältigte mich: Augenblicklich kuschelten sich die Jungbären auf den Bauch der Mutter und begannen zu saugen; bis zu mir hinüber drang ihr Schmatzen. Wenn sie noch gesäugt werden, überlegte ich, waren die Bärchen erst in diesem Winter zur Welt gekommen. Noch zwei weitere Jahre würden sie mit der Mutter zusammenleben, dann war es vorbei mit der Innigkeit. Ginge jeder erst einmal seine eigenen Wege, waren alle Blutsbande vergessen. Kaum vorstellbar, bei diesem friedvollen Anblick. Der Kräftigere rollte sich nun zur Seite, der andere knabberte noch ein wenig, tapste neben seinen kleinen Gefährten und schmiegte sich an ihn. Auch die Bärin zeigte durch ruhiges Heben und Senken ihrer Brust, daß sie sich dem Mittagsschlaf anschloß. Ich wagte nicht, mich vom Fleck zu rühren, suchte mir eine bequeme Stellung und sah ihnen einfach beim Schlafen zu. Über die Entfernung des Flusses hinweg fühlte ich mich zu ihnen gehörend, spürte das erhabene Gefühl, ein Teil der Natur zu sein – nichts weiter.

Ich mußte wohl eingenickt sein, denn drüben spielten die Jungbären »Nachlaufen« um die Fichte, und die Bärin saß mittendrin und schupperte sich genüßlich den Rücken. Nicht ein einziges Mal schaute sie zu mir herüber. Sollte ich zum Camp zurücklaufen, meine Angel holen und in »ihren Wassern« fischen? Das wäre zumindest ein Experiment. Erfreut, mir eine Aufgabe gestellt zu haben, erhob ich mich langsam: »Ich gehe, komme aber bald wieder!«

rief ich über den Fluß und setzte mich langsam in Bewegung. Noch immer brauchte ich meinen ganzen Mut, um mich nicht umzusehen und, im Vertrauen darauf, daß sie mir nicht folgte, weiterzumarschieren.

Doch das Weggehen war das kleinere Problem als das Ankommen. Auch dieses Mal rutschte mir beinahe das Herz in die Schuhe, als ich auf einen Ast trat, der laut knackend zerbrach. Alarmiert stellte sich die Bärin auf die Hinterbeine und witterte. Wieder einmal zuckte ich zusammen und dachte, meine Güte, können zwei Meter und siebzig bedrohlich sein. Ich versuchte, sie meine Erregung nicht spüren zu lassen: »Keine Aufregung, ich bin es doch, der Andreas. Du kennst mich!« Noch einmal wiederholte ich meine Worte, blieb stehen und wartete ab. Endlich löste sich ihre Unruhe, und ihr massiger Körper plumpste zurück auf die Vorderfüße. Wieso fischte sie von meiner Seite des Ufers aus? Konnte ich es überhaupt wagen, in solcher Nähe die Angel auszuwerfen? Ich sah ihr hinterher, wie sie tiefer ins Wasser zurückging, den Kopf hin und her bewegte und Ausschau nach Beute hielt. Das kleinere Bärchen stand unmittelbar am Saum des Ufers und trippelte unruhig auf der Stelle. Sorgen hingegen machte mir sein Bruder: Er saß auf der Erde, beobachtete mich von unten herauf, und ihm war anzusehen, daß ich für ihn etwas Ungeheuerliches war. Jetzt bloß keinen Fehler machen und alles aufs Spiel setzen … wie in Zeitlupe vergrößerte ich den Abstand zwischen uns, behielt dabei die Bärin und das andere Junge im Auge. Wer nicht wagt, der gewinnt nicht – beherzt warf ich die Angel aus, konzentrierte mich auf den Schwimmer, der weit draußen auf den Wellen hüpfte. Eine kleinere Forelle biß an und ließ sich, ohne mir einen großen Kampf zu liefern, ans Ufer ziehen. Die Bärin war auf dem Weg zu den Kleinen, um sie zu füttern. Trotzdem beeilte ich mich, den Fisch vom Haken loszumachen, und warf ihn hinter mich ins Gras. Klappte ja gut mit uns, dachte ich und fühlte mich fast wie in den Familienverband aufgenommen. Bevor ich wieder die Leine auswarf, wartete ich, bis auch die Bärenmutter sich anschickte, wieder auf Jagd zu gehen. Futterneid wollte ich auf jeden Fall vermeiden. Als hätte er dies geahnt, verschluckte ein wirklicher Brocken meinen Haken. Wild kämpfend schoß die Forelle aus den Fluten, Wasser spritzte hoch, und ich hatte alle

Mühe, die Rute festzuhalten. Aus dem Augenwinkel bekam ich mit, daß die Bärin auf Lauerposten gegangen war, offensichtlich hatte sie es auf meinen Fisch abgesehen. Entweder ich ließ die Angel samt Fang den Bach heruntergehen, oder ich holte den Fisch ein ... und dann? Wie ein Pfeil schnellte der Brocken durchs Wasser, kämpfte einen wilden Kampf. Meine Erregung steigerte sich von Minute zu Minute, und mit Schrecken bemerkte ich, wie die Bärin Anstalten machte, sich auf den Fisch zu stürzen. Wenn sie ihm nun hinterherjagte, mich überrannte oder in ihrem Eifer sogar angriff? All das schoß mir durch den Kopf, während ich die Kurbel bediente und den Fisch langsam zu mir heranzog. Ich wollte es darauf ankommen lassen, wollte Gewißheit erlangen, wie weit sie mich akzeptierte. Ich spielte mit dem Feuer, doch als der kapitale Fisch im seichten Wasser immer noch wie verrückt mit seinem Körper schlug, packte mich Entsetzen. Mach ihn los, sofort, nimm ihn vom Haken! – und mit fliegenden Händen riß ich ihn von der Schnur. Keine Sekunde zu früh: Zielstrebig kam die Bärin durch das Wasser auf mich zu, und obwohl ich zurückwich, roch ich ihren fischigen Atem. Mit einem Prankenhieb packte sie die Forelle, drehte sich um und trabte zurück in den Fluß. Sie tat dies so selbstverständlich, als hätte ich diesen Fisch extra für sie geangelt. Ich zitterte am ganzen Körper, mußte mich zwingen, stehenzubleiben.

Lautes Knacken im Wald; im Reflex riß ich den Kopf herum, konnte das Unheil förmlich riechen: die Mandschus... der Tiger ... der riesige Bärenabdruck. Doch es war nichts zu sehen und so still, daß ich nur das Rauschen des Flusses hörte. Trotzdem, irgend etwas lauerte im Wald; die Bärin stand immer noch zur vollen Höhe aufgerichtet, wiegte sie sich hin und her und witterte. Dann überschlugen sich die Ereignisse. Kaum hatte ich meinen Blick von ihr gewandt und im Dämmerlicht den Saum des Waldes abgesucht, als plötzlich ein gewaltiger Bär zwischen den Bäumen heraustrat. Sein massiger Körper schaukelte bei jedem Tritt, er war doppelte so groß wie die Bärin, der Kopf dunkel, breit und gefährlich. Die kleinen Bären schwankten auf ihren Hinterbeinen, quiekten ängstlich und drückten sich an die Mutter, die sofort anfing zu fauchen. Der große Bär hielt inne. Keine hundert Meter waren zwischen Opfer und Angreifer – und ich mittendrin! Aus dem Stand wirbelte die Bärin herum, jagte ein paar Schritte tiefer ins Wasser auf die Kiesbank zu. Ohne daß ich einen Laut gehört hatte, stoben die Kleinen hinter ihr her. Sie sah sich um, trieb die Teddys zur Eile und fauchte den dicken Bären an, der sich anschickte, ihr zu folgen. Die Familie hastete über die Kiesbank, und es sah so aus, als flögen die Bärchen über den Boden. Nervös suchte die Mutter eine flache Passage, preschte voraus ans Ufer und rief von dort aus die Kinder. Bedrohend wirkte ihre Geste – hochaufgerichtet und fauchend, hielt sie den Bären in Schach. Endlich erreichten die Jungen die Uferböschung, mühten sich hinauf. Noch einmal blickte sich die Bärin um, bevor sie mit ihnen im Schlepptau im dichten Tannenwald verschwand. Mir klopfte das Herz bis zum Hals, und gelähmt vor Schreck, wartete ich geduckt auf die Reaktion des Bären. Sehen konnte ich ihn zwar nicht, doch hörte ich wütendes Schnauben. Nach einer Weile hob ich vorsichtig meinen Kopf, versuchte, die Büsche mit den Augen zu durchdringen. Die Ufer lagen verlassen da, nur der Fluß rauschte, nichts regte sich. Wo war der Koloß geblieben? Weitere Minuten ließ ich verstreichen, bis ich mutig genug war, aufzustehen und mich davon zu überzeugen, daß er wirklich verschwunden war. Der Koloß mußte total auf die Bärenfamilie fixiert gewesen sein, so daß er mich Menschlein überhaupt nicht wahrnahm.

Mit bangem Herzen schlich ich zu meinem Camp. Ich fühlte mich verlassen, mir war, als hätte ich mich aus dem Schutz der Bärin herausbegeben; ich war wieder der Wildnis gnadenlos ausgeliefert. Diese beängstigende Empfindung wollte sich den ganzen Abend über nicht auflösen, nicht einmal die Wärme und Helligkeit des Lagerfeuers spendeten mir Trost.

Das geladene Gewehr griffbereit neben meinem Schlafsack, lauschte ich den nächtlichen Geräuschen des Waldes. Eulen ließen ihre Rufe ertönen, sogar das tiefe Schreien des Riesenfischuhus hörte ich wieder. Doch plötzlich, in einer Lautlosigkeit, die nur ein geübtes Ohr hören kann, meinte ich Schritte zu hören – Schritte eines großen Sohlengängers, der durchs Gehölz zieht. Angst schnürte mir die Luft ab, mein Körper war wie gelähmt. Das kühle Holz meines Gewehrschaftes umklammert, war ich innerlich auf dem Sprung. Meine Bärin? Was sollte sie hier, sie kannte inzwischen meinen Geruch, außerdem hätte ich die tolpatschigen Kleinen gehört. Blieb nur noch *er* übrig, der riesige Braunbär. Befehle jagten durch meinen Kopf: Bleib mucksmäuschenstill liegen, rühr dich auf keinen Fall, stell dich einfach tot! Ästchen knackten, Atemgeräusche in der Nähe meines Zeltes – kalter Schweiß brach mir aus den Poren. Mach die Augen zu, tu einfach so, als gäbe es weder dich noch den Bären. Wie lange ich diesen erstarrten Zustand ausgehalten hatte, wußte ich nicht, denn irgendwann hatte mich tatsächlich der Schlaf übermannt.

In ungläubigem Staunen sah ich auf die völlig intakte Zeltbahn, durch die das Tageslicht schimmerte. Hatte ich alles nur geträumt? Vorsichtig öffnete ich den Reißverschluß, spähte in die Büsche. Neben dem Eingang tiefe Abdrücke von Bärenpranken, und auf dem straffgespannten Zelt klebte überall weißer Seiber: Er war also hier gewesen! Meine Gedanken überstürzten sich. So schnell als möglich mußte ich weg von hier, den Fluß mit seinen verlockenden Forellen verlassen und damit auch meine Bärenfamilie. Wahrscheinlich hatte der Koloß sie sowieso vertrieben. Ich mußte hinauf in die schützenden Berge, weiter zum Ussuri, den Kargan finden, denn menschliche Gesellschaft, jemanden, dem ich von alledem erzählen konnte – das brauchte ich jetzt.

8

Der Taigajäger

Als ich einige Kilometer durch den Wald marschiert war, hatte ich endlich genügend Abstand und Ruhe, um die Karte vor mir auszubreiten. Den Fluß der Bären, wie ich ihn nannte, fand ich auf Anhieb, nur war nicht exakt auszumachen, auf welcher Höhe ich mich befunden hatte. Zunächst mußte ich die Karte neu richten, legte den Kompaß dafür exakt auf dem rechten Kartenrand an. Nun drehte ich Karte mit Kompaß so lange, bis »Norden« auf Kompaßnadel und Karte übereinstimmten. Meinen genauen Ausgangspunkt konnte ich nicht feststellen, kannte aber die grobe Richtung, wo der Kargan leben mußte. Als wir vor Wochen am Ussuri fischten, hatte Li eine vage Handbewegung flußabwärts gemacht, und nach einigem Suchen fand ich mein Kreuzchen, mit welchem ich den Seitenfluß »Chor« markiert hatte. Die Hauptrichtung stand fest, und ich notierte mit meinem Bleistiftstummel 110 Grad Nordost. Das war im groben meine Marschrichtungszahl, die ich in der Landschaft anhand von geographischen Fixpunkten ständig überprüfen mußte. Nochmals checkte ich meine Berechnungen, denn mir war aufgefallen, daß ich mich dem Waldhaus wieder näherte, um dann nach Nordosten abzuweichen. Bei der Vorstellung, ich könnte den Mandschus in die Hände laufen, verspürte ich körperlichen Widerwillen.

Filziges Buschland mit seinen umgestürzten Taigabäumen durchquerte ich, gelangte zu der Felswand, deren Plateau ich immer noch nicht bestiegen hatte und die heute kalte Düsternis ausstrahlte. Zwischen den Gesteinsbrocken durchforschte ich die Baumgruppen nach einem Lebenszeichen meiner Bärenfamilie. Am Fluß gehörte ich zu ihnen, doch hier draußen war das etwas anderes. Der Fluß – wie ein Schlaraffenland war er gewesen, nicht nur des Fischreichtums wegen; wieder hatte ich dieses Gefühl, einen großen Verlust erlitten zu haben. Wehmütig lauschte ich auf das Rauschen, mußte mir aber eingestehen, daß es nur der Wind in den Baumkronen war, kein fließendes Wasser. Emotionen, aus Todesangst geboren, konnten wahrhaftig in so etwas wie Zuneigung umschlagen; das Leben war schon seltsam, resümierte ich, und war mir bewußt, daß eine Begegnung mit dem riesigen Braunbären sicherlich anders ausgefallen wäre. Andererseits, nur durch die dünne Zeltwand von mir getrennt, hatte auch er mir keinen Schaden zugefügt. Ich wurde ruhiger und schritt weit aus, der angepeilten Hügelformation entgegen. Dort oben auf dem Kamm wollte ich mein Zelt aufschlagen. Plötzlich merkte ich, daß ich kaum mehr eine Stunde Zeit hatte, um nach einem Lagerplatz zu suchen, und schlug mich durch das Fichtendickicht den Hang hinauf. Wegbrechende Steine polterten hinab, gut hörbar für jegliches Wild, das sich hier oben herumtrieb – auch für Bären. Ziemlich außer Atem erreichte ich die Höhe, sah mich eingeschlossen von dicht an dicht stehenden Nadelbäumen, die kaum das Tageslicht hindurchließen. Gebückt schlich ich durch tief herabhängende Zweige, entdeckte eine Schneise, die entwurzelte Bäume in den Wald geschlagen hatten.

Den aufgerissenen Waldboden polsterte ich mit Ästen und Nadeln annähernd ebenerdig aus, und nachdem das Zelt stand, machte ich mich auf die Suche nach Steinbrocken, um eine solide Feuerstelle zu bauen. Der Boden war strohtrocken; einen Flächenbrand zu entzünden war wirklich das letzte, was ich mir antun wollte. Eingekeilt zwischen den schwarzen Baumriesen, fühlte ich mich trotz der warmen Mahlzeit unwohl und löschte bald das Feuer. Der Geruch von Harz drang ins Zeltinnere, ließ mich die Enge dieses Waldes als noch bedrohlicher empfinden, und meine Angst, die ich tagsüber verdrängen konnte, meldete sich wieder. Meinen Schlafsack zog ich hoch bis zum Hals, rollte mich fest ein und zwang mich, einzuschlafen.

Als klopfe jemand an eine Tür, dröhnte das Hämmern eines Spechtes durch den Morgen. Ich fühlte mich ausgeruht und guter Stimmung. Endlich Tag! Auf der Rückseite des Hanges hatte Windbruch eine weiträumige Freifläche geschaffen; zwar ließ sie sich schwer begehen, doch gab sie den Blick frei auf die vor mir liegende Wildnis. Den Kompaß auf der Hand, nordete ich erneut ein, suchte meine Marschrichtungszahl im heruntergeklappten Spiegel genau über

Kimme und Korn. Mein Fixpunkt war eine riesige Koreazeder, die aus der Ebene markant aufragte. Den Ussuri konnte ich von meinem Standpunkt aus noch nicht sehen – eine weitere Hügelkette versperrte am Schnittpunkt zwischen Himmel und Erde die Sicht.

Die nächsten Stunden quälte ich mich durch moskitoverseuchten Busch, durchquerte ausgetrocknete Flußläufe, rastete nur kurz und fand schließlich ein Nachtquartier in der zur Taiga übergehenden Landschaft. Ein munterer Bach floß neben meinem Zelt, aus dem ich mich mit frischem Wasser versorgte und der mich an den Bärenfluß denken ließ. In meinen Empfindungen verklärte sich das Erlebte immer mehr zu etwas Übernatürlichem, aus dem ich innere Kraft schöpfte.

In der Gewißheit, diesen Tag den Ussuri zu erreichen, brach ich am nächsten Morgen auf. Die Nähe des Stromes war schon Kilometer vorher abzulesen – außergewöhnlich viele Fährten auf den Tierpfaden zeigte mir den Wildreichtum: Wildschweine, Füchse und Hirsche. Um meinen Gang spannender zu machen, untersuchte ich die Fährten, schätzte, wie groß der Keiler war, der diesen Weg gekreuzt hatte. Versunken in das Lesen der Spuren, wurde mir plötzlich der Lärm und die Unruhe im Wald bewußt: Elstern kreischten, Häher zeterten: Ich sah auf und durchforschte die Bäume. Es mußte einen Grund für die Aufgeregtheit der Vögel geben, die die anderen Tiere im Wald möglicherweise warnten. Vor mir vielleicht? Das hielt ich für unwahrscheinlich. Es war gut möglich, daß hier irgendwo ein frisch getötetes Tier lag, um dessen Kadaver sie sich zankten. Wieder tönten schrille Vogelschreie durch die Stille, und sosehr ich auch versuchte, einen Blick durch das dichte Laubwerk zu werfen, ich sah nichts als Zweige und Blätter. Es gab noch eine Möglichkeit, nämlich, daß ein großes Raubtier durch die Gegend schlich. Kaum hatte ich diesen Gedanken zu Ende gedacht, nahm ich aus den Augenwinkeln eine winzige Bewegung wahr, gerade so, als wische ein Hauch vorbei. Mein Herz pumpte aufgeregt, ich drehte meinen Kopf in alle Richtungen. Kleine Ästchen knackten, in den Blättern raschelte es. Mit angehaltenem Atem lauschte ich und ging langsam in die Hocke. Totenstille plötzlich. Du hast dich getäuscht, da war absolut nichts... Doch dann knackte es wieder, kaum hörbar. Wirbel für Wirbel richtete ich meinen Oberkörper auf, lugte durch die Bäume und nahm mein Gewehr von der Schulter. Mir war, als hörte ich hechelndes Atmen, dazwischen ein tiefes Schnaufen. Ein Bär war das nicht, der sich irgendwo da hinten niedergelassen hatte. Dieser Hauch hatte etwas Farbiges gehabt, goldrot – und in derselben Sekunde blitzte es in meinem Hirn: ein sibirischer Tiger! Heiße Wellen gingen durch meinen Körper, schärften alle meine Sinne: die Farbe des Laubes, die Farbe des Tigers! Das leichte Flattern der Blätter bedeutete, daß kaum Wind ging; er würde mich also nicht wittern können. Der Moment der Entspannung dauerte allerdings nur so lange, bis ich die Unberechenbarkeit des Windes in Betracht zog. Falls er rasch auffrischte und unter Umständen sogar die Richtung veränderte, wäre ich dem Geruchssinn des Tigers ausgeliefert. Fieberhaft überlegte ich: Ich könnte versuchen, mich davonzuschleichen oder aber Lärm zu machen und ihn damit zu verjagen. Eine weitere Alternative wäre, auf der Stelle hocken zu bleiben und abzuwarten. Pro und Kontra kämpften in mir, und mein Körper schickte sich an, mir die Entscheidung abzunehmen, denn in meinen abgeknickten Beinen fing es mit tausend Nadeln an zu stechen. Ich biß die Zähne zusammen; doch je länger ich wartete, desto ängstlicher wurde ich, fühlte, daß ich den Punkt bereits überschritten hatte, an dem ich noch hätte umkehren können. Was, wenn er mich entdeckte? Zum Schießen käme ich wahrscheinlich nicht mehr in dieser Enge des Dickichts. Innerlich verfluchte ich meine Neugierde, die mich am Boden festgehalten hatte. Taubheit schlich sich in meine unteren Körperpartien: jetzt oder nie! Ohne den Blick vom Boden zu nehmen, stellte ich mich auf; das Rascheln meiner Jacke, das leise Klirren im Rucksack hätte eigentlich den ganzen Wald in Aufruhr bringen müssen. Ungläubig horchte ich in die Richtung, in der ich den Tiger vermutete; nichts rührte sich. Konnte das sein, daß er nichts hörte, ruhig liegenblieb? Schon kam mir die Idee, daß ich unter Halluzinationen litt, als mich etwas zwang, den Kopf herumzuwerfen: Durch das Laub sah ich in weitaufgerissene Augen, die in meine Richtung starrten. Noch in der Sekunde des Entdeckens kam Bewegung in den mächtigen Körper. Wie in Zeitlupe setzte er zum Sprung an, Äste brachen, Steinchen spritzten, dumpfe Aufschläge auf dem Waldboden, die sich schnell entfernten. Ich hatte einem Tiger in die Augen gesehen! Adrenalin schoß durch meine Adern, ich zitterte am ganzen Leib, und nachdem ich eine Weile intensiv den Geräuschen gelauscht hatte, traute ich mich ganz langsam durch die Büsche. Da, die Vertiefung, in der der Tiger gelegen hatte, die flachgedrückten Gräser zeichneten den Leib nach – mehr als zwei Meter maß ich, befühlte andächtig den Boden. Was für ein majestätisches Tier; wieder und wieder holte ich mir die leuchtenden Farben des Fells und die Glut in seinen Augen ins Gedächtnis zurück. Welch eine Schande, Jagd auf dieses selten schöne Tier zu machen, es zu Aphrodisiakum zu zerstückeln. Wut auf die Mandschus schoß in mir hoch. *Er* jedenfalls war ihnen bis jetzt entkommen! Mein Herz klopfte noch immer, und ich starrte in die Richtung, in der er verschwunden war... Der Amur-Tiger, ging es mir durch den Sinn, einst als Gottheit verehrt, kann bis drei Meter lang und dreihundertfünfzig Kilogramm schwer werden, er erreicht damit das Ausmaß einer Kuh und ist die größte Katze der Welt – und ich hatte ihn leibhaftig gesehen. Beflügelt, daß mir wieder ein Wunder – denn so schätzte ich die Begegnung ein – zuteil geworden war und ich wieder einmal überlebt hatte, pirschte ich zurück auf den Wildwechsel. Wäre ich mit den Mandschus auf Jagd gegangen, hätte ich diese eindrücklichen Erlebnisse niemals gehabt. Geradezu euphorisch gestimmt, lenkte ich meine Schritte schneller in Richtung Ussuri, und mir war, als könnte ich den Fluß bereits riechen. Doch noch lag die Hügelkette vor mir, und während ich allmählich bergan marschierte und registrierte, daß Laubbäume sich das Terrain mit Fichten teilten, stellte sich mir die Frage, wie ich an den Kargan herankommen könnte.

Sobald ich aus dem Windschatten des Hanges heraus war und die Höhe erreicht hatte, pustete mich eine kräftige Brise durch. Mit dem Fernglas folgte ich dem Lauf des bräunlichen Wassers, das sich wie ein breiter Wurm durch die Landschaft wand. Viele kleinere Einflüsse verbreiterten den mächtigen Strom an manchen Stellen auf einige hundert Meter. Karte und Kompaß auf den Knien ausgebreitet, machte ich mich an das Puzzlespiel: Wo war ich, wo wollte ich hin. Blick auf die Theorie, Glas ans Auge, an der Realität überprüfen. Gar nicht so schlecht, wie ich gegangen war; und wenn ich mich nicht täuschte, mußte der Seitenfluß auf »elf Uhr« der

Chor sein, der drüben in Sibirien entsprang. Ich erkannte ein ausgedehntes Sumpfgebiet auf meiner Seite des Ufers, das am besten umgangen werden konnte, indem ich den Abhang quer entlang lief, um dann schnurstracks an das frei liegende Uferstück zu kommen. Auch auf der gegenüberliegenden Seite des Grenzflusses zog sich die Taiga hin, soweit mein Auge reichte. Zirruswolken fächerten über den Mittagshimmel; ein untrügliches Zeichen, daß das Wetter bald umschlagen würde. Kalter Reis mit Knoblauchzehen und ein paar Schlucke Bachwasser waren alles, was ich mir gönnte. So schnell als möglich wollte ich hinunter an den Fluß. Da längsseits des Hanges kein Tier einen Pfad getrampelt hatte, schlug ich mich querfeldein durch, paßte höllisch auf, daß ich auch den Bogen lief, um nicht unten im Sumpf zu landen. Der Abstieg hatte es in sich: Lockere Steinfelder wechselten ab mit wurzeldurchzogenem Waldboden, so daß ich dauernd auf der Hut sein mußte, nicht haltlos bergab zu rutschen oder zu stolpern. Die Schwerkraft nutzend, nahm ich Hindernisse wie abgestorbene Bäume oder kleinere Büsche im Schlußsprung, verfluchte den Ginseng, in dessen Umgebung dicke Dornen in der Erde steckten, die kräftig genug waren, meine Schuhsohlen zu durchbohren. Auch dieses Mal war das Glück auf meiner Seite; zerkratzt, durchgerüttelt und atemlos kam ich am Fuß des Hügels auf. Die Strömung des Ussuri deutlich im Ohr, bahnte ich mir einen Weg durch mannshohes Weidengestrüpp; aufgeschreckt flatterten Vögel aus dem Dickicht auf. Endlich fühlte ich Schlick unter den Sohlen und sprang aus dem Schilfgürtel ans Ufer. Gute zweihundert Meter war der Ussuri an dieser Stelle breit, der Regen der vergangenen Tage hatte ihn mächtig anschwellen lassen. Schwimmen, überlegte ich, konnte ich vergessen, zumal das Wasser eiskalt war. Vielleicht läufst du das Ufer in Richtung Chor ab, siehst nach, ob irgendein Schmuggler sein Boot ins Dickicht geschoben hat. Kaum hatte ich diesen Gedanken gedacht, verwarf ich ihn auch wieder; fünfzig Kilometer bedeuteten einige Tage stramm durchzulaufen. Bei meinem Glück, das ich bisher hatte, hoffte ich auf eine andere Lösung. Einer Eingebung folgend, begann ich feuchtes Laub zu einem großen Haufen aufzuwerfen. Sieben meiner kostbaren Streichhölzer ging drauf, bis endlich eine dichte weiße Rauchsäule aufstieg. Sollte der Kargan mit dem Boot unterwegs sein – das hier konnte er einfach nicht übersehen. Das Fernglas an die Augen gepreßt, suchte ich den Fluß ab. Wie mag er aussehen? Zum ersten Mal malte ich mir den Einsiedler als real existierenden Menschen aus – steinalt, kernig, in Felle gekleidet. Wahrscheinlich war er menschenscheu, würde abdrehen, wenn er mich entdeckte. Ich blickte an mir herunter – schlammgrüne Hose, uniforme Jägerjacke, dazu mein Jagdgewehr, Rucksack und Zelt.

Eine Stunde wartete ich nun schon, stets das Geschehen auf dem Fluß im Auge. Gänsesäger und Möwen landeten auf den Wellen, tauchten nach kleinen Fischen, hoben schwerfällig ab und stiegen in den Himmel auf. Bizarre Wurzeln und kahlrasierte Stämme trieben an mir vorbei, verkeilten sich in den Ausbuchtungen des Ufers, rissen sich wieder los und wurden von der Strömung weiter fortgetragen. Raubvögel über mir ließen ihre Schreie ertönen, zogen elegante Kreise, stießen plötzlich herab und vertrieben streitbare Krähen aus ihrem Revier. Allmählich wurde ich unruhig, und als die zweite Stunde verstrichen war, stellte ich plötzlich mein ganzes Ansinnen in Frage. Warum wollte ich diesen Einsiedler eigentlich treffen? Mein Blick schweifte hinüber in die Unendlichkeit Sibiriens ... über Jahre hinweg isoliert von jeglicher Zivilisation leben, sich der Natur stellen, ihr nicht ausweichen können, bis man spürt, ein Teil von ihr zu werden. Von diesem Gedanken ging für mich eine ungeheure Faszination aus, vielleicht weil ich die Naturgewalten für mein seelisches Gleichgewicht brauchte, aber ohne menschliche Gesellschaft nicht auskommen konnte. Die nasse Kälte, die vom Fluß aufstieg, kroch mir allmählich in den Körper; das Feuer erzeugte zwar eine schöne Rauchwolke, wärmte aber nicht die Spur. Der ist nicht mehr auf dem Fluß, denn es wird bald dunkel, sagte ich mir, während ineinander verkeilte Treibholzgebilde meine Aufmerksamkeit einfingen: Wenn da einer mit dem Boot reinfährt, kentert er unweigerlich, und bei der starken Strömung wird schon ein dickerer Ast zur Keule. Immer häufiger setzte ich das Glas ab, sah hinter mich in den Weidenstreifen und suchte nach einem geschützten Platz für mein Zelt.

Kalte Herbstnebel lagen über dem Fluß, und der Himmel darüber war grau in grau. Nach einem kargen Reisfrühstück entzündete ich wieder meine Rauchsignale, hockte mich ans Ufer und angelte. Bis der Einsiedler auftauchte, hätte ich wenigstens etwas Vernünftiges zu essen. Doch am Fluß blieb es ruhig, und ich hatte alle Zeit der Welt für Gedankenspiele. In ungefähr einem Monat würde der Winter in die Taiga einziehen. Winter in Sibirien bedeutete, große Mengen Feuerholz zu besorgen, und wenn man trappte und auf Pelztierfang ging, müßten die Fallensteige hergerichtet, die Wechsel des Raubwildes zu Wegen freigeschlagen werden, die auch bei hohem Schnee begehbar sind. Und gerade jetzt, in diese Zeit der Vorbereitungen, platzte ich hinein. Doch mich hielt es am Fluß. Eine dicke Brasse ging an den Haken, ich nahm sie aus und briet sie abends am Lagerfeuer. Windgeschützt zwischen dem Buschwerk, ließ es sich in meinem Camp aushalten, und ich beschloß, eine Woche lang auszuharren. Dann allerdings müßte ich mich auf den Rückweg zum Waldhaus machen. Sie würden sicherlich nach mir suchen, aber ob sie mich fänden? Die Vorstellung, die Mandschus könnten ohne mich abziehen, hatte etwas Bedrohliches.

Als ich am nächsten Morgen wieder am Fluß stand, grübelte ich darüber nach, wie so einer wie ich, nur mit Zelt und Schlafsack ausgerüstet, den Winter in der Wildnis überleben könnte. Versunken in meine Überlegungen, glitt ich mit dem Fernglas übers Wasser, bis es mit einem Mal ein Boot einfing, das drüben am anderen Ufer fuhr. Wind blies übers Wasser, zauste in der grauhaarigen Mähne des Mannes, der etwas von einem Mongolen hatte: hohe Wangenknochen in einem dunkelhäutigen Gesicht, markante Nase. Die Augen zu einem Spalt zusammengekniffen, zog er kräftig die Ruder durch. Das könnte der Kargan sein. Rasch warf ich Zweige auf das Feuer und winkte mit erhobenen Armen. Das Boot näherte sich, würde bald auf meiner Höhe sein; ohne aufzuschauen, ruderte der Mann im unveränderten Takt weiter. Verdammt noch mal, sieht der mich nicht? Drei oder vier Bootslängen noch, dann würde er auf meiner Höhe sein.

»Hallooo!« brüllte ich über den Fluß, meine Hände zu einem Trichter geformt. Jetzt hob sich sein Kopf; er entdeckte mich und hielt inne.

»Kargan?« schrie ich.

Er war aufgestanden, hielt sich kerzengerade in dem schwankenden Boot und schaute in meine Richtung. Ich schlenkerte mit beiden Armen, doch er blieb ruhig stehen, legte die Hände über die Augen, als suche er etwas. Für wen hielt er mich, schoß es mir durch den Sinn, glaubte er, ich sei mit einem ganzen Troß hier?

»Ich bin allein!« schallte meine Stimme übers Wasser, und ich unterstrich die Worte noch mit einer kreisenden Bewegung meines Armes. Der Mann setzte sich, schien unentschlossen; die Ruderblätter schaukelten herrenlos auf den Wellen. Minuten verstrichen, in denen ich mir überlegte, wie ich ihn dazu bewegen konnte, auf meine Seite des Ufers zu kommen. Rauchzeichen, winken, rufen... hilflos sah ich zu ihm hin und hoffte, daß er mein Bitten wahrnehmen möge. Es funktionierte, denn mit ruhigen Schlägen steuerte er plötzlich auf mich zu. Vor Freude machte ich eine Faust in der Tasche und hätte am liebsten laut gejubelt. Doch mein Instinkt warnte mich; also verbarg ich meine Aufregung und zwang mich, ihn gelassen am Ufer zu erwarten. Geschickt kreuzte das Boot die Wellenkämme, glitt dann längsseits an den Strand. Scharfe Augen musterten mich, als er mit unverhohlenem Mißtrauen in der Stimme fragte:

»Was machst du hier?«

»Ich wollte dich finden«, antwortete ich auf russisch.

»Du bist zwar von weißer Hautfarbe, aber kein Russe!« stellte er fest, ohne auf meine Antwort einzugehen.

»Nein, kein Russe. Ich bin Deutscher!«

»Woher weißt du von mir?« fragte er nun fast lauernd.

Ich zeigte in die Richtung, in der das Waldhaus lag, und kramte in meinem Gedächtnis nach den passenden Vokabeln; es war lange her, daß ich mit einem Russen gesprochen hatte. Dann erwiderte ich:

»Seit Monaten lebe ich mit Mr. Li und einigen mandschurischen Jägern im Waldhaus. Sie haben von dir gesprochen.«

»So, Li!« Der Ton, mit dem er Lis Namen aussprach, verhieß nichts Gutes, und ich beeilte mich, weitere Erklärungen abzugeben, bevor er auf die Idee kam, unverrichteter Dinge abzulegen.

»Ich bin Berufsjäger und Forstmann, sollte im Auftrag der Regierung die Gegend im Amur-Ussuri-Dreieck auf forstwirtschaftlichen Nutzen kartographieren, doch...« Noch bevor ich ihm sagen konnte, daß daraus nichts geworden war, erschütterte dröhnendes Lachen die schmächtige Gestalt. Amüsiert, daß meine Rede diesen ungeahnten Erfolg hatte, lächelte ich auch zum ersten Mal.

»Da drüben ist Sibirien!« sagte er mit deutlichem Ernst und wies mit dem Daumen hinter sich.

»Ich weiß.«

»Gut, Jungchen. Du bist doch ein freier Mann, oder?«

»Ja«, erwiderte ich und hatte Mühe, ein verräterisches Schmunzeln zu unterdrücken; es war die Anrede »Jungchen«, die mich einerseits amüsierte, aber auch anrührte.

»Dann steig ein!«

»Warte einen Augenblick«, rief ich ihm zu und rannte zum Zelt, griff nach Rucksack und Gewehr und legte zur Vorsicht einen weiteren dicken Stein auf meinen Lebensmittelsack. Mit großen Schritten durcheilte ich den Busch, immer mit der Angst im Nacken, der Kargan könne es sich im letzten Moment anders überlegen. Doch er hockte still im Boot und bedeutete mir mit einem kurzen Kopfnicken, mich auf der hinteren Bank niederzulassen. Als wir vom Ufer abstießen und langsam an Fahrt gewannen, legte sich meine Nervosität. Schlag um Schlag tauchten die Ruder gleichmäßig ein. Die Augen geradeaus auf den Strom gerichtet, wich der Kargan gekonnt dem Treibholz aus, er schien einen Riecher für Hindernisse zu haben – ein Mensch, der draußen lebte und sich der Natur stellte. Das Leben hatte Spuren in sein wettergegerbtes Gesicht gezeichnet. Wie alt mochte er wohl sein? Der Vollbart zeigte noch Ansätze der ehemals dunklen Haarfarbe, und ich schloß daraus, daß der Kargan die Sechzig vielleicht knapp überschritten hatte. Aus den Augenwinkeln schielte ich immer wieder zu ihm hin, und falls er es bemerkt haben sollte, so verzog er keine Miene. Da der Mann keine Anstalten machte, sich mit mir zu unterhalten, lehnte ich mich gegen einen weichen Sack, zählte die einfließenden Nebenarme des Ussuri und stellte mit heimlicher Freude fest, daß ich mich genaugenommen bereits in Sibirien befand, da die Grenze laut meiner Karte in Flußmitte verlief. Sprühregen hatte eingesetzt, und Nässe und Kälte begannen bereits an mir zu zerren, als wir unerwartet auf eine kleine Bucht zusteuerten. Kaum war das Boot auf Grund gelaufen, sprang der Kargan wie ein junger Mann aus dem Boot. Wortlos, wie ein eingespieltes Team, zogen wir es gemeinsam an Land, und jeder griff sich so viele Gepäckstücke, wie er schleppen konnte. Auch auf dieser Seite der Taiga verhakten sich kleinwüchsige Stauden zu einem filzigen Teppich. Außer Rucksack und Gewehr hatte ich den Sack geschultert, der mir im Boot fast wie ein Sofakissen vorgekommen war und in dem ich nun Steine vermutete. Gebückt unter dem Gewicht zweier Säcke, stapfte der Mann vor mir her auf dem Trampelpfad, der leicht anstieg und zu einer Hütte führte. Beim Näherherankommen stellte ich jedoch fest, daß es ein solide gebautes Holzhaus war, benagelt mit rauchig dunklen Schwarten. Mit dem Stiefel stieß der Einsiedler die niedrige Eingangstür auf und polterte die Stufen hinab, die direkt in die Stube führten.

»Willst du Tee?« fragte er, stellte die Säcke auf den Boden und rieb sich die Hände.

»Ja, gerne«, sagte ich höflich und versuchte meine Augen an das Dunkel zu gewöhnen.

»Sehr nützlich im Winter, halten Kälte und Bären draußen«, feixte er und zeigte auf die winzigen Fensteröffnungen, die kaum Tageslicht hereinließen.

»Hier riecht es interessant«, bemerkte ich wie nebenbei und hoffte, den richtigen Ton getroffen zu haben.

»Schau dich nur um«, entgegnete er und verschwand im hinteren Teil des weiträumigen Raumes. Ich hörte ihn hantieren, kurz darauf erhellte das warme Licht einer Petroleumlampe einen grobgezimmerter Tisch, vor dem zwei Hocker standen. Dahinter an der Wand erkannte ich ein Bettgestell aus Fichtenholz mit verschiedenen Fellen, unter denen eine dicke Moosunterlage hervorlugte. Der Kargan fing meinen Blick auf, und während er damit beschäftigt war, die Säcke hinter einer Trennwand zu verstauen, sagte er:

»Das ist meine Schlafstelle für den Sommer. Im Winter liege ich auf dem Ofen – komme allmählich in die Jahre.«

Der lehmverschmierte Eigenbau nahm die ganze Ecke des Raumes ein, und ich schätzte, daß man nicht größer als einen Meter und siebzig sein durfte, um oben auf der Plattform ausgestreckt liegen zu können. In der Vorderfront, über der Einfüllluke, war eine Höhlung ausgespart, in der ein zerbeulter Kessel stand.

»Jungchen, mach das Feuer an!« bat mich der Alte und zeigte auf Holzstücke, die neben dem Ofen säuberlich aufgestapelt waren. Ich nickte, schaufelte die Scheite in den Feuerungsraum und suchte Späne heraus zum Anzünden.

»Übrigens, ich bin auch schon ›in den Jahren‹«, nahm ich lachend unser Gespräch wieder auf und zeigte auf mein linkes Knie: »Rheuma!«

Er lachte herzlich, trat nah an mich heran und sagte:

»Das ist nur ein Knie! Ich spreche von jedem einzelnen Knochen, den du in dir hast!«

Seine Nähe und diese Geste, mit der er seinen Brustkorb umspannt hielt, weckten in mir Gefühle der Freundschaft und des Akzeptiertwerdens. Seit Monaten hatte ich gegen Ignoranz und Kälte ankämpfen müssen, hier nun hatte ich endlich einen wirklich herzlichen Menschen vor mir. Spontan streckte ich ihm meine Hand entgegen und sagte beinahe schüchtern: »Ich heiße Andreas!«

»Andreij«, wiederholte er in einem Ton, als hätte ich ihm ein Geheimnis verraten. Verlegen schlenderte ich hinüber zu den Tellereisen, die an großen Nägeln neben der Eingangstür hingen; geputzt und eingeölt, warteten sie auf die bald anbrechende Saison. Daneben, in einem Holzgewehrständer, hatte er einen russischen Militärkarabiner, eine KK-Büchse und eine 16er Doppelflinte, in deren Laufmündungen ölgetränkte Leinenpfropfen steckten. Von der mit Moos ausgestopften Holzdecke rieselten anscheinend Schmutzpartikel herunter. Der Mann war äußerst sorgsam mit den Dingen, die sein Überleben sicherten, dachte ich bewundernd, als ich mich plötzlich beobachtet fühlte und zu ihm hinschaute:

»Dahinten in der Ecke, das wird dich interessieren«, sagte er und lachte leise. Und dann wußte ich mit einem Mal genau, woher dieser Geruch kam: Eichhörnchen! Aufgezogen auf kleine Spanner, dekorierten mehr als zehn Tiere die Wand. Mit dem Fell nach innen gekehrt, trockneten dort frischgeschossene Hörnchenhäute. Auf den ersten Blick schienen die Felle ohne jeglichen Einschuß, doch dann entdeckte ich ein kleines Loch im aufgefalteten Kopf. Meine Güte, wie mußte der schießen können, um so ein wieselflinkes Tier in den kleinen Kopf zu treffen. Ich pfiff laut durch die Zähne: »Eine echte Kunst. Du bist ein hervorragender Schütze, Kargan!« Zum ersten Mal sprach ich ihn mit seinem Namen an.

»Ein Rubelchen pro Stück!« rief er und lachte wieder.

»Wie viele davon schießt du im Jahr?« wollte ich wissen und setzte mich zurück an den Tisch.

»Ich weiß nicht so genau, aber jetzt im Herbst, bevor sie in die Winterruhe gehen, erlege ich ungefähr zweihundert«, gab er zur Antwort, ohne von seiner Arbeit aufzusehen. Geschickt rührte er Wasser und Mehl zu einem Teig und kleckste einen neuen Fladen auf den Ofen.

»Für die Rubel kaufe ich in der Kolchose Salz, Mehl, Patronen und was ich sonst noch so alles brauche.«

»Kamst du gerade von dort?«

»Ja, Jungchen, du hattest großes Glück. So oft fahre ich nicht in diese Richtung, vielleicht sechsmal im Jahr.« Sein Lächeln war wohlmeinend, und mich durchflutete wieder dieses warme Gefühl. Knoblauch, Trockenfisch und Zwiebeln stellte er vor mich hin, goß Tee in die Blechbecher und nahm die knusprigen Fladen vom Ofen. Das Knistern des Feuers und der leise Summton des Kessels waren die einzigen Geräusche; ohne ein Wort zu sprechen, saßen wir uns gegenüber und genossen die Mahlzeit. Eingehüllt in die Wärme und das Gefühl eines sich langsam füllenden Magens, überkam mich wohlige Mattigkeit.

»So etwas Gutes hatte ich lange nicht mehr!« unterbrach ich die Stille. Unsere Augen trafen sich für einen Moment, und als sei ihm dieses Kompliment zuviel, senkte der Kargan den Blick und murmelte:

»Da drüben sind Säcke mit Moos und ein paar Felle.«

Der kalte, scharfe Geruch von Pfeifentabak lag noch in der Luft, als ich die Augen öffnete. Im Halbdunkel durchforschte ich den Raum, horchte auf Atemzüge, als es draußen polterte und die Tür mit einem Schwung aufschlug.

»Bist du wach, Jungchen? Ich habe uns frisches Wasser vom Fluß geholt.« In jeder Hand einen Eimer, stiefelte er die Stufen hinab ins Haus.

»In diesem Bett schläft man wie ein Bär!«

»Das ist gut«, antwortete er lachend, »ist ja auch ein Bärenfell, unter dem du liegst!«

»Vor einer Woche bin ich auf eine Bärin mit zwei Jungen gestoßen«, sagte ich und lauerte auf seine Reaktion.

»Wo?«

»Überrascht hat sie mich bei der riesigen Felswand in Nähe des Flusses, ist auf mich zugekommen und hat mich bestimmt eine Viertelstunde lang intensiv beschnuppert. Ich ... ich dachte, jetzt ist es aus mit mir!« Er bemerkte meine Erregung und legte seine Hand auf meine Schulter.

»Du willst sagen, sie war direkt an dir dran?«

»Ja, ich konnte ihren scharfen Atem auf meinem Körper spüren!«

Zweifel standen in seinen Augen, und er musterte mich kopfschüttelnd, dann sagte er:

»Das muß die große, alte Bärin gewesen sein. Ich weiß, daß sie drüben an einem Fluß lebt, habe ihre Fährte aber auch auf dieser Seite des Ussuri gefunden. Wir haben Respekt voreinander und lassen uns in Ruhe. Seit dem letzten Winter habe ich sie allerdings nicht mehr gesehen.«

»Kann gut sein«, überlegte ich laut, »sie hat zwei Junge, die erst ein knappes Jahr alt sind und eine Mordsangst vor Wasser haben.«

»Daher also«, entgegnete der Kargan und schien froh, daß ich ihm die Erklärung für die Abwesenheit der Bärin geliefert hatte.

»Ich bin ihnen für einige Tage an den Fluß gefolgt, und auf eine bestimmte Entfernung ließ sie meine Nähe zu, ich konnte ihr sogar beim Fischen und Säugen zusehen!«

»Mhm! Du bist ein mutiger Bursche!«

Verlegen hob ich die Achseln, freute mich aber über seine Feststellung. Auch das schuf ein Band mit diesem Mann, daß er »meine Bärin« kannte. Möglicherweise war er imstande, mir Antwort auf eine quälende Frage zu geben.

»Ich frage mich dauernd, wieso hat sie nicht gebissen, mich getötet?«

Stirnrunzelnd sah mich der Kargan an und sagte leise: »Wilde Tiere sind wilde Tiere! Wie können wir Menschen unsere Art des Denkens auf sie übertragen, Logik und all so was? Sei froh, daß du lebst!«

»Bin ich, bin ich«, erwiderte ich lachend und hob im Scherz abwehrend die Hände.

Kargan goß für mich Wasser in den Zuber, den er neben den Ofen gestellt hatte, und sah mir grinsend zu, wie ich mit beiden Händen eiskaltes Flußwasser über mich schaufelte und dabei laut prustete.

»Sag mal«, fragte ich zwischendrin und wies mit dem Kopf zu den aufgespannten Häuten hin, »wofür nimmt man eigentlich die Felle der Eichhörnchen?«

»Die feinen Leute in Moskau wollen warmes Innenfutter für ihre Mäntel!« entgegnete er. »Zobel bringt weit mehr, und manchen Winter fange ich zwanzig bis dreißig Stück. Doch verglichen mit früher sind die Preise für Pelze kaputt, einfach kaputt!« Er zog einen Lappen aus der Hosentasche und schneuzte sich kräftig.

»Na ja«, begann er erneut, »für meinen Lebensunterhalt reicht das allemal. Vor vielen Jahren, da haben wir Tiger gejagt, die an die Zoos in aller Welt verkauft wurden. Damals existierte hier noch eine große Jagdkolchose«, schwärmerisch verdrehte er die Augen, »doch mit der zunehmenden Ausrottung der Tiere und seitdem Russen und Chinesen sich am Ussuri im Kriegsspiel üben, ist sie zusammengeschrumpft. Du bist hier am Ende der Welt, vergessen vom großen russischen Reich!«

Dafür, daß ich am Ende der Welt war, sah das Frühstück verdammt lecker aus: frischgebackenes Fladenbrot, eine Art Butteraufstrich und, ich glaubte meinen Augen kaum, *Marmelade!* Nach einer langen Zeit der Entbehrung konnte ich mich natürlich nicht beherrschen.

»Iß, Andreij, iß!« Kargans Augen funkelten.

»Das letzte halbe Jahr gab es Reis, Kartoffeln und Knoblauch zum Frühstück. Du glaubst nicht, wie glücklich mich diese süße Marmelade macht!«

»Jeden Frühling und Herbst gönne ich mir einen Eimer, ansonsten habe ich Zucker im Vorrat und mache aus den Beeren der Tundra eine Art Marmelade.« Sein verschmitzter Gesichtsausdruck ließ allerdings Zweifel aufkommen.

»Früher, da war ich ein freier Jäger in der verlassensten Ecke Rußlands, hatte Freunde und sogar für ein paar Jahre eine Frau, die hier mit mir lebte...« Seine Stimme war leise geworden. Bevor ich seine Worte verdaut hatte, polterte er plötzlich los:

»Komm mit raus, ich zeige dir den Bach, an dem ich im Sommer Gold wasche!« Abrupt stand er vom Tisch auf, nahm seine Jacke vom Haken und marschierte aus der Tür. Mich beschlich das Gefühl, als bereue er, mir Intimitäten erzählt zu haben. »Eine Frau«, flüsterte ich, schnalzte sehnsuchtsvoll mit der Zunge und stob ihm hinterher. Nebelschwaden waberten über dem Fluß. Nachdem wir dem Lauf des Ussuri ein kleines Stück gefolgt waren, bogen wir ab ins Hinterland. Schweigsam gingen wir nebeneinander her, jeder hing seinen eigenen Gedanken nach. Auf der Karte hatte ich gesehen, daß eine Bahnlinie den Chor kreuzte und daß es anscheinend einen Ort gleichen Namens gab. Vielleicht war der Einsiedler dort gestrandet und hatte sich hierher ins Niemandsland zurückgezogen?

»Da vorn ist es!« sagte er und zeigte auf einen kiesigen Bach, der die Tundra durchschnitt. Ausgewaschenes Gestein hatte sich im Laufe der Jahre zu einer richtigen Geröllhalde aufgetürmt. Eine primitive hölzerne Rutsche stand verwaist am Ufer, Siebe, Pfannen, Schaufel und Hacke klemmten in den Verstrebungen. Die Szenerie erinnerte mich an Bilder vom Klondyke River in Alaska, wo Männer verbissen die Erde umwühlten und ihr Leben lang auf den großen Coup hofften.

»Bist du je fündig geworden?« fragte ich ihn und besah mir die Waschpfanne, die verbeult und mit Patina überzogen war. Der Kargan nickte bedächtig, bückte sich und schaufelte den Kiessand mit bloßen Händen.

»Hier; siehst du, wie rot, wie kupferhaltig es ist?« In den schwieligen Linien seiner Hand verlor sich das winzige Goldstaubkorn.

»Da braucht man eine ganze Menge von, oder?« fragte ich vorsichtig nach.

»Jungchen, ich mache das mehr zum Zeitvertreib. Früher einmal, da hat es sich gelohnt.« Plötzlich verzog sich sein Gesicht zu einem breiten Lächeln, und glucksend setzte er hinzu: »Ich glaube, heute komme ich wieder an den Goldstaub, den ich früher habe liegenlassen. All das hier ist bestimmt schon zigmal umgegraben worden!«

»Wo hast du das Gold verkauft?«

»In der Kolchose. Ich hatte mal tüchtig Rubel!«

»Was hast du damit gemacht?«

»Das Haus, Gewehre, das Boot – ja, und die Frau!«

Sein Gesicht hatte sich aufgehellt; er schien richtig in Fahrt gekommen zu sein.

»Damals war ich wild, wild auf alles, habe die Natur ausgebeutet auf Teufel komm raus!« In seinen Augen blitzte es kurz auf, bis sich seine Miene wieder glättete: »Mit den Jahren wurde ich immer ruhiger, und heute, ja heute bin ich selbst zu einem breiten Fluß geworden, der unbeirrbar mit den Jahreszeiten dahinfließt.«

»Mhm«, murmelte ich und betrachtete nachdenklich diesen lebendigen Ausdruck in seinem Gesicht, der sich von einer Minute zur anderen verändern konnte.

»Jungchen, du bist noch jung, du hast noch Zeit!«

»Aber ich beute schon heute die Natur nicht aus, Kargan. Ich bin zwar Berufsjäger und habe in meinem Leben bestimmt an die dreihundert Wildschweine, jede Menge Hirsche und Rehe geschossen, aber immer auch auf den Wildbestand geachtet!«

»So viele Wildschweine?«

»Es gibt jede Menge Schwarzwild in unseren Wäldern!«

»Inzwischen hat sich auch hier der Keiler zum Herrscher des Nordens entwickelt, weil der Amur-Tiger fast ausgerottet ist. Das Wildschwein war seine bevorzugte Beute, und er konnte sich immer nur die besten Stücke aus dem Fleisch reißen. Heutzutage, wo die Sauen und Keiler fast keinen natürlichen Feind mehr haben, gibt es viel zu viele. Wir haben Keiler mit Eckzähnen von dreißig Zentimetern und fünf Zentnern Gewicht!« Vehement fuhr er sich durchs Haar, und mir war es unmöglich zu sagen, ob die Ausrottung des Tigers oder die Vorstellung des kapitalen Keilers ihn in solche Erregung versetzte.

»Kurz bevor wir uns am Fluß getroffen haben, bin ich einem Tiger auf der Spur gewesen!« platzte ich heraus. Wieder sah er mich an, als gäbe ich Jägerlatein zum besten.

»Daß der sich überhaupt noch nach drüben wagt. Die Mandschus wildern alles, was ihnen vor die Büchse kommt!« Die Worte kamen schneidend, und sein Blick ruhte auf mir. Ich weiß davon, dachte ich und spürte, wie mir das Blut in die Wangen schoß. Ungeachtet meiner Regung, sprach der Kargan weiter:

»Li, dem habe ich schon am Fluß gegenübergestanden. Unverwechselbar, dieser kantige Kopf mit einem Gesicht wie aus Fels gemeißelt – seit Jahren ist der hinter dem Tiger her.«

»Du weißt davon?«

»Ja, in der Wildnis reist ein Wort schneller, als ein Boot über den Fluß fahren kann, und dort drüben«, sagte er bedeutungsvoll und warf den Kopf nach hinten, »geschehen die seltsamsten Dinge. Ich bin mir sicher, daß es auf der russischen Seite inzwischen mehr Wild gibt als in der Mandschurei.«

»Wie hast du denn die Tiger damals gefangen?« fragte ich eindringlich, denn ich wollte ihn von dem verfänglichen Thema »Li« abbringen.

»Wir wollten sie ja lebend kriegen«, begann er, und ich merkte, wie sein Blick in die Vergangenheit abschweifte – er sah mich zwar an, doch schaute er durch mich hindurch.

»Das war nach dem Krieg, als wir losgezogen sind. Sechs, sieben Männer, jeder hatte seinen Leicahund dabei, einen Wolfspitz. Im Schnee ließ sich gut ablesen, ob eine Tigerfährte noch frisch war und ob es sich auch um ein junges Tier handelte. Hatten wir also eine Fährte, haben wir uns von den Bäumen lange Stangen mit einer Gabelung vorn geschnitten und die Hunde auf die Spur gesetzt. Die Verfolgung zog sich hin; oft stießen wir auf frisch gerissenes Wild, der Tiger hatte also die Hunde gehört und von seiner Beute abgelassen. Wir verfolgten ihn so lange, bis er sich in die Enge getrieben fühlte. Dann wurde die Hundemeute auf ihn gehetzt. Wenn wir uns irrten und es sich um einen großen Tiger handelte, mußten schon einige Hunde ihr Leben lassen. War der Tiger gestellt, ist der Mutigste von uns auf ihn zugesprungen, hat sofort den Kopf mit der Gabel niedergedrückt. Mit Seilen haben wir anderen Schnauze und Pranken gefesselt und ihn an die Stangen verschnürt. Das Wegschleppen war Schwerstarbeit, und alle Mann packten zu. Wurde gut bezahlt!« schwärmte er.

»Heutzutage werden die letzten Exemplare einfach abgeknallt und in Einzelteilen zu horrendem Geld gemacht!« warf ich ein.

»Ich weiß, wir alle haben es übertrieben. Auch damals haben wir Tiere gefangen, die alte Schußverletzungen und Narben von Schlingen hatten; immer schon war man ihnen auf den Fersen. Es war der Mythos von katzeneigener Sanftmut und Kühnheit, den die Menschen um ihn rankten, seine sexuelle Potenz, wenn er in der kurzen Paarungszeit alle zwanzig Minuten eine Tigerin bespringt – und das tagelang. Und ich sage, wenn du einen Tiger durch das hohe, gelbe Gras schreiten siehst, während die Strahlen der sinkenden Sonne seinen lohfarbenen Pelz umspielen, ist das ein einzigartiges Erlebnis!« Der Kargan strich sich über den Bart und schaute zum Horizont.

»Wenn ich heute zwei oder drei Tiger im Jahr fährte, ist das viel. Ich glaube, da drüben«, unterbrach er sich und machte eine wegwerfende Handbewegung, »ist es ihnen wegen der Wildererbanden viel zu unruhig. Ich habe beobachtet, daß die Tiger nach kurzer Zeit wieder durch den Ussuri zurück auf meine Seite schwimmen.«

»Schwimmen?«

»Ja, er ist zwar eine Katze, aber ein guter Schwimmer!«

»Werden die Tiere von den Russen auch zu Aphrodisiakum verarbeitet?«

»Diese asiatische Tradition kennen wir nicht. Russen sind vor allem Jäger, Chinesen sind Ausbeuter, die für Geld alles machen. Unsere Wilderer haben früher – und tun es leider auch noch heute – die Tiger zu genau diesem Zweck an Chinesen und Japaner verkauft. Die zerstörerische Macht des Geldes reicht bis hierhin in den letzten Winkel!« sagte er nachdenklich und wandte sich zum Gehen.

Querfeldein marschierten wir durch das Gelände, und wann immer der Kargan auf einen Pilz stieß, schnitt er ihn wenige Zentimeter über dem Boden ab. Zum ersten Mal sah ich einen Birkenpilz; er hatte die gleiche Farbe und Maserung wie ein Birkenstamm.

»Der Herbst hält Gutes bereit«, sagte er dann, schmunzelte vergnügt und ließ seine Ernte in seiner Jackentasche verschwinden. Als wir an seinem Haus anlangten, zeigte er mir kleine Beete, auf denen er Zwiebeln und Knoblauch zog, die jetzt jedoch abgeerntet waren und die die Taiga zu überwuchern begann.

»Dein Leben ist weitgehend autark und ungestört«, resümierte ich.

»Ja, je länger ich hier draußen lebe, und das sind nun bald dreißig Jahre, desto mehr werde ich selbst ein Teil der Taiga. Alle Stellen, wo etwas Eßbares wächst, die klarsten Bäche und die Sammelplätze der Tiere kenne ich in- und auswendig, deute jedes Zeichen in der Natur. Es gibt nur wenig, was mich überrascht und dem ich mich nicht gewachsen fühle. Als ich jünger war, brauchte ich ständig die Herausforderung, heute bin ich mit dem Gleichmaß zufrieden. Nur die Einsamkeit, die verfluchte Einsamkeit macht mir manchmal zu schaffen«, er lachte derb und klopfte sich auf die Tasche. »Dagegen habe ich meine Mittelchen«, sagte er geheimnisvoll.

»Kommt denn nie jemand bei dir vorbei?« wollte ich wissen, denn daß auch ihn Gefühle des Alleinseins beschleichen könnten, war mir bisher nicht in den Sinn gekommen – er wirkte einfach nicht so auf mich.

»Schmuggler, Wilderer, die auf Wodka scharf sind«, sagte er nach einiger Zeit und sah hinüber zum Fluß. Dann wechselte sein Blick zu mir, und er runzelte nachdenklich die Stirn, als er sagte:

»Mongolen, Chinesen, Russen. Du bist der erste weiße Ausländer, dem ich am Ussuri begegnet bin, und sprichst auch noch meine Sprache. Wieso eigentlich?«

»Ich weiß nicht, ob du dich in unserer Geschichte auskennst, aber nach dem Zweiten Weltkrieg wurde Deutschland in zwei Teile aufgeteilt, einer davon unter russischer Besatzung. Ich bin im Ostteil aufgewachsen, habe sechs Jahre Russisch in der Schule gelernt und bin 1976 auf abenteuerliche Weise geflohen«, erklärte ich.

»Geflohen? Wart ihr so abgeschottet wie wir?«

»Ja, eingezäunt mit Stacheldraht wie Vieh auf der Weide!«

»Hier gibt es keine Zäune, wohl aber Grenzen, die, wie du selbst weißt, überschritten werden können. Doch vor nicht allzu langer Zeit drohte hier am Ussuri ein Krieg zwischen Russen und Chinesen auszubrechen. Schwerbewaffnete Soldaten lungerten überall am Fluß herum.«

»Eine Invasion in der unberührten Wildnis. Das paßt nicht zusammen«, sagte ich und ließ meine Augen über den Fluß und die stille Landschaft gleiten.

»Wir kriegen bald Schnee – riechst du ihn?« fragte der Kargan.

»Mhm«, brummelte ich, während ich die Luft einsog; er hatte recht, die Frische heute hatte tatsächlich etwas Frostiges. Meine Tage hier sind gezählt, überlegte ich, während ich hinter ihm den Raum betrat. Die Ofentür stand offen, und sprotzende Funken stoben aus der Luke. Ich beobachtete, wie er Scheit um Scheit die Flammen zum Lodern brachte.

»Dann trocknen die Pilze schneller«, rief er lachend. Auch ich brachte ein Lächeln zustande, obwohl mich Traurigkeit erfaßt hatte: Bald würde ich ihn und den Frieden, den er ausstrahlte, verlassen müssen, zurückmarschieren zu den Mandschus. Er winkte mich mit dem Kopf an den Tisch, auf dem dampfender Tee wartete. Der Kargan hatte sich auf einem Hocker niedergelassen und stopfte sich die Pfeife.

»Setz dich!«

Ich hängte die Pelzmütze zurück an den Haken.

»Birkfuchs – den gibt es nur hier!« murmelte ich, und meine Worte waren mehr am mich als an ihn gerichtet. Doch er hatte gehört, was ich sagte, und schmunzelte, die Pfeife zwischen die Lippen geklemmt.

»Du kennst dich gut aus«, sagte er, und ich glaubte, Bewunderung in seiner Stimme zu hören. Er schob mir den Becher hin, stützte die Ellenbogen auf und sah mich groß an.

»Ich glaube, du hättest den Nerv, in der Wildnis zu leben, mhm?«

»Ja, schon als kleiner Junge interessierte mich alles, was kreuchte und fleuchte, und als ich älter wurde, wollte ich Berufsjäger und Förster werden. Werkzeugmacher kam dabei raus, war sicher mit ein Grund, daß ich die Freiheit suchte, mich verwirklichen wollte.«

»Werkzeugmacher«, wiederholte er und wiegte bedächtig den Kopf, »das kann man auch in der Wildnis brauchen.« Er lachte mich an, doch als er sah, daß meine Miene ernst blieb, glätteten sich seine Züge.

»Willst du mir von deiner Flucht erzählen?« fragte er mich ruhig.

»Weißt du«, fing ich an, »meine Eltern waren geschieden, und meine Mutter hatte wieder geheiratet. Für diesen neuen Vater war ich der Störenfried, mußte nur arbeiten und wurde zum Dank dafür geschlagen. Er benutzte die Menschen, mich und meine Mutter und drohte mir schon als Elfjährigem, mich so schnell wie möglich aus dem Haus zu werfen. Meine Mutter, die ich wirklich liebte, sah tatenlos zu. Als ich sechzehn wurde, wollte ich die Unterdrückung nicht mehr ertragen und faßte den Plan zur Flucht. Niemandem habe ich ein Sterbenswort gesagt, bin bei Nacht und Nebel los. Durch die kleinen Karpaten in der Tschechoslowakei bis nördlich von Bratislava. Die letzten zwanzig Kilometer bin ich mit Karte und Kompaß durch den Wald, habe zwei Tage lang mit dem Fernglas die Grenze beobachtet. Von einem Hügel aus hatte ich gute Sicht auf Wachtürme, Patrouillen, Stacheldrahtzäune«, für einen Moment hielt ich inne, spürte, wie mich das dasselbe Angstgefühl wie damals aufwühlte. Doch die ruhige Erwartung des Kargan, der nur hin und wieder an seiner Pfeife sog und den Blick auf mich gerichtet hielt, ermutigte mich zum Weitersprechen:

»Es war die Nacht des 16. Oktobers 1976. Im Schutze des nebligen Regenwetters schlich ich an den Streifen Niemandsland, der komplett gerodet war – kein Strauch, kein Busch, hinter dem man Schutz suchen konnte. In unregelmäßigem Rhythmus patrouillierte ein Grenzer mit Schäferhund, oder ein Jeep leuchtete mit Riesenscheinwerfern die Gegend ab. In einem unbeobachteten Moment spurtete ich auf den ersten Stacheldrahtzaun zu, der vier Meter hoch war, mit einer überhängenden Drahtrolle ganz oben. Ich überkletterte ihn, verlor jedoch dabei meine Handschuhe. Spurt zum zweiten Zaun, fühlte etwas in Kniehöhe, lief weiter – bis plötzlich Sirenen aufheulten und auf den Wachtürmen rechts und links von mir Alarmscheinwerfer grell aufleuchteten. Ich war gegen einen Alarmdraht gelaufen, ich bin entdeckt, ich bin entdeckt, war alles, was sich in meinem Kopf abspielte, und ohne zu denken, sprang ich zum zweiten Zaun, hangelte mich hoch, mit einem Hechtsprung über die Drahtrolle hin zum dritten und letzten Hindernis. Mit blanken Händen griff ich in den Stacheldraht, zog mich hoch, arbeitete mich über den überhängenden Teil, als ein Winkeleisen abbrach und ich mich völlig in die Stacheln eingedreht hatte. Leuchtkugeln jagten in den Nachthimmel, Stimmen ganz in meiner Nähe. Drei Minuten dauerte es, bis ich mich förmlich aus dem Draht herausgerissen hatte und auf der anderen Seite zu Boden fiel. Immer noch heulten Sirenen, der Knall von Leuchtkugeln krachte durch die Dunkelheit, Stimmen und Motorenlärm schienen zum Greifen nah. Ein Sprung – und ich landete in der Donau, schwamm um mein Leben. Feuerstöße von Maschinenpistolen fegten übers Wasser, und die Kugeln schlugen sogar drüben auf österreichischem Boden ein. Ich schwamm aufs Schilf zu. Plötzlich bekam ich einen gewaltigen Schlag auf den Rücken, und neben mir schlugen Kugeln ins Wasser ein; dann erst hörte ich den Knall. Ich spürte meine Beine nicht mehr und wußte, ich bin im Rücken getroffen. Die schnelle Strömung erfaßte mich, trieb mich donauabwärts. Bootsmotoren heulten auf, Scheinwerfer, die über das Wasser huschten. Ich tauchte weg, und die Strömung riß mich weiter mit. Nächster erschreckender Gedanke: Die Grenze zu Ungarn ist gar nicht weit von hier, hoffentlich komme ich vorher an Land. Und dann, ich weiß nicht mehr, wie, erreichte ich das Ufer, krabbelte auf allen vieren an Land. Es war ein Sonntagmorgen, als ich, immer noch auf allen vieren, in dem österreichischen Dorf ankam und den ersten Menschen begegnete. Doch ich war nicht betrunken, wie sie zuerst meinten, denn ich war über und über mit Blut beschmiert, hatte eine Tarnjacke an...«

Atemlose Stille im Raum. Wir saßen uns gegenüber, beide erregt von meiner Schilderung. Ich nahm einen Schluck Tee, hielt den Becher mit beiden Händen umklammert. Der Kargan sagte kein Wort, sondern blickte unter sich. Dann schaute er auf, mir direkt in die Augen und sagte: »Du bist ein mutiger Bursche!«

»Tja, so war das, die Kugel ging nur haarscharf an meiner Wirbelsäule vorbei; die Narbe wird mich mein Leben lang dran erinnern. Aber nun sitze ich hier bei dir am Ussuri in Sibirien«, sagte ich und lächelte ihn dankbar an.

»Entspann dich, Jungchen«, sagte er und klopfte mir auf die Schulter. Dann ging er zum Ofen, brach einen getrockneten Pilz auseinander und stopfte sich damit die Pfeife.

»Hier«, sagte er und reichte sie mir, » das ist ein gutes Mittel, auf andere Gedanken zu kommen!«

Beim ersten Zug, den ich nahm, entfaltete sich bereits die Wirkung des Rauschpilzes – in meinem Kopf breitete sich Frieden aus, dumpf und leicht.

»Warum hast du keinen Hund?« fragte ich über den Tisch.

Der Kargan drehte die Pfeife in den Händen und schaute auf die Tischplatte.

»Hunde hatten wir immer. Ich komme aus Kamtschatkas Süden, habe dort auf einer Pelztierfarm gearbeitet, weißt du, Silberfüchse und Nerze. Dann brauchte man hier oben gute Pelztierjäger. Ich nahm meine beiden Leicahunde mit, aus ihrem Wurf behielt ich die besten. Der letzte war ein so guter Hund, so einen werde ich nie wieder kriegen, und weil ich das wußte, habe ich mir keinen mehr angeschafft.«

»Woran ist er gestorben?«

»Unverhofft sind wir auf einen Tiger gestoßen, und seinem Instinkt folgend und ohne daß ich eingreifen konnte, hat ihn der Hund angegriffen und wurde dabei in Stücke gerissen. Nein, ich will keinen mehr!«

»Das kann ich gut verstehen«, entgegnete ich und hatte den dringenden Wunsch, ihn zu trösten.

»Dort drüben«, sagte ich und nickte Richtung Mandschurei, »hatte ich auch einen Freund auf nur drei Pfoten mit abgetrenntem Schwanz. Ich hing wirklich an dem Tier, doch als ich krank war, haben ihn die Mandschus brutal erschlagen und anschließend gegessen!«

Der Kargan schüttelte ungläubig mit dem Kopf, dann sagte er leise: »Da drüben geschehen wirklich seltsame Dinge!«

Schnee! Wie mit Puderzucker war die Landschaft mit einer hauchdünnen Decke überzogen. Der alte Fuchs… dachte ich liebevoll. Auch flußaufwärts trieb er die Ruder gleichmäßig durchs Wasser, wollte nicht meine Unterstützung. »So wie ich dich geholt habe, so bringe ich dich zurück«, hatte er mir beim Einsteigen entgegnet. Frühnebel lag auf dem Fluß, tauchte die Uferregionen in trübes Grau.

»Der Schnee wird sich noch nicht halten«, sagte Kargan leichthin, was wohl soviel heißen sollte wie: Jungchen, mach dir um den Rückweg keine Sorgen. Die wenigen Tage mit ihm hatten mir mein Selbstvertrauen wiedergegeben, das ich im Zusammenleben mit den Mandschus beinahe verloren hatte.

Heftiges Schaukeln des Bootes riß mich aus meinen Gedanken, denn der Kargan kreuzte nun den Fluß hinüber zum chinesischen Ufer. Von weitem schon sah ich mein Zelt, das als einziges Zeichen der Zivilisation zwischen den Weiden auftauchte. Mit leisem Knirschen fuhren wir auf den Strand, ich sprang aus dem Boot, und der Kargan reichte mir Gewehr und Rucksack heraus – und ein kleines Leinensäckchen. Meinen erstaunten Blick beantwortete er mit wenigen Worten: »Was Richtiges zu essen: Fladenbrot und Trockenfisch!«

Die Ruder in Händen, saß er nun ernst auf dem Holzsteg im Boot und musterte mich nachdenklich. Sein Gesicht drückte die Wehmut des Abschiednehmens aus.

»Andreij«, begann er dann mit fester Stimme, »es war gut, daß du mich gesucht hast. So habe ich doch den langen Winter über etwas, worüber ich nachdenken kann.« Er lachte kurz auf, drückte meine Hand, und während er das Boot zurück in den Fluß stieß, rief er: »Viel Glück im Leben!«

Ich winkte ihm »auf Wiedersehen«, und nachdem ich ihm eine ganze Weile nachgeschaut hatte, wie er zurück über die Flußmitte nach Sibirien hineinfuhr, überfiel mich ein Gefühl der Verlassenheit.

9

Feuerprobe

Gefrorene Gräser knirschten unter meinen Stiefeln, und die Kälte trieb kleine Atemwolken vor mir her. Über die Farben der Herbstlandschaft hatte sich eine hauchdünne Schneedecke gelegt, in der ehemals markante Punkte monochrom erschienen. Wieder einmal suchte ich nach einem Platz für die Nacht, die sich jeden Tag ein wenig früher ankündigte. In einer windgeschützten Mulde am Eingang der Talsenke, in denen kleine Gruppen von gepuderten Erlen standen, schlug ich mein Camp auf. Der Boden war noch nicht gefroren, und vielleicht würde sich schon morgen die weiße Pracht verzogen haben. »Der Schnee bleibt nicht liegen« – die beruhigenden Worte Kargans klangen mir noch im Ohr. Während ich nach Feuerholz suchte, dachte ich an den Einsiedler und verspürte nicht die geringste Lust auf das zu erwartende Kontrastprogramm im Waldhaus.

Bloß drei Tage hatte ich am warmen Ofen verbracht und mußte mich erst wieder an einen einsamen Abend im Freien gewöhnen. Kein Laut drang durch die Wildnis, es war, als dämpfe die Schneedecke alle Geräusche.

Eingewickelt in meinen Schlafsack, hockte ich mich nah ans Feuer, mein Tagebuch auf den Knien. Ich mußte mich mitteilen – lieber noch hätte ich mit jemandem gesprochen. Meine klammen Finger konnten kaum den Stift halten:

11. Oktober – Rückmarsch
Sibirien und China, geographisch getrennt durch einen zweihundert Meter breiten Fluß, scheinen außer der Landschaft nichts gemein zu haben. Der Kargan mit seiner Tiefgründigkeit und seinem wachen Lebensgefühl ist für mich das Symbol der »russischen Seele«, die mir weit mehr liegt als die rauhe Kargheit der Chinesen (die sagenhafte Kultur Chinas scheint hier oben verlorengegangen zu sein). Obwohl ich

bloß drei Tage bei ihm war, hat mir der Einsiedler so etwas wie ein Zuhause gegeben und an den Dingen, die mir am Herzen liegen, teilgenommen – aus purer Menschenfreundlichkeit. Ihm verdanke ich es, daß ich mein Selbstwertgefühl wiedergefunden habe, und wenn ich zu den Mandschus zurückkehre – woran kein Weg vorbeiführt (leider!!) –, werde ich besser auf mich aufpassen. Ein paar Wochen muß ich noch durchhalten!

Ich habe ziemliches Heimweh nach Deutschland, nach meinen Freunden, nach meinem Hund Kim – und nach Dreibein. Hier draußen in der Wildnis ist er irgendwie immer bei mir, und manchmal schmunzele ich, wenn ich mir wieder einmal einbilde, ihn vor mir auf den Wildwechseln daherhumpeln zu sehen. Er fehlt mir, und mir graut vor der Leere meines Zimmers; hoffentlich ist der Geruch von Krankheit und Elend dort inzwischen ausgezogen.

Heute bin ich vom Ussuri gute zwanzig Kilometer durchgelaufen, habe zwischendurch Fladenbrot und Fisch gegessen, mußte dabei an Kargan denken.

Meine Hoffnung, noch einmal auf den Tiger zu stoßen, hat sich leider nicht erfüllt. Mit dem ersten Schnee scheinen die Tiere wie vom Erdboden verschwunden zu sein. Ob meine Bärin auch schon in die Winterruhe gegangen ist? Für den Rückweg werde ich mir Zeit nehmen, mir meine Ausgeglichenheit noch ein wenig bewahren.

Nach einer ruhigen Nacht brach ich zeitig mein Zelt ab. Die kalte Wintersonne ließ den Schnee auf den Fichten glitzern, der Wind hatte das Weiß von den Laubbäumen gefegt und viele der Birken entlaubt. Das bisher undurchdringliche Dickicht bot mir nun ungewohnte Durchblicke, was mir zwar einen Teil der Spannung nahm, doch ich wollte es ja ruhig angehen lassen.

Eine geraume Weile schon pirschte ich auf einem Pfad, der sich dem Bergrücken entlang zog, und hoffte, das Tal umgehen zu können. Plötzlich horchte ich erschrocken auf: Von unten drangen Geräusche brechenden Holzes herauf. Mit dem Fernglas tauchte ich in die fichtenbestandene Ebene ein und suchte sie systematisch ab – wieder dieses Krachen! Mit einem schnellen Schwenk hatte ich plötzlich eine ganze Rotte Wildschweine im Visier. Acht Tiere, ausgewachsene Säue mit ihren Jungen, die in einigem Abstand von einem kapitalen Keiler umkreist wurden, brachen sich ihren Weg durch das Unterholz. Das konnte spannend werden, denn wenn ein Einzelgänger wie er sich einer Rotte anschließt, muß eine der Bachen rauschig sein. Die Gruppe verteilte sich, die Frischlinge wühlten im Boden nach Insekten, dicke Säue ritzten mit ihren Hauern die Stämme der Fichten auf, schubberten sich genüßlich an der Rinde und verteilten das Harz auf ihren Körpern. Behäbig trabten sie hinüber zu einer Suhle, in der sie sich grunzend im Matsch wälzten. Sauwohl fühlten sie sich; außerdem schützten sie sich mit dieser Prozedur vor Verletzungen im Schulterbereich, da eine neue Harz- und Dreckschicht ihre Schwarte mit der Zeit zu einem undurchdinglichen Panzer verhärtet. Der Keiler sah ihnen zu, traute sich aber noch nicht an die paarungsbereite Sau heran. Da die Rotte sich in Sicherheit wiegte, würden meine Trittgeräusche in ihrem Lärm untergehen. Ich beschloß, den Hang tiefer hinunterzusteigen und mir das Ganze aus der Nähe anzusehen. Im Abstieg prüfte ich die Windrichtung. Von mir konnten sie keine Witterung bekommen, der Wind stand auf mich zu. Nach gut zehn Minuten hatte ich die Talsohle erreicht und bezog Stellung hinter einem umgestürzten Baum, dessen Wurzelwerk guten Sichtschutz bot. Mit dem Fernglas nahm ich den Keiler aufs Korn, der den Bachen immer noch unschlüssig zuschaute. Aus der Nähe betrachtet, schätzte ich, daß er so ein Vierzentnerkoloß war, von dem der Kargan gesprochen hatte: der schwere Kopf, die dicke Schnauze mit den Eckzähnen, wie ich sie so gewaltig noch niemals gesehen hatte. Wenn er einen damit zu fassen bekam, hatte man keine Chance, ungeschoren davonzukommen, die schlitzten einen glatt auf. Fasziniert, konnte ich meinen Blick nicht abwenden, wartete gespannt auf die nächste Aktion. Bewegung kam in den massigen Körper – der Keiler hatte genug, scheuchte nun eine Bache aus der Suhle und trieb sie vor sich her. Sie zierte sich, schlug einen Haken, um ihm dann wieder ihr verlockendes Hinterteil zu präsentieren. Das Annäherungsritual zog sich hin, bis der Keiler Oberhand gewann: Er stellte sich vor die Sau, kratzte heftig mit den Vorderläufen die Erde auf und klapperte dazu laut mit seinem Gebiß – sein Lockruf.

Dichter, weißer Speichel trat aus dem Maul, ein Zeichen dafür, daß er richtig in Rage war. Die Sau zögerte noch und wendete ihren

Leib wieder von ihm. Ihr Spiel ging auf, und der Keiler produzierte nun unablässig Schaum, stand kurz vor der Explosion, denn der Wind trug mir seinen scharfen Brunftgeruch zu. Die Fotokamera schußbereit, feuerte ich ihn im stillen an. Mit einem gewaltigen Sprung hockte er sich auf die Sau, umklammerte sie, schlug aufgeregt mit seinem Kiefer und ließ seinen Gefühlen freien Lauf. Jetzt hatte er alles, was er wollte, und konnte sich fortpflanzen. Während ich das kopulierende Pärchen beobachtete, merkte ich, wie sich der Keiler zum Abstieg anschickte, und die Idee blitzte auf, ihn zu erlegen... diese Zähne waren einfach zu gewaltig. Einen Moment lang rang ich mit meinem Verlangen, spürte jedoch gleichzeitig Bedauern. Essen konnte man sein zähes Fleisch ohnehin nicht mehr, er war einfach zu alt; es wäre nur der Trophäe wegen. Einsicht siegte über Gier, und ich begnügte mich damit, mit der Kamera auf ihn zu schießen. Nach dem Deckakt verlor der Keiler erst einmal das Interesse an der Rotte und trollte sich in das Gewirr der Zweige – das Grauschwarz seines Borstenkleides bot perfekte Tarnung. Nach wenigen Metern konnte ich ihn nur noch hören, und der Jäger in mir sagte sich: Sollte er noch einmal meinen Weg kreuzen, könnte ich für nichts garantieren!

Leise schlich ich davon, zurück auf den Wildwechsel und peilte neue Fixpunkte an, um die Richtung zum Waldhaus beizubehalten. Am Ende eines jeden Tages bescherte mir der frühe Einbruch der Dunkelheit lange Nächte. Stundenlang saß ich dann am Feuer und lauschte den Geräuschen des Waldes. Eulenrufe kündigten von Jagdaktivitäten, im Tiefflug strichen sie zwischen den Bäumen lang. Das helle »Kiwitt, Kiwitt« war das Signal des Waldkauzes, die Waldeule vermeldete ihre Gegenwart mit montonem »Hu, Hu«. Ganz in meiner Nähe machte ein Baummarder in einer Fichte Jagd nach schlafenden Eichhörnchen...

Unausweichlich rückte das Waldhaus näher, und mit gemischten Gefühlen malte ich mir meine Ankunft aus. Wie würde Li reagieren? Meine Aussichten rangierten von »Schön, daß du unversehrt wieder zurückgefunden hast« bis zu tödlichem Schweigen. Am liebsten wäre mir, sie nähmen mich einfach wieder in ihre Gruppe auf, ohne ein Wort zu verlieren.

Als ich unseren kleinen Bach durchwatete, die Anhöhe hinaufstieg, und sich die Türmchen des Hauses zeigten, spürte ich meine Erregung. Zögernd schritt ich auf den Eingang zu, schaute zur Ecke des Hauses, gerade so, als sollte Dreibein dahinter hervorkommen und mich begrüßen. Doch niemand ließ sich blicken, und befremdet drückte ich die Klinke herunter. Noch in dem selben Moment wurde mir bewußt, daß ich mich nach allen Regeln der Kunst hereinschlich.

»Hallo! Jemand zu Hause?« brüllte ich über den Gang und ging mit festen Schritten Richtung Eßraum. Wenn einer da war, mußte er mich hören. Doch nicht die Spur eines Lautes drang aus dem Raum, und als ich nachschaute, waren Tisch und Stühle verwaist. Vielleicht waren sie unterwegs, und der Koch hatte mich nicht gehört. Kurz entschlossen setzte ich mein Gepäck ab und eilte zur Küche. Schon während ich den Gang hinunterlief, wußte ich, daß auch dort keine Menschenseele sein würde. Genauso war es: Kein Koch, keine Töpfe, aus denen es dampfte. Mit einem Satz war ich am Herd, fühlte die Platte: Sie war lauwarm, also hatte noch vor kurzem ein Feuer gebrannt. Meine Gedanken überschlugen sich: Wenn die Mandschus tatsächlich abgereist waren, dann erst vor ganz kurzer Zeit. Panik meldete sich, und ich überlegte, ob ich ihnen zu Fuß folgen sollte. Nein, das konnte ich vergessen, den Jeep würde ich niemals einholen, selbst wenn ich Abkürzungen quer durchs Gelände nahm. Ratlos irrte mein Blick durch den Raum: Der Kohlberg hatte zwar mächtig abgenommen, doch eine Weile würde er mich noch ernähren, und für Fleisch könnte ich selber sorgen. Die Stille im Haus war erdrückend. Mechanisch sammelte ich meine Sachen ein, öffnete beinahe widerwillig die Tür zu meinem Zimmer. Ein modriger Geruch schlug mir entgegen, die Erinnerung an Dreibein und meine Krankheit schien wie Schwerter in der Luft zu hängen. Mit einem Ruck riß ich das Fenster auf, steckte den Kopf hinaus, als würde ich die Mandschus auf der Rückseite des Hauses finden. Wahrscheinlich waren sie noch auf Tigerjagd, versuchte ich mich zu beruhigen. Nein, der Koch war doch hiergeblieben – und nun war auch er fort. Verloren schaute ich in den lichter gewordenen Wald und kämpfte mit der Erkenntnis, daß die Mandschus mich tatsächlich nicht gesucht hatten, mich einfach in der

Wildnis zurückließen. Je weiter ich mich in diesen Gedanken verstrickte, desto unsinniger kam er mir vor: Einen Staatsgast läßt man doch nicht so einfach zurück! Plötzlich schlug ich mir vor die Stirn – Herrn Han hatte ich ganz vergessen. Im Laufschritt trieb es mich zum Anbau, und ohne innezuhalten, riß ich die Tür auf, polterte in den dunklen Raum. Die dürre Gestalt des alten Mannes fuhr kerzengerade in die Höhe.

»Herr Han«, rief ich leise, »ich bin's, Anjim.« Der Alte schlug erschrocken die Decken auf, sah mich aus leeren Augen an. Da ich nicht wußte, wie gut er sehen konnte, hockte ich mich zu ihm auf die Bettkante und nahm seine Hand in die meine. Sein Blick wurde klar, und wie ein scheuer Vogel zog er sich an die Wand zurück. »Herr Han«, begann ich wieder, und dieses Mal legte ich alle Sanftmut in meine Stimme, »wo sind die anderen?«

Suchend ging sein Kopf hin und her. Natürlich, er verstand mich nicht.

»Li, Sun, Yang?« versuchte ich es erneut und zeigte dabei auf das Haupthaus. Nun lächelte er und fing an zu reden. Da ich nur wenig Mandarin verstand und mir keinen rechten Reim machen konnte, was er mir sagen wollte, schüttelte ich bedauernd den Kopf. Das Gesicht des Alten wurde mild, und ohne Licht zu machen, tapste er zum Ofen, goß Tee in zwei Schalen und reicht mir eine davon.

»Herr Han«, forderte ich ihn auf, sich zu konzentrieren, baute mich vor ihm auf und sprach laut und deutlich: »Li, Sun, Yang!«

Der Alte nickte.

»Toi – gut!« bestärkte ich ihn, hielt dann einen imaginären Lenker umklammert und brummte wie ein Motor. Zunächst einmal fand er meine Vorstellung nur lustig, denn er fing an zu kichern, schüttelte aber seine Mähne.

»Also, mit dem Jeep sind sie nicht abgefahren«, dachte ich laut. Dann konnten sie nur noch auf Jagd sein ... mit ausgestrecktem Arm zielte ich auf die gegenüberliegende Wand, machte: »Paff.«

Seine gelben Zahnstummel entblößten sich, und die Augen hellten sich auf.

»Toi, toi!« lobte ich und nippte an dem Tee. Still saßen wir auf dem Bett, lächelten einander an. Doch ich war in Wallung geraten, schlich gebückt wie ein Tiger durch den Raum. Als ich aufschaute, hatte Herr Han das Gesicht in fragende Falten gelegt. Es sagt ihm nichts – blieb noch der Keiler. Die Finger zu Eckzähnen gekrümmt, die Augen ein wenig zusammengekniffen, grunzte ich. Jetzt schüttelte sich der kleine Mann vor Lachen, aber ein »Ja« leitete ich draus nicht ab. Angestachelt von unserem Spiel, machte ich mit gespreizten Fingern hinter dem Kopf ein Geweih nach und röhrte in die Stille des Raumes. Das war der Volltreffer!

»Wir sollten uns immer so unterhalten«, sagte ich zwischen meinen Lachern, und obwohl er keine Silbe verstand, nickte er belustigt. So weit, so gut – die Mandschus waren also auf Hirschjagd. Doch wo waren sie, und wie lange blieben sie fort?

Gedankenverloren schaute ich auf den Alten, in dessen Gesicht die Müdigkeit zurückgekehrt war. Ein wenig scheu tippte ich ihm auf die Schulter, zeigte mit dem Daumen hinüber zum Haus und ging leise hinaus.

Die Gewißheit, daß ich den Winter nicht hier verbringen mußte, machte es mir leichter, das Zimmer wieder in Beschlag zu nehmen. Nachdem ich mein Gepäck verstaut hatte, legte ich mich auf das Bett, verschränkte die Arme unter dem Kopf und starrte zur Decke: Hatten sie nun eigentlich einen Tiger geschossen? Wenn ja, mußte irgend etwas zu finden sein ... Ich sprang auf die Füße und schlüpfte hinaus – geräuschlos, wie ich plötzlich bemerkte, obwohl kein Mensch im Haus war – und schlug den Pfad zum Schlachtgestell ein, wobei ich mich immer wieder umsah. An den verrosteten Stangen klebten Büschel getrockneter Hirschhaare, unten auf dem Boden fand ich Blut, das so alt noch nicht sein konnte. Waren sie in meiner Abwesenheit also doch erfolgreich gewesen ... Akribisch genau suchte ich nach kleinsten Spuren, die auf einen Tiger hinweisen konnten, selbst ein einzelnes Haar würde mir nicht entgehen. Doch ich fand absolut nichts. Gut so! frohlockte ich, und die Hände in den Hosentaschen, schlenderte ich weiter in den Wald. Wie enttäuscht und verärgert Li gewesen sein mußte – und der arme Yang erst, hatte alle ausgestandenen Mühen umsonst erlitten, war noch nicht einmal ein bißchen reich geworden. Leise lachte ich vor mich hin und hatte ihre Gesichter vor mir, wenn ich von *meiner* Tigerbegegnung erzählte ...

»Paf... paf... paf«, donnerte eine Salve übers Tal. Überrascht duckte ich mich, versuchte, durch das Dickicht etwas zu erkennen. Der Wind trug Stimmen zu mir herüber, undeutlich zwar, aber es mußten die Mandschus sein. In Erwartung einer weiteren Salve blieb ich in der Hocke, pirschte mich dann aber näher. Als ich sie auf Sichtweite hatte, legte ich die Hände an den Mund und rief Lis Namen. Leider war die Entfernung zwischen uns zu groß, als daß ich ihre Mienen hätte erkennen können. Doch die Weise, wie sie herumfuhren, die Hälse reckten und mich herankommen ließen, drückte Überraschung pur aus. Als erster hatte sich Yang gefangen und kam mir entgegengelaufen.

»Anjim, wo warst du?«

»Hallo, Yang«, lachend schlug ich ihm auf die Schulter.

»Ja, ich bin's wirklich«, beantwortete ich sein Erstaunen. Ein flüchtiges Lächeln, dann wurde sein Gesicht zu einer einzigen Frage.

»Sieben Tage, dann haben wir die Jagd abgebrochen. Wir hatten die Fährte von einem ausgewachsenen Tiger, haben sie verfolgt bis zum Flußufer, da verlor sie sich plötzlich. Trotzdem ist Li durch das eiskalte Wasser geschwommen und hat gesucht – nichts! Wir haben ihn noch nicht einmal zu Gesicht bekommen.«

Ich schürzte die Lippen, stellte mir diesen kleinen Chinesen vor, der wutentbrannt durchs Wasser zurück mußte, um das Ende seiner Tigerjagd zu verkünden. Yang beobachtete mich; auch in seinem Gesicht arbeitete es, als er beinahe vorwurfsvoll sagte: »Der Koch war geradezu hysterisch, als er Li beichten mußte, daß du einfach abgehauen warst!«

Das war starker Tobak – *beichten mußte* –, war ich ein Gefangener und er mein Aufpasser gewesen?

»Und als du immer noch nicht zurückkamst, haben wir dich gesucht. Zwei Tage und zwei Nächte ist Li mit uns durch den Wald gekrochen...«

Ich fühlte mich veranlaßt, so etwas wie eine Entschuldigung vorzubringen: »Die verdammte Krankheit und das mit Dreibein, am liebsten hätte ich Sun und Li – na ja, du weißt schon –, ich konnte die Atmosphäre im Haus nicht mehr ertragen, mußte aus dem Mief raus. Es hat sich gelohnt, ich habe Unglaubliches erlebt mit einer Bärin und... sogar einen Tiger gesehen!«

»Einen Bären *und* einen Tiger?«

»Mhm«, spielte ich das Ganze runter und schielte über seine Schulter zu der Gruppe hin, die leise miteinander tuschelte und mich anscheinend ignorierte. »Was ist mit denen los?«

»Li! Er war... er hat dich fast gehaßt dafür, daß du weggegangen bist. Mann, hat der gewütet!«

»Tut mir leid für dich, Yang, aber die anderen, die haben mich schließlich auch in den See gehen lassen – und Dreibein gegessen!« Es fiel mir schon schwer, seinen gequälten Ausdruck zu ertragen, daher wechselte ich das Thema.

»Und, wo ist der Hirsch?« fragte ich harmlos.

Yang zeigte über den Hügel: »Er hat ihn verfehlt!«

Ich sah hinauf in den lichter gewordenen Busch; so ein Hirsch gab nun eine gute Zielscheibe ab, und mich wunderte, daß Li nicht getroffen hatte. Doch bevor ich Yang weiter ausfragen konnte, löste sich der Oberjäger aus der Gruppe und kam mit geradezu militärisch steifem Schritt auf mich zu. Kantiger Kopf, das Gesicht wie in Stein gemeißelt, die Charakterisierung Kargans stimmte zu hundert Prozent. Das böse Funkeln in den Augen war einziges Zeichen von Lebendigkeit; die Worte, die er zwischen seinen Lippen hervorpreßte, brauchte ich nicht zu verstehen, der Ton allein genügte. Yang wurde rot und mühte sich sichtlich, die Beherrschung zu wahren, als er übersetzte: »Li ist erleichtert, daß du unverletzt zurückgefunden hast. Er *befiehlt* dir«, Yang legte eine bedeutungsvolle Pause ein, sah mich beschwörend an, bevor er weitersprach, »daß du keinen Schritt mehr allein unternimmst, bis wir von hier fortfahren. Solltest du dich nicht dran halten... müßte er dich einsperren!«

Ich brauchte eine Weile, um die Worte in ihrer ganzen Tragweite zu erfassen... er wollte mich einsperren, mich, einen Staatsgast? Meine Empörung schlug um in Wut, und bevor ich noch einen klaren Gedanken gefaßt hatte, zischte ich schon zurück: »Sag ihm, er kann mir nichts, absolut nichts befehlen! und er soll nicht vergessen, daß ich Gast seines Staates bin, dazu ein erwachsener Mann und Berufsjäger, der sich durch die Eiswüsten Grönlands allein durchgeschlagen hat und mit dem er *so* nicht umgehen kann!«

Die Schärfe meiner Worte erstaunte mich; ich fühlte mich erregt und zugleich erleichtert. Lauernd beobachtete ich Lis Gesicht, als Yang nur zögernd mit der Übersetzung begann. Mit undurchdringlicher Miene gab ich meiner Entschlossenheit Ausdruck, es sogar auf einen offenen Machtkampf ankommen zu lassen. Li rang mit sich – seine Kaumuskeln traten dick aus der Kinnpartie hervor, und in seinen Augen zuckte es. Sekunden nur dauerte dieser Kampf an, dann hatte er sich wieder in der Gewalt und schnauzte: »Okay!«

Dieses »Okay« konnte alles bedeuten, doch ich wertete es als Sieg für mich; die Fronten waren geklärt, und es gelang mir sogar, ihm ein schiefes Grinsen zuzuwerfen. Sofort setzte er eine »Abwarten-und-Tee-trinken-Miene« auf. Mühelos wechselte ich auf anderes Terrain und fragte: »Mich wundert, daß sich hier überhaupt ein Maral gezeigt hat. Ich habe unterwegs so gut wie keine Fährten gesehen.«

»Gestern haben wir seine Spuren entdeckt; ist wohl ein durchziehendes Tier.«

»Daß der sich überhaupt in unsere Nähe wagt, wo die Kugeln so locker sitzen!« Das Schmunzeln konnte ich mir nicht verkneifen. Lis Körperhaltung lockerte sich zwar, doch seine Stimme hatte etwas Lauerndes, als er Yang eine Frage auftrug.

»Li will wissen, in welche Richtung du marschiert bist. Ich habe ihm nämlich erzählt, daß du sogar einen Tiger und einen Bären gesehen hast.«

Daher wehte also der Wind – er wollte rauskriegen, wo er noch schnell seinen Tiger schießen konnte, und wenn das klappte, sich zumindest an einer Bärengallenblase bereichern. Äußerlich vollkommen ruhig, log ich: »Ich bin grob nach Süden gegangen, und irgendwo in den Bergen lauerte er im Unterholz – ein Riesentier!«

»Pah!« stieß Li verächtlich hervor. Was wußte er über das Revier des Tigers, hatte ich zu dick aufgetragen? Doch an meiner Unschuldsmiene änderte sich nichts, als ich zur Bestätigung heftig mit dem Kopf nickte. Blanke Verachtung schlug mir entgegen.

»Wo hast du den Bären gesehen?« fragte er nun. Von dem Dicken konnte ich erzählen, bloß kein Wort von meiner Bärin und den Jungen. Li traute ich zu, daß er sich aufmachte, um sie sogar noch in ihrer Winterhöhle aufzustöbern.

»In der Nähe eines Flusses, an dem ich campte, hatte ich auf einmal enorme Tatzenabdrücke gefährtet. Nachts besuchte er mich dann. Ich hörte seinen Atem, und morgens fand ich Seiber am Zelt und rundherum die gleichen, großen Abdrücke!«

»Wieso hast du nicht geschossen oder ... uns zu Hilfe geholt – wir hätten ihn gekriegt!« Li überschlug sich in seinem Eifer, und die Enttäuschung stand ihm ins Gesicht geschrieben.

»Es war stockfinster, und ich war allein. Sollte ich durchs Zelt ins Blaue schießen, einfach so?« verteidigte ich mich. Li gunzte und verkniff den Mund. Nach einer Weile wandte er sich an Yang, streifte mich dabei mit einem merkwürdigen Grinsen.

»Li sagt, daß du ein echter Kerl bist, der es sogar mit Tigern und Bären aufnimmt ...«

»Was soll das denn heißen?« unterbrach ich mißtrauisch die Lobeshymne. Ungerührt fuhr er fort: »Li will dir etwas Besonderes bieten, etwas, wo du dein ganzes Können zeigen kannst: Morgen gehen wir auf Wildschweinjagd!«

»Das ist nichts Besonderes, ihr scheint zu vergessen, daß ich Berufsjäger bin und unzählige Keiler und einige Sauen geschossen habe.«

»Ja, ja, aber du sollst einen Keiler mit dem Messer abstechen!«

»Wie bitte?«

»Auf Messerabstand, so, wie es die Mandschus machen!«

Unsere Blicken kreuzten sich – scharfe, blitzende Klingen –, und siegessicher die Hände auf dem Rücken verschränkt, wartete Li auf meine Antwort. Ich sah an ihm vorbei auf die anderen, die sich inzwischen ins Gras gehockt hatten und unser Duell aus der Entfernung verfolgten. Ich wußte nicht, ob es die lauernden Chinesen waren, mein verdammter Ehrgeiz oder bloß Stolz, die mich die Worte ausstoßen ließen: »Okay, machen wir's!«

Kein Jubel, kein Triumph – bloß Genugtuung zeigte sich auf den Gesichtern, außer bei Yang. Er hatte keine Vorstellung davon, was es hieß, sich einem Keiler auf Armeslänge zu nähern, einem Tier, das in Todespanik ungeahnte Kräfte mobilisieren kann. Ich war in dieser Jagdmethode unerfahren, und genau das spürte er. Während wir in der Dämmerung zurück durch den Wald gingen, hielt er sich dicht neben mir, schaute mich dann und wann besorgt an.

»Li will es wissen ... In Deutschland habe ich manchmal Nachsuchen mit meinem Jagdhund gemacht. Angeschossene Keiler, die ins Unterholz geflüchtet waren, wurden von meiner Hündin aufgespürt und gestellt, und meine Aufgabe war es, dem Tier aus sicheren fünf Metern den Fangschuß zu geben. Gefährlich blieb es trotzdem, denn ein verletzter Keiler hat vor einem Menschen noch mehr Angst als vor einem wütend kläffenden Hund und versucht auszubrechen, gebärdet sich bis zuletzt wie wild. Und die Eckzähne sind wie Dolche, haben schon so manchem Hund das Leben gekostet und den Jäger böse verletzt. Weißt du, als es noch keine Gewehre gab, hat man in Europa die Wildschweine mit einem Sauspieß erlegt, einer drei Meter langen Stange, an der vorne eine Stahlklinge saß. Immerhin konnte man aus drei Metern zustechen, aber ich, ich soll auf Armeslänge ran. Schöne Scheiße, auf die ich mich da eingelassen hab'!«

»Du kannst nicht mehr zurück!«

»Ich weiß!«

Der Himmel war verhangen, und Schnee lag in der Luft. Mit dem ersten Tageslicht leinten Sun und Li die Jagdhunde an, während ich Dreibeins übriggebliebenen Kameraden an einem Strick führte. Yang wäre zwar lieber bei den anderen am warmen Ofen geblieben, doch ich brauchte ja einen Dolmetscher.

»Ich mag einfach nicht draußen schlafen …!«

»Als du mit auf Tigerjagd warst, habt ihr doch auch mehrere Tage im Freien verbracht?«

»Ja, eine ganze Woche. Es war schrecklich – diese Geräusche nachts, nirgendwo ein Licht«, flüsterte er und zog schaudernd die Schultern ein. Du wolltest ja ans ganz große Geld, mein Lieber, dachte ich, und außerdem war das ein Scherz gegenüber dem, was ich durchgemacht hatte. Doch ich schwieg mich aus, traute ihm nicht, daß er Li gegenüber schweigen würde.

»Du hast doch schließlich überlebt, oder?« sagte ich statt dessen. Es war keine Frage, sondern mehr eine Feststellung, die sein Jammern im Keim ersticken sollte. Mit schüchternem Seitenblick streifte er mich und senkte die Augen.

»Hier, überall Abdrücke von Wildschweinen«, lenkte ich ab und zeigte auf den Wechsel. Er nickte, sah interessiert zu Boden und tat so, als könne er Spuren lesen. Ich verbiß mir ein Grinsen, beobachtete inzwischen Li an der Spitze unserer kleinen Kolonne, der sich hingekniet hatte. Wieder einmal prüfte er eine Spur, schüttelte jedoch den Kopf. Anscheinend war es gar nicht so einfach, auf eine frische Wildschweinfährte zu stoßen, obwohl wir den weiteren Umkreis des Waldhauses lange hinter uns gelassen hatten. Plötzlich jedoch blieb er stehen und winkte uns: Wir hatten die frische Fährte eines Keilers vor uns, eines mittelschweren, kräftigen Tieres, das wahrscheinlich sehr agil war.

»Ein Keiler, vor kurzem hier durchgekommen, du sollst den Hund losmachen«, gab Yang hastig Report und zerrte übereifrig am Strick. Mit einem Griff befreite ich den Hund und führte seine Schnauze zu dem tiefen Abdruck im feuchten Waldboden. Die Meute wurde losgeleint, nahm prüfend Witterung, und als Li endlich Kommando gab, waren sie nicht mehr zu halten, stoben über den Wildwechsel davon.

»Die Hatz geht los!« Freudig erregt stieß ich Yang in die Seite, der mich angrinste, und spurtete los, an Sun vorbei, hielt mich auf kurzer Entfernung hinter Li. Die Hetzlaute schallten über das Tal, trieben uns an, uns durch dichtes Gestrüpp zu kämpfen, wobei Li niedere Büsche übersprang und versuchte, die Richtung unbedingt beizubehalten. Am Fuße des Hanges angekommen, verschnaufte er eine Minute, suchte in der Undurchdringlichkeit des Fichtenwaldes nach einem schnellen Weg zum Kamm hoch. Die Hunde waren noch zu hören, obwohl unterdessen Kilometer zwischen uns lagen. Gebückt preschten wir durchs Unterholz, stießen auf einen Wildwechsel, auf dem Li uns wieder bergab führte in eine Ebene, die ein breiter Bach teilte. Wir mußten hinüber, schnellstens, denn das Gebell der Hunde war nur mehr zu erahnen. Li lief das Ufer ab, suchte nach einem Übergang.

»Das ist ja mörderisch, wie schnell die Hunde sind«, keuchte Yang, der endlich aufgeschlossen hatte.

»Wir verlieren sie, wenn wir uns nicht beeilen«, sagte ich eindringlich und lauschte erneut.

»Wie weit sind sie weg?«

»Zwei, drei Kilometer.«

»Anjim, Yang, here!« Li winkte uns zu sich, er hatte eine Stelle gefunden, an der wir den Bach durchqueren konnten. Er sprang als erster, gefolgt von Sun, von Stein zu Stein. Drüben angekommen, rannten die beiden weiter, ohne sich umzusehen. Um große Flußsteine, deren Köpfe kaum aus dem Wasser herausschauten, gurgelte die Strömung, und ich spürte, wie Yang hinter mir zögerte.

»Los, du mußt springen. Entweder von Stein zu Stein, oder halte jedesmal die Balance, und konzentriere dich auf den nächsten. Aber spring endlich!« schimpfte ich und nahm Anlauf. Das Platschen hinter mir ignorierte ich, hatte nur noch Augen für Li und Sun, die bergauf hasteten. Mitten im Anstieg blieben sie plötzlich stehen, horchten in alle Richtungen. Yang, der anscheinend nicht mitbekommen hatte, daß wir versuchten, die Laute der Meute wieder aufzufangen, zertrampelte krachend Äste. Endlich reagierte er auf meine unwirschen Handbewegungen und verhielt sich ruhig: Wind, Blätter, aber kein Bellen war zu hören.

»Verdammt, der Keiler hat die Hunde abgeschüttelt!« murmelte ich und war gespannt, ob Li diesen Angang abblies. Nein, er gab nicht auf, erkletterte verbissen den Kamm. Wahrscheinlich hoffte er, von dort oben einen besseren Ausblick zu haben. Yang war inzwischen an mich herangekommen, ging schwer atmend neben mir her.

»Sind die Hunde weg?« fragte er hoffnungsvoll.

»Die kommen wieder, aber der Keiler ist verschwunden«, entgegnete ich und zeigte auf seine durchweichten Hosenbeine.

»Bin ausgerutscht«, sagte er mit kleinlauter Stimme und schüttelte sich wie ein nasser Hund.

»Was passiert jetzt, Anjim?«

Bevor ich antworten konnte, polterten Steine den Abhang herunter, und die Brüder tauchten aus den Büschen auf, rannten uns entgegen.

»Die Hunde haben die Spur verloren«, kam ich ihnen zuvor.

»Wird so sein«, erwiderte Li enttäuscht. »Wir warten hier. Sie kommen auf ihrer Spur zurück, dann machen wir dort unten im Tal Camp und versuchen es morgen noch einmal.«

Yang übersetzte, und ich nickte – das war sicher die beste Lösung. Auch wenn ich mich gegen die Aussicht, das ganze Spektakel zu verpassen, wehrte, spürte ich doch so etwas wie Erleichterung.

Sun nahm den Korb vom Rücken und verteilte Kohleintopf. Das übliche Schmatzen und Schlürfen, und doch hatte jeder von uns die

Ohren gespitzt. An den Gesichtern und der Spannung, die zwischen uns knisterte, war zu merken, daß jeder hoffte, die Hunde würden vielleicht doch wieder Hetzlaut geben. Besonders nervös war Yang, fuhr sich immer wieder durchs Haar; wahrscheinlich hoffte er, heute nacht irgendwie doch noch in seinem Bett zu landen. Nach einer Weile konnte ich seine Fahrigkeit nicht mehr mit ansehen und versuchte ihn zu trösten: »Zu lange her, seit wir sie gehört haben; die Hunde sind auf dem Rückweg, garantiert, und wir werden nicht drum herumkommen, draußen zu übernachten. Aber schau mal, wir sind vier Männer und vier Hunde. Und außerdem, wenn du willst, kannst du ganz dicht an mich heranrücken. Das hilft bestimmt gegen die Geister!«

So ganz ernsthaft waren meine Worte nicht gemeint, doch Yang schien anderer Ansicht: »Danke, Anjim«, strahlte er, sah versteckt zu Li und Sun hinüber und war beruhigt, daß sie nichts von unseren Gesichtern abgelesen hatten.

Plötzlich Leben im Hang: Auf dem Geröllstreifen rutschte die Meute zu uns hinunter – mehr als sie lief.

»Ein Hund blutet, da an der Flanke!« rief ich und zeigte auf die Promenadenmischung, den »Eßhund«. Li griff dem ausgepumpten Tier ins Fell, bevor ich noch herabgesprungen war, legte eine klaffende Wunde frei. Sofort fing er an zu schimpfen. Entsetzt hörte ich Yangs Übersetzung: »Ist eben kein Jagdhund! Li sagt, er sei einfach dumm und deswegen dem Keiler zu nahe gekommen.«

Grob stieß Li das Tier von sich, der Hund verlor die Balance, torkelte und stürzte aufjaulend zu Boden. Was für ein Schwein er doch war; ich holte tief Luft und rang mir Gelassenheit ab, als ich vorschlug: »Die Wunde sollten wir nicht so lassen, sonst taugt er morgen nichts!«

Li winkte großspurig ab, wofür ich ihm am liebsten an den Kragen gegangen wäre, und sagte: »Pah, der ist was gewöhnt, wird schon nicht eingehen von solch einem Kratzer!«

»Auch eine Einstellung«, entgegnete ich so leise, daß Yang meine Worte nicht aufschnappen konnte. Aufstehen und dem Hund einen Verband anlegen erschien mir kein guter Schachzug. Damit würde ich Li total brüskieren, und vielleicht hatte er wirklich recht damit, daß es dem Hund morgen wieder bessergehen würde.

»Es wird bald dunkel, und wir sollten zusehen, daß wir Feuer machen«, wandte sich Yang an mich. Ich nickte beiläufig.

Er sprach mit Li, der auf eine kleine Baumgruppe hundert Meter von uns entfernt zeigte. Ich fühlte mich erschöpft und deprimiert und folgte den anderen zu unserem Lagerplatz. Li fällte eine schmächtige Erle mit dem Messer, entastete sie in Windeseile, nahm sich einen zweiten Baum vor. Dann rammte er die mannshohen Stangen in den Waldboden, deckte ein Dach aus Fichtenzweigen darüber, schnitt Zweigwerk, das er zur Isolierung gegen die Kälte auf den Boden warf. Der offene Unterstand schützte zumindest vor Schnee und Regen.

»Ich kann zwischen dir und Sun schlafen?« versicherte sich Yang, nachdem wir dem Feuer noch mal richtig Nahrung gegeben hatten. Ich grunzte ein »Ja« und rieb mir die Hände über den auflodernden Flammen. Der Wodka, den Li äußerst sparsam verteilt hatte, wärmte zwar von innen, doch die Temperatur würde heute nacht garantiert unter Null fallen. Um der Kälte so wenig Angriffsfläche wie möglich zu bieten, lag ich mit angezogenen Beinen an der Außenseite, den verletzten Hund dicht neben mir. Bestimmt hatte er Flöhe, doch das war mir im Moment egal: Ich mußte schlafen, falls wir morgen den Keiler erwischten und meine Stunde schlug. Wie würde ich am besten rangehen, hatte ich überhaupt eine Chance? Was, wenn ich nicht schnell genug war und der Keiler im schlimmsten aller Fälle eine Schlagader träfe? Du verblutest in der Wildnis, ganz einfach! Unruhig rutschte ich hin und her, streckte die Beine, zog sie wieder an.

Irgendwann, noch bevor der Tag sich ankündigte, wachte ich von meinem eigenen Zähneklappern auf. Es schmerzte, als ich die Hände zu Fäusten ballte und Blut hineinpumpte. Dicht an meinem Kopf schnorchelte Yang verhalten, verschluckte sich im Schlaf. Gar nicht so schlecht, dieser Aberglaube, grinste ich, wenn man so gut dabei schläft... Vorsichtig schob ich meine Hände unter den warmen Körper des Hundes, schloß die Augen und hoffte, noch einmal einschlafen zu können. Im Dahindösen drangen die ersten Rufe der Vögel durch, Wind strich durch das dürre Blätterwerk... Wie vertraut war ich mit dieser Wildnis geworden. Dreibein, die Bärin, der Tiger und Kargan – sie gingen mir nicht verloren, ein

Stück von ihnen würde ich mit auf die andere Seite des Globus nehmen.

Ich mußte eingeschlafen sein und fuhr erschrocken hoch, als Sun und Li sich laut ausschneuzten. Yang bibberte, hielt die Arme um den Kopf gelegt und schielte darunter hervor: »Es ist ja so kalt, Anjim!«

Ich lachte, bis mir die Tränen kamen, und stammelte zwischendrin: »Dir ist kalt? Aber noch nicht lange, du hast nämlich geschlafen wie ein Murmeltier!«

»Ich?«

»Ja, du! Ganz früh bin *ich* vor Kälte wach geworden – und du hattest deinen Kopf an meiner Schulter, hast mir die letzte Wärme geklaut und auch noch geschnarcht!«

»Och!« entgegnete er unschuldig; in seiner eingefrorenen Miene stand ein Lächeln. Der Hund neben mir gähnte, streckte sich und beschnupperte meine Hand.

»Laß mal sehen, was deine Wunde macht«, sagte ich und strich das Fell vorsichtig auseinander. Getrocknetes Blut hatte eine dicke Kruste über der Verletzung gebildet, und das Fell drumherum war knochenhart.

»Er hat noch gut geblutet, aber es sieht nicht so übel aus«, ließ ich Li ausrichten. Damit beschäftigt, ein Feuer anzuzünden, nickte er nur. Eigentlich hatte ich erwartet, daß er so etwas wie »Hab' ich doch gesagt« von sich geben würde. Sun allerdings reagierte, indem er verächtlich zuschaute, wie ich den Hund streichelte. Meinetwegen konnte er so kleinlich sein, beschloß ich und fuhr fort, die gequälte Kreatur zu wärmen.

»Ich hole Teewasser«, verkündete Yang dynamisch, wohl auch, um keine Frechheiten übersetzen zu müssen. Bei Sun wußte man nie... Viel hatte er ohnehin nicht zu sagen, doch seitdem ich offen gegen ihn mauerte, zahlte er es mir mit wortlosen Sticheleien zurück.

»Anjim, komm«, rief Yang und rückte zur Seite; stumm kauerte ich mich ans Feuer, verschlang den lauwarmen Kohl mit Reis. Hin und wieder warf ich dem verletzten Hund ein Bröckchen zu, der mit eingezogenem Schwanz danach schnappte.

»Wir müssen mit dem Essen sparen!« rügte mich Yang leise.

»Der Hund muß auch zu Kräften kommen, falls wir heute auf einen Keiler stoßen«, erwiderte ich beleidigt. Wie unter Zwang schaute ich zu Li, um dessen Lippen ein merkwürdiger Zug lag. Wie eine Sprungfeder saß er in der Hocke, mit aufgerichtetem Oberkörper, jederzeit bereit. Noch bevor ich den letzten Bissen gegessen hatte, faltete er sich auseinander und begann das Feuer auszutreten – das Frühstück war beendet. Mich belustigte sein Vorgehen, doch ich hütete mich, ihn das sehen zu lassen, schulterte meinen Rucksack und leinte den Hund an.

Li an der Spitze ließ seinen Jagdhund auf der alten Keilerspur laufen, führte uns im Zickzack durch borniges Gestrüpp.

»Anjim, warum müssen wir ausgerechnet hier durch?« meckerte Yang, bemüht, den zurückschnellenden Zweigen auszuweichen.

»Wir verfolgen immer noch die Spur von gestern, aber heute kann der Keiler sonstwo sein.«

»Na ja«, gab er kleinlaut bei, »Laufen ist immer noch besser, als in dieser Kälte herumzusitzen.«

»Herumsitzen? Junge, wir sind auf Jagd. Warte nur, bis wir wieder ans Rennen kommen.«

Theatralisch ächzte Yang, doch fand seine Vorstellung ein jähes Ende. Li hielt mit erhobenem Arm unseren Trupp an, winkte Sun und mich nach vorn: Vom Kamm des Hügels aus war ein Wildschwein ins Tal gelaufen.

»Das sind ganz frische Spuren, es muß noch hier in der Nähe sein«, flüsterte Li und ruckte an der Leine des Hundes, der aufgeregt zu wittern anfing. Der Fährte nach war es ein junges Schwein, und sogleich verständigten wir uns mit Blicken, jetzt die Hunde abzuleinen. Die Meute raste bergabwärts, gab Hetzlaute, was hieß, daß sie das Wildschwein sehen konnten. Angeheizt vom Hundegebell, in das sich nun wütendes Kreischen und Quieken mischte, nahmen wir die Verfolgung auf. Die letzten Meter stolperte ich hinter Li her, der bereits die Talsohle erreicht hatte. Ohne haltzumachen, preschte er in Riesenschritten auf die kämpfenden Tiere zu, erfaßte das Geschehen mit einem Blick, sah seine Chance – und sprang von hinten an den Frischling heran, das Messer blitzte in der Hand. Sehen – zielen – zustechen – meisterhaft und ohne Zögern. Die Klinge drang durch die Schulter in die Flanke hinein. Er hatte das Herz auf

Anhieb getroffen, denn das Schwein hielt sich nur noch Sekunden auf den Läufen. Mein Herz schlug wie wild, und ich dachte: Was für ein Jäger, zu schade, daß er sein Talent für die Wilderei nutzt.

Auf gute vierzig Kilo schätzte ich das Schwein, machte Li das Daumen-hoch-Zeichen. Kein Muskel regte sich in seinem Gesicht, als er sagte: »So geht das! Das nächste Mal bist du dran!« In aller Ruhe wischte er das Blut von der Klinge und steckte sein Messer zurück in die Scheide.

Jede seiner Bewegungen sitzt, dachte ich, ob er mit dem Messer dünne Stämme fällt, wie er durch den Wald läuft, wie unglaublich schnell er schießt, das Gewehr in Sekunden vom Rücken reißt. Als Feind möchte ich ihn nicht haben; er ist eine Kampfmaschine – ausdauernd und unnachgiebig. Bei aller Antipathie mußte ich zugeben, daß er etwas Archaisches hatte, und es hätte mich nicht verwundert, wenn er das Blut vom Messer leckte, statt es an seine Jacke zu schmieren.

Dieses junge Schwein mit dem Messer zu erlegen war wirklich nicht riskant gewesen, und Li wußte das. Für mich wünschte er sich wahrscheinlich einen Dreizentnerkeiler, der mir den Angstschweiß auf die Stirn trieb. Doch ich machte gute Miene zum bösen Spiel und fragte gelassen: »Wie gehen wir jetzt weiter vor? Soll ich den zerlegen?«

Li schüttelte den Kopf, ließ seine Blicke umherschweifen.

»Den deponieren wir irgendwo auf einem Baum und holen ihn auf dem Rückweg!«

Yang übersetzte noch, da packte Li bereits das Schwein an einem der Hinterläufe und schleifte es durchs Gras hinter sich her. Die Blutspur animierte die Hunde, sie fingen an zu jaulen und wollten sich erneut auf die Beute stürzen, doch Lis Tritte hielten sie in Schach. Er hatte sich eine schlanke Erle ausgesucht und kletterte gelenkig bis in die Spitze. Er hängte das Schwein über die stabilste Astgabel, griff nach seinem Messer und schnitt ihm die Kehle auf, so daß sich ein dünner Blutstrahl über die Blätter ergoß, der auf dem Boden eine Lache bildete.

»Warum tust du das?« Ich war ehrlich erstaunt, daß er das Tier ausbluten ließ, anstatt es auszunehmen und die Portionen da oben zu lagern.

»Es gibt hier Wölfe ... vielleicht lockt es auch einen Tiger an«, sagte er geheimnisvoll, während er einen Schlegel aus dem Schwein herausschnitt und ihn Sun zuwarf. Dann hangelte er sich herunter, stieß sich vom Stamm ab und landete im Stand vor uns. Bei mir war nur das Wort »Tiger« hängengeblieben. Er hatte also seinen Plan, die Ussuri-Wildnis mit einem Tiger zu verlassen, immer noch nicht aufgegeben. Die Zeit lief ihm – aber auch uns – davon: Noch eine Stunde, dann würde es wieder schummrig werden, und wir könnten die Verfolgung für heute vergessen. Als ob Li Gedanken lesen könnte, sagte er nachdenklich: »Der Keiler hat hier sein Revier, ich spüre es. Bis es richtig dunkel wird, folgen wir seiner Spur, machen Camp, und morgen, morgen kriegst du dann deine Chance!«

Mein Gesicht verzog sich zu einem schiefen Lächeln; er sollte bloß nicht glauben, daß ich Angst hatte und kneifen wollte.

»Wieder draußen schlafen«, hörte ich Yang flüstern.

»Hast du gesehen, Li hat uns zum Abendessen eine dicke Keule rausgeschnitten ... wenn dich das nicht tröstet.«

»Du nimmst mich nicht ernst!« beschwerte er sich.

»Yang, was willst du? Du bist nun mal mein Dolmetscher. Was kann ich dafür, daß sich alles so entwickelt hat? Und vergiß nicht die letzte Nacht, trotz deiner Geister hattest du einen gesunden Schlaf, oder?«

Als Antwort trat er mit dem Fuß nach einem Stein.

»Brich dir nicht noch die Zehen, sonst muß ich dich nach Hause buckeln!« Ich mußte einfach noch eins draufsetzen.

Er hatte eine Antwort auf der Zunge, doch Li unterbrach unser Geplänkel mit seinem typischen »Strafblick«; es ärgerte ihn, wenn Yang und ich Spaß hatten und er nichts davon mitkriegte. Daher lag etwas Unwirsches in seinem Tun, als er den Hund an seine Beine preßte und ihm die Leine umlegte. Ohne Kommando gegeben zu haben, pirschte er los, führte uns durch das Tal hindurch, bis die Hunde die Spur des Keilers wieder in der Nase hatten und uns bergauf dirigierten. Eine ganze Weile marschierten wir auf den Sätteln der Hügel, bis die Fährte im scharfen Winkel in die Ebene hinunterlief. Der Taleinschnitt war eng und dunkel, bewachsen mit hohen Fichten, in deren Schatten wir allmählich eintauchten. Lichtungen waren die einzigen freien Flecken, auf die das Sonnenlicht fallen konnte. Sie sahen aus wie freigelegte Inseln, muteten in diesem Dschungellabyrinth seltsam geordnet an.

»Yang, sieh mal, hier sind Grabhügel, sogar ein ganzes Gräberfeld«, sprudelte ich heraus und zog ihn am Arm. Widerstrebend folgte er mir, blieb jedoch nach wenigen Schritten stehen.

»Da dürfen wir nicht hin, das ist eine heilige Stätte!«

»Die könnte aus der Steinzeit sein«, gab ich zu bedenken, drückte ihm die Leine des Hundes in die Hand und kletterte auf eines der Gräber. Zwei Meter hoch und drei Meter breit schätzte ich den Hügel, von wo aus ich über die gesamte Anlage sehen konnte, die mit Sicherheit von Menschenhand geschaffen worden war.

Das mußte ich einfach im Bild festhalten.

»Anjim, mach das bloß nicht! Komm sofort da runter!«

»Nur ein Foto!« Ich tat, als überhörte ich die Angst in seiner Stimme, und setzte ein Weitwinkelobjektiv auf die Kamera.

»Wenn du das tust«, drohte Yang, »geschieht heute nacht etwas Schlimmes!« Seine Stimme überschlug sich vor Entsetzen.

»Meinst du das ernsthaft?«

»Anjim, bitte«, bettelte Yang, der am Fuße des Erdhügels stand und verzweifelt zu mir heraufschaute.

»Ist ja gut, ich mache kein Foto«, beeilte ich mich, ihn zu beruhigen. Einen letzten Blick über die Schulter gönnte ich mir aber noch und verfluchte im stillen Yangs Aberglauben. Wie konnte man bloß mit solch einer einschränkenden Angst leben?

Yang erstattete Li Bericht, denn während er redete, zeigte er nach hinten auf die Lichtung. Die Reaktion war vorauszusehen: Grimmigkeit. Nur Sun, der das Ganze eher amüsiert verfolgte, schüttelte ungläubig den Kopf in meine Richtung. Ignoranten, schimpfte ich leise vor mich hin, die interessiert weder Kultur noch Vergangenheit, schauen nur bis zu ihrer Nasenspitze, habgierig auf Fleisch und Geld. Mißmutig ging ich ans Ende der Kolonne, war überrascht, als Li sich plötzlich entschied, das Camp aufzustellen.

Das in Streifen geschnittene Schweinefleisch reicherte unseren Eintopf an, und wir schwelgten endlich einmal wieder im Überfluß. Yang saß einsilbig am Lagerfeuer, warf mir dann und wann Blicke zu, die ich meinerseits mit bedauerndem Achselzucken beantwortete. Nun hatte ich seine Toten nicht einmal auf Zelluloid gebannt...

Er ging mir auf die Nerven, zudem kroch die Kälte an mir hoch, und es grauste mir davor, mich auf dem frostigen Waldboden schlafen zu legen. Irgendwann jedoch siegte die Müdigkeit, und am nächsten Morgen wachte ich auf, verfroren und total übernächtigt. Und das an dem vielleicht alles entscheidenden Tag. Mir war es nur recht, daß Li zur Eile antrieb, so blieb mir wenigstens keine Zeit, mir Gedanken zu machen.

Sobald wir den Hügel erklommen hatten, fanden unsere Hunde eine Wildschweinspur. Ob es sich dabei um »unseren« Keiler handelte, wußte ich nicht genau zu sagen, der Schrittlänge nach zu urteilen, war es jedenfalls ein kapitales Stück. Kaum hatten wir die Hunde losgelassen, jagten sie kläffend durch den Wald: Die Hatz hatte wieder begonnen. Das Tempo, in dem wir ihnen folgten, nahm zu, und es kostete mich Mühe, Sun und Li den Berg hinauf zu folgen. Wieder horchten wir auf das Bellen der Hunde, das sich schon weit entfernt hatte.

»Sie sind ihm auf den Fersen«, sagte ich atemlos zu Yang, der ausgepumpt an einen Stamm lehnte. Doch es ging weiter. Li und Sun hetzten den Abhang hinunter, und von oben sah es aus, als stürzten sie sich zu Tale. Getrampel hinter mir – Yang hielt also wieder mit. Im Spurt nach unten, quer durch die Ebene, übersprang ich einen Wasserlauf, nutzte den Schwung, um hinter den Brüdern den nächsten Hügel hinauf zu eilen. Fast wie von selbst trugen mich meine Beine. Die Hetzlaute der Meute zeigten, daß wir nah dran waren – falls ich mich nicht täuschte –, denn inzwischen hatte der Wind aufgefrischt und blies in Böen aus der Richtung, in die wir liefen, verkürzte somit akustisch den Abstand. Neuorientierung: Sun machte einen Alleingang; Li und ich warteten im Tal auf Yang, der wieder einmal Schwierigkeiten hatte, sich seinen Weg durch hohes Gestrüpp zu bahnen.

»Ho, ho!« kam Suns Brüllen, und er schwenkte beide Arme.

»Keine Verschnaufpause«, frotzelte ich, als Yang mit den Augen rollte und gequält auf die Steigung sah; erste Regentropfen fielen aus dem grauen Himmel.

»Nichts mehr zu hören«, wisperte ich und hielt mir eine Hand an die Ohrmuschel. Li und Sun verständigten sich mit Blicken, horchten, schüttelten dann aber die Köpfe.

»Sie haben den Keiler verloren«, übersetzte Yang Lis wütendes Zischen; er schien kurz davor zu explodieren.

»Was machen wir?« Auffordernd sah ich Li an, wollte endlich eine Entscheidung, wollte vielleicht sogar hören: »Wir geben auf, und du kommst noch einmal davon!«

»Wir warten, bis sie zurückkommen!« sagte er statt dessen.

Die Zeit zog sich endlos hin, keiner sprach eine Silbe, um auch nicht das leiseste Bellen zu überhören. Kim hätte niemals aufgegeben; ausgestattet mit einem unglaublichen Jagdinstinkt, hetzte sie verbissen die Sauen über kilometerlange Dinstanzen... Plötzlich fing ich an zu lachen. Überraschte Gesichter drehten sich mir zu.

»Warum lachst du?« fragte Yang entgeistert.

»Nichts weiter«, erwiderte ich kurz angebunden.

»Ich verstehe euch Jäger nicht. Was findest du bloß dabei, einem Tier hinterherzurennen und dich in Gefahr zu begeben... wofür?«

»Damit du was zu essen hast, Yang!«

»Ich kaufe mein Fleisch.«

»In Peking, ja, aber hier draußen?«

Er merkte, daß meine Argumente stachen, und zog sich zurück.

»Hört ihr... die Hunde!« Li sprang auf, nahm die Richtung und lief los.

»Hetzlaut! Sie haben ihn wieder«, rief ich aufgeregt. Rennen, horchen und nur den einen Gedanken im Kopf: Dieses Mal kriegen wir ihn! Blindlings folgte ich Li und wäre beinahe in ihn hineingelaufen. Mit erhobenen Armen stand er da, bedeutete mit dem Finger, leise zu sein. Ganz deutlich: heiseres Bellen und wütendes Grunzen. Nun entdeckte ich auch das Blut an den Büschen, die tiefen Abdrücke des schweren Wildes. Das war mehr als nur eine aufgebrochene Wunde... hatten die Hunde den Keiler erwischt? Irgendwo da unten im Busch fand der Kampf statt – doch zu sehen war nichts. Sun und Yang sahen uns und schlichen heran. Li zeigte hinab, bewegte lautlos die Lippen und gab Zeichen, ihm vorsichtig zu folgen. Wir achteten wir auf jeden unserer Schritte, denn die Wildnis hatte scharfe Ohren.

Je näher wir kamen, desto deutlicher war tiefes, volles Brummen zu hören. Ich war mir zwar sicher, daß es ein Keiler war, doch für einen kurzen Moment hatte ich den täuschend ähnlichen Ton meiner Bärin im Ohr. Trotz Kälte und Nässe überlief mich ein heißer Schauer – nur jetzt keine Panik. Wie ein Raubtier in Lauerstellung durchforschte Li das Gelände. Plötzlich zeigte er auf eine vergraste Mulde, aus der im selben Moment ein Hundekörper auftauchte. Wütendes Bellen, dann schien der Boden zu erzittern: Der Keiler kämpfte mit ihnen! Im gebückten Lauf huschten wir zu der Stelle hin, und noch bevor wir uns aufrichteten, übersah ich mit einem Blick das Drama: Dreibeins Kumpan lag auf der Seite, Blut pulste aus der Flanke, die von vorn bis hinten aufgeschlitzt war. Nun entdeckte uns auch der Keiler – ein gewaltiger Ruck ging durch seinen Körper, und er versuchte nach hinten auszubrechen, die Hunde abzuschütteln, die sich in Ohr und Schwanz regelrecht festgebissen hatten. Wie Kletten hingen sie an dem schweren, grauen Körper, der nicht aufgeben wollte. Im Reflex griff ich zu meinem Gewehr. Li, seine Waffe bereits im Anschlag, rief aufgebracht: »No! No!«

Mit einer Hand langte er zum Gürtel und warf mir seinen Hirschfänger zu. Eiskalte Blicke trafen mich, als ich das Messer auffing, und mich beschlich das Gefühl, als nehme ich zwar nicht gerade mein Todesurteil entgegen – aber schon so etwas in der Richtung.

Das geht niemals gut, hämmert es in meinem Kopf, während ich den Keiler ins Auge fasse, der sich noch immer verzweifelt gegen die angreifenden Hunde wehrt und völlig außer sich angsterfüllte Brummlaute ausstößt. Du kennst das, du weißt Bescheid, halte ich der nervenzermürbenden Szenerie unmittelbar vor mir entgegen und versuche einzuschätzen, von welcher Seite ich überhaupt eine Chance habe. Je näher ich ihm komme, desto monströser erscheint mir der Leib des Tieres, und ich kann bloß denken: *Der* sticht sich nicht wie Butter! Schlagartig setzt alles Denken aus, und ich mache Riesensprünge. Die Hunde spielen mit, scheinen ihn nun besonders zu piesaken, lenken das große Tier von mir ab. Mit einem Satz bin ich halbspitz hinter dem Keiler, sehe mit einem Blick, wie dick und fest seine Schwarte ist, ein schier undurchdringlicher Panzer. Für eine Sekunde fixiere ich die Stelle, wo das Messer durchdringen *muß*: an der Flanke, hinter dem Schulterblatt ... ich spüre, wie die Klinge zwischen zwei Rippen durchgeht, glatt tiefer kommt, und mit einem letzten Schnitt nach unten reiße ich die Klinge ins Herz. Das tödlich getroffene Tier dreht sich plötzlich nach mir um, der

Hund am Ohr wirbelt über die Erde, und ich mache den rettenden Sprung hinter eine Fichte.

»No, no«, schreit Li plötzlich und legt auf den Keiler an. Ich bin unfähig zu sprechen, ihm zu sagen, daß ich mit dem letzten Ruck in das Herz hineingeschnitten, es sogar gespürt habe und weiß, daß der Keiler nicht mehr lange zu leben hat. Mir zittern dermaßen die Knie, daß ich mich an dem Stamm festklammere, zusehe, wie das Schwein nun hin und her torkelt und selbst jetzt noch versucht zu fliehen. Die Spannung hat keinen Deut nachgelassen, und fast erstaunt realisiere ich, daß Li das Gewehr immer noch schußbereit hält. Doch jetzt kündigt sich das Ende an: Das Tier bricht zusammen und stürzt zu Boden – drei Zentner zucken und winden sich, Läufe schlagen unkontrolliert in die Luft. Die ganze Wut gegen den unausweichlichen Tod legt der Keiler in das bösartige Klappern seines Gebisses, und es scheint, als drohe er uns mit seinen Eckzähnen. Das Herz, groß wie eine Honigmelone, ist stark, will nicht aufgeben. Jede seiner Bewegungen kontrolliere ich und merke, wie sie beständig langsamer werden, das Klappern kraftloser klingt, bis es völlig erstirbt. Wie in Trance lösen sich meine Hände vom Stamm, ich stoße mich ab und mache vorsichtig einen Schritt auf den Keiler zu. Seine Augen sind geschlossen, der Riesenkiefer weit aufgesperrt – ich kann kaum glauben, daß dieses kapitale Tier wirklich tot ist. Und ich habe diesen Brocken wirklich mit dem Messer erlegt, habe meine Feuerprobe bestanden.

»Toi, toi!« rief Li mir zu und verzog anerkennend seinen Mund. Aus den dunklen Augen leuchtete Freude, während er sein Gewehr in einer fast rituellen Geste entlud und den Ladestreifen in die Tasche steckte.

»Gut gemacht«, lobte ich die Jagdhunde, die völlig erschöpft waren, sich schwer atmend neben dem Keiler niedergelassen hatten und noch nicht einmal den Kopf anhoben, als ich sie ansprach. Dann entdeckte ich den »Eßhund« im Gras: Ihn hatte es erwischt! Eine Blutlache umgab ihn, er atmete nur noch flach; ich hetzte hinüber, rief Li zu: »Der geht uns ein!« Dann kniete ich mich neben das Tier und legte meine Hand auf seinen Kopf. Bei jedem Atemzug war ein leiser Pfeifton zu hören, er zog falsch Luft, denn sein Lungenraum war von den scharfen Eckzähnen des Keilers aufgerissen worden.

Hilfesuchend schaute ich mich um, überlegte, was ich für ihn tun konnte. Li stapfte näher und beäugte das Tier: »Den ziehen wir ab!«
»Wie, den ziehen wir ab?«
Yang, der übersetzt hatte, wurde dunkelrot.
»Was soll das heißen, verdammt noch mal!«
»Anjim, reg dich nicht auf. Li meint nur, der Hund ist so gut wie tot, und er will ihn mitnehmen, um ihn zu essen.«
Bevor ich meiner Empörung freien Lauf ließ, besann ich mich, dachte an Dreibein, den Sun einfach so erschlagen hatte. Und – wenn ich ehrlich war, konnte diesem Hund niemand mehr helfen.
»Wir sollten ihm den Gnadenschuß geben«, sagte ich leise.
»Der ist keine Kugel wert!« Li funkelte mich böse an.
Der Hund löste den Konflikt – er hatte aufgehört zu atmen. Ich drehte mich weg, zeigte auf den Keiler: »Was machen wir mit ihm?«
»Abtransportieren!« Li war kurz angebunden.
»Diesen Klotz… in einem Stück? Den kriegen wir noch nicht mal einen Meter weit, aber wenn Li meint… Los, Yang, pack mal mit an!« In einem Anfall von Galgenhumor stellte ich mich in Position und bedeutete ihm, an den Hinterläufen zu ziehen. Die Zähne zusammengebissen, zerrte ich mit aller Macht an dem Keiler; Li sollte sehen, daß ich bis an den Rand meiner Kraftreserven ging. Erwartungsgemäß rührten sich die Zentner keinen Millimeter von der Stelle. Als ich triumphierend hochsah, war ich verwirrt: Li und Sun schmunzelten! Das konnte doch nicht wahr sein, daß die zwei auf den letzten Metern noch Humor entwickelten; ich jedenfalls blieb todernst.
»Wir werden ihn an Stangen wegtragen«, übersetzte Yang noch mißmutig, als sich Li bereits einen Baum ausgesucht hatte.

»Den kriegen wir so nie hier weg«, keuchte ich. Das Ächzen der Seile wurde mit jedem Schritt bedrohlicher, und ich fragte mich, wann Li die Sinnlosigkeit unseres Unterfangens endlich einsehen würde. In der Ebene ging es noch, aber in den Bergen? Und dann kam es, sein schneidiges Kommando: »Absetzen!«
Der Fleischberg verlangte uns Respekt ab. Zuerst weg mit der nassen Schwarte, die gut ihre dreißig Kilo wog und die wir an Ort und Stelle zurückließen. Der Kopf des Keilers zählte für Li ebenfalls

zum Ballast, und als er ihn beiseite treten wollte, schritt ich ein: »Warte, ich will die Zähne haben!« Rasch schnitt ich das Fleisch herunter, schlug dann mit meiner Axt den Oberkiefer ab und hebelte den Unterkiefer heraus.

»So sieben bis zehn Jahre alt, sieh mal hier«, sagte ich zu Li und glitt mit dem Daumen über den Abschliff der Zähne. Nur mit einem Seitenblick streifte er den Kiefer, und ich hatte sofort wieder das Gefühl der Konkurrenz.

Von den wenigen Innereien sortierte Li nur Herz, Leber und Nieren aus, legte sogar die Gallenblase beiseite. Erstaunt darüber, daß ein Keiler wohl kein guter Lieferant von »Wundermedizin« war, stichelte ich: »Yang, frag ihn mal, ob er die nicht als gewinnbringende ›Bärenblase‹ verkaufen kann«, und schwenkte das grünlichgelbe Etwas.

»Das merkt jeder sofort«, entgegnete er und sah mich treuherzig an. Daß ich ihn bloß aufziehen wollte, bekam er nicht mit, also warf ich die wertlose Innerei in den Busch; nicht einmal die Jagdhunde machten Anstalten, sie zu fressen. Wenn ich da an Kim dachte... die hätte jedes Fitzelchen weggeschluckt. Ich seufzte laut, spürte, daß Li zu mir aufsah. Er grinste und musterte mich schon wieder so eigentümlich...

»Den hier«, begann er und schob seine Unterlippe vor, »hast du ganz allein zur Strecke gebracht. Zuerst dachte ich, du seist auf eine Rippe gestoßen und habest das Herz nicht einmal angeschlitzt. Aber dann... Mann, wie der sich noch gewehrt hat!«

Der unverhohlene Respekt, den er mir mit diesen Worten zollte, nahm mich wieder für ihn ein. Immer das gleiche, dachte ich, und sosehr ich mich auch dagegen wehrte: Wir hatten etwas gemeinsam, nämlich den Willen und die Fähigkeit, hier draußen zu bestehen. Doch mit Sentimentalitäten hielt sich Li nicht lange auf – Sun erhielt per Kopfnicken den Befehl, sich um den toten Hund zu kümmern. Ich fror innerlich und drehte mich weg, als er das Messer ansetzte, um den Hund abzuziehen.

»Anjim, diesen Haufen Fleisch kriegen wir nie auf einen Schlag von hier weg«, flüsterte Yang und zog mich beiseite.

»Mhm, ich schätze, zweimal werden wir schon raus müssen.« Ich sah, er brauchte Trost, und sagte ernst: »Wenn du jetzt richtig zupackst, brauchst du vielleicht später nicht mehr dabeizusein.« Sein verlegenes Lächeln rührte mich, und spontan legte ich ihm die Hand auf die Schulter: »Hey, du wirst mir fehlen!«

Yang war irritiert: »Wobei?«

»Ach, ich meine nur, wir haben uns doch ganz gut zusammengerauft, oder?«

»Hmh. Meinst du …?« entgegnete er schüchtern und wurde eine Spur rot.

»Ja, ich glaube, daß wir nur noch ein paar Tage im Waldhaus bleiben, dann ist es endgültig Winter – aus und vorbei.«

»Und wofür brauchen wir noch soviel Fleisch?«

»Er«, sagte ich und nickte heimlich in Richtung Li, »wollte mich noch mal rankriegen, ein allerletztes Mal.«

Einen Moment lang war Stille, Yang nagte an seiner Unterlippe. Ich spürte, daß ich noch etwas dazu sagen mußte – und vielleicht richtete ich die Worte eher an mich als an ihn: »Von Anfang an gab es Machtkämpfe zwischen Li und mir, und ich konnte tun, was ich wollte … Er gab mir einfach keine Chance, verstehst du?«

Yang nickte betroffen, und ich wußte nicht, ob es der Situation wegen war oder weil ich etwas lange Schwelendes offen ausgesprochen hatte.

»Anjim«, hörte ich seine Stimme, »du sollst dir deinen Rucksack mit Fleisch vollstopfen.«

Mechanisch suchte ich mir passende Stücke heraus und half Yang, einen Fleischbrocken zu schultern. Sorgsam deckte ich den verbleibenden Rest mit Fichtenzweigen ab und legte große Steine darauf.

Kein Wort fiel, jeder konzentrierte sich auf das Gelände. Li, der sich auch dieses Mal die größte Last aufgebürdet hatte, schleppte die Keulen »meines« Keilers. Sie baumelten an kurzen Tragstagen über seinen Schultern, verbreiterten die Kontur seines Körpers. Er erschien mir wie ein kompaktes Kraftpaket. Ich fand, wir waren quitt!

10

Die letzten Tage

Li hatte nicht übertrieben: Der Boden um den Erlenstamm war von Wildspuren zerwühlt. Auf den ersten Blick hätten sie von einem Hund stammen können, doch dazu waren die Abdrücke zu groß – Wölfe waren dagewesen, angelockt vom Geruch des Frischlings oben im Baum. Mit dem Schnee waren die Temperaturen bei Tag und Nacht weit unter Null Grad gesunken, und die Gewißheit, daß meine Tage draußen in der Ussuri-Wildnis gezählt waren, ließ mich jede Minute ganz bewußt empfinden. Fast gelassen ertrug ich die Eiseskälte in unseren provisorischen Camps, träumte mich zurück zu dem Bärenfluß, hatte das Funkeln der grünen Tigeraugen leibhaftig vor mir und saß in Gedanken Kargan am warmen Ofen gegenüber. Ohne den Dolmetscher fielen die Gespräche mit den Mandschus karg aus. Wie Yang – ohne sein Gesicht zu verlieren – Li davon überzeugt hatte, daß er unbedingt das Haus während unserer Abwesenheit hüten mußte, blieb sein Geheimnis.

Schon am nächsten Morgen waren die Mandschus und ich in aller Frühe aufgebrochen. In einem Zweitagemarsch schafften wir Keiler, Hund und Frischling zum Waldhaus. Herr Han war nicht begeistert über den Tod seines letzten Fleischlieferanten für Notzeiten. Da ich vermeiden wollte, Hundefleisch, in welcher Form auch immer, auf meinem Teller zu finden, schnitt ich eigenhändig Portionen aus dem Frischling und überwachte den Koch bei der Zubereitung. Von mir ließ er sich inzwischen durch nichts mehr aus der Ruhe bringen, mehr noch, er zeigte mir seine Bewunderung für die Erlegung des Keilers: Vor mir aufgebaut, den Kochlöffel in der Hand, das kugelrunde Gesicht zu einem einzigen Grinsen verzogen, ahmte er den Stoß des Messers nach. Dennoch schwebte ein Hauch von Wehmut über allem.

Zunächst deutete ich die sonderbare Stimmung als eine Art Schmerz über den Abschied vom ungebundenen Leben, das wir hier geführt hatten. Zwei Abende später änderte sich das schlagartig – und es fing harmlos an.

Lis Augen huschten über den Tisch, verfingen sich in den meinen, und es sah aus, als wollte er mir etwas sagen. Er zögerte, und ich wartete, überlegte, was er mir wohl mitteilen wollte. Yang bekam von alledem nichts mit, er klopfte einen Rhythmus auf die Tischplatte, war ungewöhnlich in sich gekehrt, was ich dem Wodka zuschrieb. Die Unterhaltung bestritt Sun, der lebhaft mit dem Koch zu seiner Linken diskutierte und den Fahrer mit in seinen Bann gezogen hatte, denn zwischen den Schlucken lachte dieser laut auf. Li hingegen war äußerlich vollkommen ruhig, doch irgend etwas beschäftigte ihn, und wie um ihm einen Anstoß zu geben, lächelte ich ihn einfach an. Er machte ein verdutztes Gesicht, wirkte beinahe schüchtern! Wir sahen uns an, und es war wie ein Schlagabtausch, der in Sekundenschnelle vor sich ging. Die Arme vor der Brust verschränkt, lehnte er sich zurück und grunzte Yang an – sein Einsatz war gefragt.

»Dafür, daß du noch nie einen Keiler mit dem Messer abgefangen hast, war das eine wirklich gute Leistung!«

Die Gespräche um uns erstarben, jeder blickte mich an. Plötzlich im Mittelpunkt zu stehen machte mich nervös, und ich beeilte mich zu entgegnen:

»Du hast mich motiviert ... und vor allem: Deine Klinge war wie gemacht für diesen Stich: lang, breit und scharf!« In diesen Satz legte ich gut verpackt all das rein, was ich ihm eigentlich gern entgegengeschleudert hätte, nämlich daß er mich zu einer Tat genötigt hatte, die mich das Leben hätte kosten können.

Entweder ging der Hintersinn meiner Worte durch die Übersetzung verloren, oder Li war noch abgebrühter, als ich vermutete. Selbstgefällig grinsend, schaute er in die Runde und ließ jede Silbe einzeln aus seinem Mund fallen: »So hast du doch wenigstens was dazugelernt.«

Kichern, dann Schweigen, alle sahen auf mich. Bedächtig nickte ich mit dem Kopf, rang mir ein »Toi!« ab. In seiner Einfältigkeit freute sich der Koch lautstark, daß ich chinesisch geantwortet hatte.

Die Männer kamen wieder in Fahrt, als Li sein Messer auf den Tisch knallte. »Das soll dich an mich erinnern«, sagte er und schob mir seine Waffe zu. Ich war sprachlos, zog das Messer aus der handgemachten Ummantelung und wog es in der Hand. Gespannt forschte er in meinem Gesicht.

»Danke, ich weiß es zu schätzen!« Meine Worte waren ehrlich gemeint, und er lehnte sich zufrieden in den Stuhl. Obwohl ich das Messer schon kannte, zeigte ich allen meine Bewunderung für den geschnitzten Griff aus Eschenholz und wies darauf hin, daß der Stahl frisch geölt war. Li griff ein und sagte belehrend: »Die Scheide habe ich aus der Haut eines Marals genäht, abgezogen vom Vorderlauf.«

»Interessant«, murmelte ich, dachte jedoch, daß sich diese anscheinend nicht als Aphrodisiakum eignete. Li gefiel sich in der Rolle des edlen Spenders, nahm mir das Messer aus der Hand und zeigte auf die Klinge: »Der Stahl rostet leicht, mußt ihn immer gut einölen.«

Wieder nickte ich, nahm mein Geschenk in Empfang und legte es vor mich hin. Dann revanchierte ich mich, eigentlich gegen meinen Willen.

»Also, unter richtigen Jägern ist es üblich, die Messer zu *tauschen*«, sagte ich in die Stille und schnallte nun mein dreihundert Mark teures Puma-Messer vom Gürtel. Li vibrierte: »Wo ist das hergestellt?«

»In Deutschland.«

»Und die Griffe sind aus echtem Hirschhorn?«

»Na klar«, antwortete ich, verstand seine Aufregung nicht ganz. Der Tumult am Tisch schaukelte sich hoch, als mein Messer von Hand zu Hand gereicht wurde.

»Es ist wirklich sehr schön«, bedankte sich Li. Yang war beeindruckt von der Zeremonie und flüsterte: »Das ist viel zu wertvoll. Bist du reich?«

»Quatsch. Als Berufsjäger brauche ich ein vernünftiges Messer, und dreihundert Mark sind bei uns nicht die Welt.«

Anerkennend verzog er die Mundwinkel, schlug im Geiste wahrscheinlich in der Umrechnungstabelle nach. Ich lachte bloß und nahm einen großen Schluck Wodka. Der Alkohol und das Knistern des Holzes im Ofen heizten die Atmosphäre auf, und Li beugte sich vertraulich über den Tisch.

»*Wo* hast du den Tiger gesehen?« Knallhart traf mich seine Frage.

»Wooo?« fragte ich nach, um Zeit zu schinden, hoffte, man sah mir nicht an, wie es hinter meiner Stirn arbeitete.

»Du kannst es mir ruhig sagen!« Li saß unter Spannung, sein Blick war stechend.

»Hm, ich bin Richtung Süd-Südost gegangen, von hier sind es so … hundert bis hundertdreißig Kilometer.«

»Zum Ussuri?«

»Ja, aber es war noch vor der großen Hügelkette«, gab ich zur Antwort und holte mir im Geiste die Karte vor: Der Gebirgszug zog sich noch weit den Ussuri entlang, und meine Standortangabe mochte gute einhundert Kilometer entfernt von der Stelle sein, wo ich wirklich auf den Tiger getroffen war. Sein Kiefer schob sich hin und her – Li dachte nach. Ich spürte ein leichtes Zittern in den Händen, zog sie langsam von der Tischplatte und legte sie in den Schoß. Seine nächste Frage schoß raus: »Wie nah bist du an ihn herangekommen?«

»Hundert Meter? Er hatte sich im Unterholz niedergelegt, mich zunächst nicht bemerkt. Wenn ich pirsche, dann völlig lautlos«, setzte ich eins drauf. Die Lacher waren auf meiner Seite, verstummten jedoch, als Li seinen Tischgenossen einen strengen Blick zuwarf.

»Soweit ich weiß, haben Tiger ein riesiges Revier, der kann ebensogut woanders sein«, gab ich zu bedenken.

»Schon, aber bei frischem Schneefall haben wir die besseren Chancen; der Tiger kann hingehen, wo er will, seine Abdrücke verraten ihn. Wir nennen den Schnee deswegen ›den weißen Leithund‹!« Sichtlich stolz, kontrollierte Li die Wirkung seiner Worte. »War es ein junges Tier?«

Verdammt noch mal, er gab nicht auf.

»Als ich später nachschaute, war das Gras so auf zwei Meter und fünfzig plattgelegen. Was sagst du, ist das ein junges Tier?«

Wie er seinen Kopf verneinend von rechts nach links bewegte, kein Wort dazu sprach, mich nicht aus den Augen ließ, war nerventötend. Mir reichte das Verhör: Jede echte Information konnte katastrophale Folgen haben, ich mußte das Ganze beenden. Leichthin bemerkte ich deshalb: »Ja, mehr gibt es eigentlich nicht zu berichten!«

Ob er mir glaubte oder nicht, war aus dem reglosen Gesicht nicht abzulesen. Unser gegenseitiges schweigendes Taxieren nahm die gleiche Form an wie damals auf dem Bankett, dem Beginn unserer Beziehung – Grenzen abstecken, das Gesicht wahren.

»Heute nacht kriegen wir richtig Schnee, der liegenbleibt, ich rieche es. Eine Schande, daß er dieses Jahr so spät kommt!« Lis Feststellung hatte etwas Heftiges. Eigentlich wollte er damit ausdrücken – ich war mir todsicher, daß jeder am Tisch Bescheid wußte –, daß wir uns zur Abreise rüsten mußten, vor allem aber, daß *er* die Wildnis in dem Moment zu verlassen hatte, wo die Jagd auf den heißbegehrten Tiger erst erfolgversprechend wurde.

Am nächsten Tag bereits kündeten Reifenspuren vom Einbruch der Zivilisation in die unberührte Schneelandschaft.

Und dann ...

Im dichten Schneetreiben fuhren wir zurück, und der Fluß, der Monate zuvor Hochwasser geführt hatte, bildete bereits Randeis und ließ sich durchfahren, ohne daß wir aussteigen mußten.

Irgendwann unterwegs zeigte mir Li das Puma-Messer – es war entstellt: Die Griffe aus Hirschhorngeweih waren ausgetauscht gegen Birkenholz. Kundig in Aphrodisiaka bin ich wirklich nicht geworden.

Den Parteifunktionären in Hantong erstattete ich Bericht, legte meine Kartenaufzeichnungen vor und riet ihnen davon ab, an eine forstwirtschaftliche Erschließung der Ussuri-Wildnis auch bloß zu denken. Zu hohe Investitionen in Fuhrpark und Gerätschaften waren nötig, um ein Verbindungsnetz von Wegen zu schaffen. Es versteht sich, daß das Projekt aufgegeben wurde. Kein Investor – kein Geschäft, trotzdem lautete eine ihrer letzten Fragen: »Wann erfolgt die Gegeneinladung nach Deutschland?«

Ich war sprachlos, dachte: »Für wie naiv halten sie mich?« Das Projekt war geplatzt, unsere Mission im Grunde genommen eine private Jagdveranstaltung gewesen. Aus diesem Grund ließ ich sie wissen, daß wir in Deutschland weder Bären noch Tiger hätten. Jeder wußte, was gemeint war.

Mit Yang stehe ich immer noch in Kontakt. Als wir damals in Hantong ankamen, erreichte ihn die Nachricht, daß seine Frau hoch schwanger war. Von seiner Tochter Ming-Ming schickt er mir ab und an Fotos, damit ich mitverfolgen kann, wie sie heranwächst. Er selbst hat sich auch verändert, arbeitet nicht mehr für die Regierung. Er hat es zum Übersetzer in einer chinesischen Firma gebracht, die für den Weltmarkt Cowboyhüte und Westernstiefel im *american style* herstellt. Nie wieder hat Yang einen Fuß in die Mandschurei gesetzt.

In einem Nebensatz teilte er mir mit, daß Li ein großes, neues Haus gebaut hat; wir beide nehmen an, daß er »seinen« Tiger doch noch bekommen hat.

Da in China auf Wilderei offiziell immer noch die Todesstrafe steht, haben wir alle Ortsangaben und Namen abgeändert.

Das Schweigen der Landschaft

Richard Leo

Jenseits aller Grenzen

Ein Mann, eine Frau, ein Kind in der Weite Alaskas

368 Seiten, gebunden, mit Schutzumschlag
ISBN 3-7263-6657-1
Erhältlich in Ihrer Buchhandlung

1981 wagt Richard Leo den Sprung ins Unbekannte. Der New Yorker Manager hängt seinen Job an den Nagel und bricht mit seiner Freundin Melissa zum Abenteuer seines Lebens nach Alaska auf: Mit 900 Dollar in der Tasche, aber ohne Erfahrung in Überlebenstechnik. Ihr Ziel ist die unberührte Weite der Arktis, wo die Natur rein ist und die Isolation so gewaltig, daß sie Leib und Seele bedrohen kann. In der selbstgebauten Blockhütte leben sie zusammen mit ihrem kleinen Sohn Janus. Melissa verläßt die beiden. Die lastende Stille wird ihr unerträglich.
Die Geschichte eines Mannes auf der Suche nach Lebensinhalten. Und seines Sohnes, der die absolute Freiheit besitzt, die Wunder seines Universums selbst zu entdecken.

Oesch Verlag

Schweizer Verlagshaus
Jungholzstraße 28, CH-8050 Zürich
E-Mail: info@oeschverlag.ch

Die Todesfalle überlebt

Joe Simpson

Sturz ins Leere

Sonderausgabe
242 Seiten, farbig
illustriert, gebunden,
mit Schutzumschlag
ISBN 3-7263-6604-0
Erhältlich in Ihrer
Buchhandlung

Zwei Alpinisten in Bergnot, in einer ausweglosen Situation im Kampf um Leben und Tod. Um sein eigenes Leben zu retten, muß Yates seinen Kameraden Simpson in den sicheren Tod schicken – Simpson überlebt den Absturz wie durch ein Wunder. Mit übermenschlicher Anstrengung schafft er den Weg durch die Hölle der peruanischen Anden zurück zum Basislager.
Joe Simpsons Bestseller – jetzt in einer preisgünstigen Sonderausgabe.

Oesch Verlag

Schweizer Verlagshaus
Jungholzstraße 28, CH-8050 Zürich
E-Mail: info@oeschverlag.ch